U0884421

国家学生饮用奶与营养改善计划年度报告

（2022—2023学年）

林　巧　柴彤涛
张　倩　聂迎利　主编
黄　朝　何　微

中国农业科学技术出版社

图书在版编目（CIP）数据

国家学生饮用奶与营养改善计划年度报告 . 2022—2023 学年 / 林巧等主编. --北京：中国农业科学技术出版社，2023. 11

ISBN 978-7-5116-6566-9

Ⅰ. ①国… Ⅱ. ①林… Ⅲ. ①农村学校-中小学生-膳食-后勤供应-研究报告-中国-2022-2023 Ⅳ. ①G637. 4

中国国家版本馆 CIP 数据核字（2023）第 218415 号

责任编辑 王伟红 朱 绯
责任校对 马广洋
责任印制 姜义伟 王思文

出 版 者 中国农业科学技术出版社
北京市中关村南大街 12 号 邮编：100081
电 话 （010）82105169（编辑室） （010）82109702（发行部）
（010）82109709（读者服务部）
网 址 https://castp.caas.cn
经 销 者 各地新华书店
印 刷 者 北京中科印刷有限公司
开 本 190 mm×270 mm 1/16
印 张 10. 75
字 数 252 千字
版 次 2023 年 11 月第 1 版 2023 年 11 月第 1 次印刷
定 价 80. 00 元

版权所有 · 翻印必究

《国家学生饮用奶与营养改善计划年度报告（2022—2023学年）》

编委会

主 任 委 员：

陈萌山　国家食物与营养咨询委员会主任

副主任委员：

陈永祥　中国学生营养与健康促进会会长

刘亚清　中国奶业协会副会长兼秘书长

周清波　中国农业科学院农业信息研究所所长

王加启　农业农村部食物与营养发展研究所所长

委　　员（按姓氏笔画排序）：

于　朔　仲　岩　刘　豪　孙建国　李小伟　李　栋　汪惠瑾

宋　畅　张　倩　陆玉忠　欧阳良金　郑永红　郑　楠　徐　娇

程广燕　滑卫志　魏　虹

编写组

主　　编：林　巧　柴彤涛　张　倩　聂迎利　黄　朝　何　微

副 主 编：王晶静　孔令博　赵慧敏　王晓梅　杨　娇　张　毅

参　　编（按姓氏笔画排序）：

王玉芹　王加春　王路乾　毛永娇　孔相合　付玉涵　吕远征

杨小薇　杨光华　李天皓　李美琪　吾际舟　张　帆　陈彦军

季万兰　赵彩霞　姜萍萍　姜　琨　徐　静　徐培培　唐振闯

常　赞　彭　爽　董明珠　程洁明

前　言

《国家学生饮用奶与营养改善计划年度报告（2022—2023 学年）》（以下简称《年度报告》）如约与大家见面了。这已经是我们连续第三年出版这本《年度报告》了。

《年度报告》出版的初衷是记录国家“学生饮用奶计划”与“农村义务教育学生营养改善计划”（以下简称“两项计划”）在上一学年发生的重要事件、发布的重要文件、可供借鉴的经验、具有参考价值的文献等。当然，除了记录，我们更希望《年度报告》中的内容对于进一步推动“两项计划”的开展起到借鉴和启示作用。因此，在内容筛选和文字编辑过程中，编写组的每位工作人员都特别认真，尽心尽力。为了保证《年度报告》能够及时出版，我们的工作人员经常加班加点。但当看到《年度报告》正式出版的这一刻，感觉一切的付出又是值得的。

3 年来，《年度报告》的基本框架已基本稳定，政策法规、推广案例、媒体报道、重要报告与论文摘要以及年度大事记成为基本栏目，而对于开篇，我们会根据情况进行调整。2023 年，我们选择了 3 篇重点报告，分别是《国家学生饮用奶计划与儿童健康》介绍了我国儿童营养健康与乳制品消费现况、国家“学生饮用奶计划”推广现况、参与情况及参与意愿调查分析；《依托营养健康监测 促进学生健康成长》介绍了我国营养改善计划的成效、措施、面临的挑战与问题、建议；《加快推动乳品消费向生活必需品转型的建议》介绍了乳品消费存在的问题及原因，扩大乳品消费的做法与经验，加快推动乳品向生活必需品转型的建议等。3 篇报告有助于读者全面掌握“两项计划”进展情况。

《年度报告》出版，从框架设计，到调研报告及相关资料的提供，内容的甄选，均得到了有关领导、专家、相关企业的大力支持和协助。在感谢的同时，希望在后续的出版中，不管是内容，还是形式，乃至发行，均能得到领导、专家、企业更多的指导与建议。众人拾柴火焰高，我们共同努力，把《年度报告》编辑好，使其起到更大的作用，发挥更大的价值。

3 年来，《年度报告》的出版，一直得到了国家科技图书文献中心（NSTL）有关项目的支持，在此表示诚挚的感谢。

《国家学生饮用奶与营养改善计划年度报告》编写组

2023 年 11 月 22 日

目　　录

第一部分

专题报告

国家学生饮用奶计划与儿童健康

唐振闯　程广燕　农业农村部食物与营养发展研究所

一、我国儿童营养健康与乳制品消费现况

（一）儿童营养健康的重要意义

没有全民健康就没有全面小康。儿童是国家的未来、民族的希望。习近平总书记多次强调要把人民健康放在优先发展的战略地位，强调重视少年儿童健康，保障儿童生长发育。儿童时期是人们体格生长和心理发育的关键时期。营养是健康的基础，是儿童身体和智能发育的根本保障。儿童期营养状况不仅会对儿童生长发育产生重要影响，还会影响其成年后的身体健康状况。儿童的身心健康关系到中华民族整体素质的提升和国家的长远发展。促进儿童健康成长，能够为国家可持续发展提供宝贵资源和不竭动力，是全面建设社会主义现代化强国、实现中华民族伟大复兴中国梦的必然要求①。

营养是儿童生长发育和健康成长的基础，良好的营养状况可以保障和促进儿童体格和大脑发育，而营养不良给儿童带来的危害往往是不可逆转的，不仅会使其体格、智力发育迟缓，身体素质差，也会大大增加其成年后罹患心脑血管疾病、糖尿病、高血压等慢性病的风险。由于不同地区自然条件、社会经济的差异和发展的不均衡，加之社会环境、膳食结构和生活方式的变化，目前儿童仍面临着营养不良、超重肥胖和隐性饥饿的三重挑战。主要表现为：儿童发育迟缓、消瘦等营养不良情况依然存在，特别是欠发达地区尤为严重；城乡儿童超重肥胖人数均呈现快速上升的趋势，慢性病低龄化趋势明显；微量元素摄入不足造成的隐性饥饿问题突出，儿童贫血问题值得关注。上述问题不仅影响儿童和青少年的健康发育，给社会带来沉重负担，而且正在发展成为影响国民素质和社会发展的重要公共卫生问题。

营养不良与微量营养素缺乏不仅严重阻碍儿童的体格发育和智力发育，降低儿童的学习能力；更重要的是，儿童期营养不良将严重影响后期人力资本质量，阻碍智力发育及劳动生产力的提高。研究表明，儿童时期，能量—蛋白质营养不良可使智商（IQ）降低 15 分，可导致成年劳动生产力降低 2%～6%；儿童铁缺乏可使认知测验分低 0.5 标准差，成年后每小时收入减少 4%；碘缺乏的儿童成年后劳动生产率下降 10%。更为重要的是，儿

① 唐振闯．营养改善：国家学生饮用奶计划与儿童健康［M］．北京：研究出版社．2022.

童期营养不良还会影响今后数代人，有损当下和代际公平。儿童期营养不良不仅会导致营养健康状况低下、学习能力不足，还会对其成年后身高、文化程度、收入水平和社交关系产生负面影响，使其无法充分发挥人的生产率潜能。儿童期发育迟缓的父母所生育的孩子，其出生体重和发展水平显著低于发育正常父母所生育的孩子。儿童期营养不良导致各种疾病造成的直接经济损失占 GDP 的 3%~5%。据估计，儿童期营养不良的人在成年后的年收入水平较平均水平约低 25%，对国家造成的损失可高达 GDP 中卫生和教育支出的 2 倍。儿童期不仅是对各种高危因素比较敏感的时期，也是可以扩大早期干预效益和减少不良风险影响的关键时期。儿童期进行干预的投资回报率是全生命周期最高的，达 1：(15~17)。可见，改善儿童期营养状况，不仅本身是一项目标，也是其他可持续发展目标得以实现的必要条件。

此外，儿童营养不良还会降低儿童免疫力，增加感染疾病的风险。而且饥饿和营养不良引起的短期或长期认知及身体、心理的危害是不可逆的。有研究表明，儿童营养不良与其成年后心血管疾病、糖尿病等多种慢性疾病密切相关。中国 1/3 的冠心病、1/10 的糖尿病和脑卒中均与儿童时期的营养不良有关。儿童肥胖不但会引发糖尿病、脂肪肝、胆囊疾病、高血压、睡眠呼吸暂停综合征以及心理疾病等多种健康问题，还会增加经济负担，并且有 70% 的青春期肥胖儿童成年后仍然肥胖，这将进一步加重社会疾病负担和经济负担。

饮食行为是影响儿童营养健康状况的重要因素之一。学龄前儿童群体易出现营养不良，具体表现为发育迟缓、消瘦、微量营养素缺乏及肥胖等，这些情况会对儿童生长发育造成不良影响。既往研究表明，营养不均衡会引起儿童体格发育异常（如身材矮小）及智力损伤等，并对儿童未来的身体健康等方面产生严重影响。另外，饮食在儿童的生活中也扮演着相当重要的角色，良好的饮食能够为孩子提供充分营养，从而改善其身体状态，取得较好的发育效果。但是，学龄前和学龄儿童中普遍存在不良饮食行为问题，主要有挑食偏食、进餐时间过长、进餐不规律、边吃边看电视、边吃边玩以及过量食用零食和饮料等，这些不健康的饮食行为会对儿童的认知、行为以及儿童的体重产生影响。目前的研究表明，不良的饮食习惯和偏好与儿童超重、肥胖有关，儿童肥胖现已成为公共卫生领域的主要挑战之一，肥胖不仅影响儿童的健康和生命质量，而且对其身体的形态、机能都会有影响，同时肥胖儿童也容易出现心理行为偏离和心理创伤等社会问题。学龄前及学龄期是个人智力和身体发育以及饮食习惯培养的关键时期，儿童时期养成的饮食习惯和食物偏爱会直接影响其成年后的饮食行为和习惯，并对成年后的健康产生重要影响，良好的饮食习惯可以帮助预防成年期糖尿病、心脑血管疾病以及其他慢性疾病，因此，在儿童营养方面，规律饮食与均衡营养同样重要。

综上，合理的营养对儿童的健康发展意义重大，良好的饮食习惯可促进膳食营养素的吸收，帮助儿童提高自身抵抗力，保证机体的健康，从而促进其身心发育和健康成长。

（二）我国儿童营养健康现况

儿童的营养与健康状况是反映一个国家或地区社会经济发展、人口素质和卫生保健水平的重要指标，是制定相关公共卫生政策不可或缺的基本信息。我国始终高度重视儿童健康发展，先后制定了《中国儿童发展纲要》《中国食物与营养发展纲要》《“健康中国2030”规划纲要》《国民营养计划（2017—2030 年）》等一揽子儿童健康发展政策，实施了“中国学生饮用奶计划”“农村义务教育学生营养改善计划”等一系列儿童营养改善行动。近年来，随着我国经济的不断发展，教育、卫生及保障等社会事业水平不断提高，食物供应种类及数量日益增加，为儿童膳食营养提升及健康状况改善创造了良好的条件。

我国儿童营养健康状况有了明显改善，儿童生长发育健康水平不断提高，营养不良状况逐渐减少；城市儿童的平均生长水平已经达到甚至超过世界卫生组织标准，逐步靠近发达国家同龄儿童平均水平。然而，也面临着超重肥胖和营养不良的双重负担，在儿童的营养健康方面，城乡和地区之间差异仍然显著。由于我国城乡地区经济发展不平衡，加上家长营养知识欠缺等因素，相较于城镇儿童而言，农村儿童膳食不均衡、营养不良问题仍然比较突出，农村地区特别是偏远地区儿童的膳食营养状况亟待改善。

身高和体重是评价人群营养状况最常用的指标，特别是判断儿童生长发育水平的关键指标和最常用指标。根据《中国居民营养与慢性病状况报告（2020 年）》，儿童生长发育水平持续改善，6~17 岁男孩和女孩各年龄组身高均有所增加，平均增加值分别为 1.6 厘米和 1.0 厘米，6 岁以下儿童生长迟缓率降至 7%以下，低体重率降至 5%以下，均已实现 2020 年国家规划目标；特别是农村儿童生长迟缓问题已经得到根本改善，农村 6 岁以下儿童生长迟缓率从 2015 年的 11.3%降至 5.8%，6~17 岁儿童和青少年从 4.7%降至 2.2%。城乡居民身高的增长，特别是儿童生长发育水平的不断提高，充分体现了我国人群营养改善工作取得的显著成效。

贫血是反映人群营养状况的重要指标，属于营养不良中的微量营养素缺乏证。贫血会导致机体体力不足、抵抗力下降，并增加罹患其他疾病的风险。母亲孕期贫血会增加新生儿低体重风险，影响婴儿智力发育，重度贫血会增加孕妇围产期死亡风险。儿童期贫血会导致儿童认知能力下降，智商降低。随着我国居民生活水平的提高和妇幼保健、营养干预等工作的推进，居民贫血状况持续改善，6~17 岁儿童和青少年贫血率为 6.1%，比 2015 年下降 0.5 个百分点；孕妇贫血率为 13.6%，2015 年下降 3.6 个百分点；18 岁及以上居民贫血率为 8.7%，2015 年下降 1.7 个百分点。

超重与肥胖是我国儿童面临的另一个重要营养问题。《中国居民营养与慢性病状况报告（2020 年）》数据显示，我国 0~5 岁儿童超重率与肥胖率分别为 6.8%和 3.6%，6~17 岁儿童和青少年分别为 11.1%和 7.9%，与上轮监测相比均显著升高。6 岁以下儿童超重率和肥胖率分别为 6.8%和 3.6%。超重与肥胖是心脑血管疾病、糖尿病、癌症等重大慢性病的共同危险因素，对居民身心健康、体能及生活质量等造成不良影响。儿童期的肥胖对健康的影响往往会持续到成年期，因此加强儿童和青少年超重肥胖的防控尤为重要。

（三）乳制品对儿童健康的重要作用

乳制品是人类重要的膳食来源。乳制品营养素齐全、组成比例适宜、容易消化吸收，是一种营养价值较高的食物。乳制品也是优质蛋白质和膳食钙的良好来源，同时富含B 族维生素和多种矿物质，还可以提供多种有益健康的生物活性成分，如乳清肽、共轭亚油酸、低聚糖和免疫球蛋白。增加乳制品的摄入不仅可以降低骨质疏松、高血压、心血管疾病等多种慢性非传染性疾病的风险，还可以降低全因死亡率。为改善居民的营养健康状况，世界上很多国家都制定了乳制品推荐摄入量，我国《中国居民膳食指南（2022年）》中推荐每人每天摄入300~500克奶类及乳制品。受饮食习惯和消费信心等因素影响，我国居民乳制品的摄入量普遍偏低。2010—2013年全国居民营养与健康状况监测的结果显示，我国成年人平均每人每日乳制品的实际摄入量仅为24.7克。可见，乳制品在我国居民膳食组成中的重要地位和居民营养改善中的重要作用未能充分发挥。因此，深入探讨乳制品摄入对人群健康效应的影响，对指导居民合理消费乳制品，促进和改善居民营养健康状况具有重要意义。

乳制品营养全面，对提高儿童营养健康水平有积极作用，是人民生命健康的重要食物。牛奶被称为“最接近完美的食物”，营养全面且吸收率极高，非常适合人类生长需求，在促进睡眠、健脑益智、减少肥胖发病率、减缓骨质疏松等方面具有积极作用，对人体营养、免疫与肠道微生物具有稳态调节作用，奶类具有“基础营养”和“活性营养”双重营养功能，对促进儿童生长发育、提高人体免疫力、改善儿童健康状况也具有积极作用，牛奶及乳制品的消费已成为世界各国改善国民营养健康的重要途径。

乳制品对学龄儿童生长发育尤为重要。学龄儿童正处于生长发育的关键时期，身高、体重增长迅速，代谢旺盛。儿童期营养状况，不仅会对其目前生长发育产生重要影响，还会影响其成年后身体健康状况。乳制品可提供儿童生长发育所必需优质蛋白质、钙、维生素A、维生素B_1等多种营养物质，对促进儿童生长发育，改善儿童健康状况具有积极作用。《中国居民膳食指南（2022）》指出，奶类是膳食钙和优质蛋白质的重要来源，摄入乳制品可大大提高对钙的摄入量。1991—2006年，对我国9个省（自治区、直辖市）7~17岁儿童和青少年饮奶状况对生长发育影响的研究结果表明，儿童身高有随饮奶量增加而上升的趋势。已有多项研究表明，增加乳制品摄入量可以明显促进儿童骨量和身高增长，为其一生提供健康保障，培育农村儿童健康饮奶行为对改善农村儿童营养健康水平具有深远影响。

乳制品摄入有助于控制儿童肥胖。随着儿童肥胖率在世界范围内的逐步增长，儿童肥胖成为近年最严峻的公共卫生问题之一。研究表明，奶类摄入有助于减少体脂，如2015年利用美国国家健康与营养调查（NHANES 2005—2008年）对8~18岁儿童和青少年数据进行横断面研究，观察到奶类的高摄入量与儿童低体脂水平有关。有研究表明，奶类中的钙和蛋白质是影响儿童肥胖的主要因素。高奶类摄入量和低体重/体脂之间的关系与奶类中的钙有关；奶类中的钙可以通过与脂肪酸形成不溶性钙皂或与胆汁酸结合而干扰肠内的脂肪吸收，减少膳食能量的摄入，从而达到减轻体重的作用；另有研究表明，膳食钙可增加脂肪氧化分解，有利于控制食欲和促进排泄；还有研究认为，奶类中的蛋白质可以通过增加饱腹感，减少能量摄入，从而控制儿童肥胖。

奶类与儿童心血管疾病的关系。近几年随着居民慢性病患病率的增高及逐渐年轻化，越来越多的研究开始关注奶类与儿童心血管疾病的关系。有研究表明，奶类的摄入与青少年心血管疾病风险有关，一项横断面研究观察到牛奶摄入与青少年心血管疾病风险降低有关。欧洲青少年营养健康生活方式项目（HELENA）对欧洲8个城市511名12.5~17.5岁的青少年进行横断面研究，观察到奶类的消费与女性心血管疾病风险有关，性别上的差异值得深入研究。此外，近年的研究大都是横断面研究，需要进一步进行队列或干预研究加以证实。奶类降低儿童心血管疾病风险的作用机制研究处于探索阶段。有研究表明，奶类中的脂肪、钙、镁、钾、生物活性肽可提高高密度脂蛋白水平，降低心血管疾病的风险。钙可以减少脂肪合成，促进脂肪分解；钙、镁、钾还可以调节细胞内钙浓度，减少水钠潴留，抑制血管平滑肌细胞的促炎症反应，减少血小板聚集，降低肾血管阻力，从而控制血压水平。牛奶蛋白质中的生物活性肽可以调节饱腹感、胰岛素水平、血压、自由基摄取和改善血脂水平。奶类脂肪中的丁酸可能促进脂肪氧化，减少肝糖原利用。奶类脂肪中的共轭亚油酸异构体与改善血脂异常、抑制肥胖与代谢产物相关的促炎症反应有关。这些因素都可能与降低心血管疾病风险有关。

乳制品还含有乳铁蛋白、免疫球蛋白、抗菌肽、有益菌以及多种生物活性物质，这些物质能够直接或间接增强机体的免疫力，对提高身体素质起到重要作用。此外，研究表明儿童消费牛奶和乳制品与龋齿和高血压的指标呈中性或负相关关系。2020 年 2 月，国家卫健委等部门发布《新型冠状病毒感染的肺炎防治营养膳食指导》，鼓励居民把喝牛奶作为提高免疫力的一项重要举措。2018 年 *The Lancet* 一份涉及 21 个国家 13 万人的研究报告显示，与完全不摄入乳制品的人相比，每日摄入超过两份乳制品的人群整体死亡风险下降 16%、心血管死亡风险下降 23%、中风风险下降 33%。

二、国家“学生饮用奶计划”推广现况调查分析

（一）国家“学生饮用奶计划”推广现况

国家“学生饮用奶计划”是我国第一个由中央政府批准并组织实施的全国性的中小学生营养改善专项计划。国家“学生饮用奶计划”于 1998 年开始策划和准备，1999 年 12 月 30 日国务院批准实施。2000 年 8 月，农业部、国家发改委、教育部、卫生部、财政部、国家质量监督局、国家轻工业局七部委联合发布了关于实施国家“学生饮用奶计划”的通知，正式启动国家“学生饮用奶计划”，同时制定了《国家“学生饮用奶计划”实施方案》。2001 年 4 月，成立了国家“学生饮用奶计划”专家委员会。2013 年 9 月，农业、教育等国家七部门决定，将国家“学生饮用奶计划”推广工作整体移交中国奶业协会，发挥社会力量和利用市场机制，继续推进“学生饮用奶计划”的实施。国家“学生饮用奶计划”的推广起步于大城市，而后向中小城市和农村推进。2011 年 10 月，国家启动农村义务教育学生营养改善计划试点后，带有“中国学生饮用奶”标志的牛奶走进乡村学校，推广范围迅速扩大。目前，“学生饮用奶”已覆盖全国 31 个省（自治区、直辖市）的 6 万多所学校，2016 年全国在校日均供应量达到 1 517 万份，惠及 2 000 多万名学生。在校饮用奶超过 100 万人的省（自治区）有 8 个，河南省超过 200 万人。截至 2017 年 5 月底，共有 61 家乳品加工（集团）企业的 98 家乳品加工厂在中国奶业协会注册，被许可使用“中国学生饮用奶”标志。2019 年，全国“学生饮用奶”日均供应量达 1 850 万份以上，惠及 2 200 万名中小学生。在册“学生饮用奶”生产企业 117 家，隶属 70 家集团公司，分布在全国的 28 个省（自治区、直辖市），日处理生鲜乳总量为 5 万多吨。备案“学生饮用奶”奶源基地 366 家，分布在全国 29 个省（自治区、直辖市），泌乳奶

牛总存栏近 40 万头，日均供应生鲜乳 1 万多吨。

“学生饮用奶计划”是在世界范围内广泛认可的一种改善学生营养健康、提高身体素质的重要手段。国际乳品联合会（IDF）2020 年发布的数据显示，目前全世界有 60 多个国家参与“学生饮用奶”项目，至少有 1.6 亿名儿童从“学生饮用奶”中受益。我国“学生饮用奶计划”是一项大规模的营养干预，对于促进奶业发展、普及奶类消费、增强学生体质以及培养潜在消费群体具有重要意义。中国实行“学生饮用奶计划”已有 20 余年，覆盖人数达到 3 200 万，如果以 2021 年义务教育学生人数 1.58 亿计算，我国现阶段“学生饮用奶计划”覆盖比例约为 20%，我国“学生饮用奶”的发展从无到有，覆盖范围从小到大，对增强学生体质、提高学生营养健康水平、增加奶类消费起到了积极作用。但我国“学生饮用奶计划”的参与比例与世界平均水平相比仍有较大差距，一些地区的学生及家长对学生饮用奶持怀疑甚至是抵制态度，我国“学生饮用奶”事业的进一步发展仍然面临诸多挑战和制约。我国“学生饮用奶”主要实施地区为城镇地区，农村地区尤其是经济发展水平相对较低的地区覆盖率仍然很低，积极提升农村地区“学生饮用奶”覆盖比例不仅可以改善农村儿童长期存在的超重肥胖、隐性饥饿等多种形式的营养不良问题，而且对于培育农村居民牛奶消费习惯、提升牛奶消费市场具有积极意义。

（二）国家“学生饮用奶计划”推广调研分析

政府、社团、企业、学校的推广行为是影响“学生饮用奶计划”覆盖率的重要因素。了解政府、社团、企业、学校等相关主体在“学生饮用奶”事业发展过程中的作用以及对于“学生饮用奶计划”的认知与诉求，有利于改进“学生饮用奶”推广方法，更好地契合学生及家长等消费主体需求，提升其参与意愿。因此，受农业农村部畜牧兽医局委托，农业农村部食物与营养发展研究所于 2021 年开展了国家“学生饮用奶计划”推广情况调研。调研团队由高校、科研院所、行业协会等多个单位专家组成，调研组与农业农村、教育、卫生健康、市场监管等部门及相关“学生饮用奶”供应企业和实施学校开展座谈，并实地调研了学生饮用奶供应企业，对“学生饮用奶”实施基本情况、企业供应“学生饮用奶”的做法和经验、“学生饮用奶”推广过程中存在的问题和困难、“学生饮用奶”推广建议等方面展开分析。

1. “学生饮用奶”奶源基地建设和质量安全情况

（1）“学生饮用奶”奶源基地建设情况。“学生饮用奶”奶源基地是“学生饮用奶”推广的基础保障。《国家“学生饮用奶计划”推广管理办法》中规定要对“学生饮用奶”奶源基地实施备案管理。为提高奶源基地和加工企业的管理水平，中国奶业协会牵头出台了《学生饮用奶奶源基地管理规范》（T/DAC 002—2017），进一步规范了“学生饮用奶”奶源基地建设和管理，保障了“学生饮用奶”质量安全。截至 2020 年，备案“学生饮用奶”奶源基地 317 家，泌乳牛总存栏 40 多万头，日均可生产牛乳 12 000 多吨。调研发现，“学生饮用奶”奶源基地建设对推动奶牛标准化生产、规范化管理以及促进奶牛产业转型升级具有重要意义。以湖南省为例，通过“学生饮用奶”奶源基地建设取得以下 4 个方面效果：一是标准化程度显著提高。奶源基地奶牛养殖实现了机械化挤奶全覆盖，标准化、智能化、生态化程度不断提高。二是生产管理更加规范。全省“学生饮用奶”奶源基地牧场均参加奶牛生产性能测定，均制订年度牛群改良和繁殖计划及相关记录。三是质量安全得到保障。近 3 年来，每年抽检“学生饮用奶”奶源基地生鲜乳样品 45 批次以上，合格率为 100%。四是监督管理规范合理。湖南省每年下发生鲜乳质量安全监测计划和《生乳》国标指标监测计划，统一制定《关于开展生鲜乳专项整治行动的通知》和《农产品质量安全专项整治工作方案》。

（2）“学生饮用奶”奶源质量安全情况。奶源是乳品加工生产的“第一车间”，要生产质量安全有保障的“学生饮用奶”，必须从奶源抓起。各省（自治区、直辖市）都非常重视“学生饮用奶”奶源质量安全。各省（自治区、直辖市）“学生饮用奶”奶源基地总体上管理规范有序、防疫严格规范、制度标准完备，这些为生产高质量“学生饮用奶”奠定了基础。但是同时也发现个别小牧场在人员配备、管理水平等方面存在风险隐患，建议后续对“学生饮用奶”奶源基地准入条件进行严格规范，对“学生饮用奶”奶源基地的泌乳奶牛存栏数、饲养设施设备、疫病防疫检疫、奶牛生产性能测定、牛奶产量及质量安全等方面进行严格控制，消除安全隐患，进一步降低“学生饮用奶”的质量风险。

2. “学生饮用奶”市场需求和新增试点推广情况

（1）“学生饮用奶”市场需求情况。国家“学生饮用奶计划”的推广起步于大城市，之后向中小城市推进，农村地区尤其是贫困地区尚未普及。2011 年 10 月，国家启动农村义务教育学生营养改善计划试点，带有中国学生饮用奶标志的“学生饮用奶”产品随之走进了农村地区学校，“学生饮用奶”的推广范围开始迅速扩大，日均供应量开始迅速提高，2013 年达到最高的 2 160 万份。受学校供餐模式调整影响，2014 年、2015 年供应量有所下降，随着农村义务教育学生营养改善计划范围的进一步扩大以及“学生饮用奶”自主征订量的增加，2016 年至今，“学生饮用奶”供应量呈现逐年回升的趋势。截至 2020 年，全国“学生饮用奶”在校日均供应量约为 2 130 万份，覆盖全国 31 个省（自治区、直辖市）的 63 000 多所学校的 2 600 万名中小学生。在产品品类方面，以超高温灭菌乳与调制乳等常温学生饮用奶为主，部分学校开始尝试巴氏奶、发酵乳和奶酪。

（2）新增“学生饮用奶”产品种类试点推广情况。为落实《国务院办公厅关于推进奶业振兴保障乳品质量安全的意见》（国办发〔2018〕43 号）关于“大力推广国家学生饮用奶计划，增加产品种类，保障质量安全，扩大覆盖范围”的要求，中国奶业协会于 2020 年 1 月发出通知启动增加“学生饮用奶”产品种类试点工作，确定了首批 22 家试点企业，选定了巴氏杀菌乳、发酵乳和再制干酪作为新增产品种类。随着“学生饮用奶计划”的持续开展以及消费者营养认知和消费需求的升级，学生对牛奶口味要求多样化，对品质要求高端化。多数省份和企业启动了增加“学生饮用奶”产品种类试点工作，乳品生产企业和奶业协会结合当地实际情况，在广泛征求相关部门和行业意见的基础上增加产品种类。例如，山东省选定了巴氏杀菌乳、发酵乳和再制干酪作为新增产品种类，江苏省新增发酵乳、调制乳、巴氏杀菌乳等产品种类，北京市目前常温酸奶、有机“学生饮用奶”已经上市，低温酸奶、低温鲜奶、奶酪在奶业协会备案中。

3. “学生饮用奶计划”推广的成功经验和典型模式

（1）“学生饮用奶计划”推广的成功经验。

政府提供政策支持和补贴　目前，“学生饮用奶”推广项目的实施按照市场机制，依靠社会力量开展。为进一步实施“学生饮用奶”推广工作，部分地方政府对“学生饮用奶”给予政策支持和/或一定补贴。以湖北省为例，2020 年和 2021 年，省政府连续 2 年将国家“学生饮用奶计划”推广写进省政府工作报告，孝感、随州、鄂州等市积极响应与跟进。在黄冈，国家“学生饮用奶计划”推广更是 7 年中 6 次被写入政府工作报告。调研发现，有政府补贴的地区“学生饮用奶”推广效果好，普及率高，且持续稳定。例如，青岛胶州、即墨等地区采用政府补贴和企业让利的方式为农村地区学生提供“学生饮用奶”，使“学生饮用奶”普及率达 90%以上，远远高于学生自主订购的普及比例（自愿订购率一般不高于 50%），且 2017 年以来普及率保持稳定。

保障“学生饮用奶”质量安全　质量安全是奶业持续健康发展的生命线。“学生饮用奶”既是普通乳品，更是特殊乳品。相关部门在“学生饮用奶”原料奶和产品的监督检验方面获得了成功经验。一是通过奶源基地的筛选及生产管理设施的不断完善，提高奶牛标准化养殖水平，为“学生饮用奶”奶源质量安全提供坚实保障；二是“学生饮用奶”生产企业建立完善的“学生饮用奶”生产加工、配送及回收环节管理机制，建立健全“学生饮用奶”安全生产管理和可追溯机制，切实保障“学生饮用奶”的安全，消除各方对“学生饮用奶”安全方面的顾虑；三是加强“中国学生饮用奶标志”管理，实行多层把关认定，并建立“国家学生饮用奶计划推广管理信息系统”，对推广工作实施全程信息化管理。

开展“学生饮用奶”推广引导工作　“学生饮用奶”工作机构、生产企业等相关主体重视和支持这项工作，开展“学生饮用奶”推广引导工作，建立了良好的“学生饮用奶”推广制度。一是中国奶业协会和部分省级学生饮用奶主管部门制定了《“学生饮用奶计划”推广管理办法》和《学生饮用奶　中国学生饮用奶标志》多项团体标准，让“学生饮用奶计划”推广工作有法可依、有标可循。二是通过企业进校园，学生及家长进企业等公益互动活动，深入宣传“学生饮用奶”生产和饮用知识，获取学校和家长的认可和信任，提高征订率。三是合理有效地进行“学生饮用奶”知识宣传推广，如通过家长开放日、致家长的一封信、公益课堂、家长会等多形式、多渠道的宣讲活动，普及国家相关政策和学生饮用奶营养健康知识，争取学生和家长的认可与支持，为推广“国家学生饮用奶计划”营造了良好的社会舆论环境。

（2）“学生饮用奶”推广典型模式和特征。

政府补贴+企业让利模式　典型模式：地方政府提供不同标准“学生饮用奶”资金补贴，有“学生饮用奶”生产资质的企业通过招投标方式进入政府“学生饮用奶”供应体系，在价格上提供一定的让利优惠，生产企业与“学生饮用奶”定点学校直接对接，负责“学生饮用奶”的配送和相应的管理。

主要特征：补贴多数分布在乡村或郊区中小学校；学生免费或少量付费即可获得“学生饮用奶”，主要在课间饮用；产品仅限于国家或地方认可的具备“学生饮用奶”标识的产品；征订率较高，稳定和持续性好。

学生营养餐+学生饮用奶模式　典型模式：结合“国家农村义务教育学生营养改善计划”，由企业争取政府部门将学生饮用奶列入营养餐补贴范畴，参与政府集中采购，主要采用加餐的模式即早餐或中餐加一杯牛奶的“食堂+牛奶”模式，使“学生饮用奶”作为学生营养餐的搭配产品进入校园。

主要特征：一般不受“学生饮用奶”生产资质限制，任何乳制品生产企业或任何市售乳制品都可以通过参与竞标进入；营养配餐通常有餐费标准限制，所以对乳制品价格敏感，经过审核的具备“学生饮用奶”标识的产品竞争力弱；不能保证乳制品每天供应，通常隔天或每周一次到两次搭配供应；奶企不与学校直接对接配送，而是对接配餐公司。

自主征订+自助售奶机模式 典型模式：企业在征得相关部门许可后，直接与学校对接推广“学生饮用奶”产品，以学生自愿订购的形式付费按量供应，或者在学校放置自助售奶机，学生可自愿购买。

主要特征：地方政府和相关部门尤其是教育部门的支持和配合力度起到关键作用；学校不参与收费，洗清不当得利的嫌疑；企业在“学生饮用奶”推广、生产、配送回收管理等方面投入较大；征订率不稳定，优质公办和民办学校征订率相对较高。

（三）“学生饮用奶计划”推广工作中存在的主要问题

（1）政府支持力度有限，相关部门缺乏有效工作机制。一是部分省（自治区、直辖市）有关“学生饮用奶”推广的官方指导文件多为早期下发，近几年鲜少出台有关“学生饮用奶”的专项文件，已不能满足“学生饮用奶”推广新形势的需要。二是“学生饮用奶计划”作为国家计划，缺少中央财政配套资金支持，地方政府也少有资金支持，缺少税费优惠机制。三是“学生饮用奶”推广涉及部门众多，在实际推广过程中部门之间没有形成长效联动协调机制，相关部门对“学生饮用奶”的态度不一，没有在推广过程中形成合力，办事效率低，影响了“学生饮用奶”的推广。

（2）企业承受双重压力，影响其推广“学生饮用奶”积极性。一是“学生饮用奶”售价低于市场商品奶，企业利润较低，部分定点企业生产推广“学生饮用奶”无利可图，甚至出现亏损，导致企业推广积极性不高。二是承担食品安全风险较高，部分“学生饮用奶”突发事件，可能是由于学生操作不当造成的，但仍然需要企业承担责任，加大了企业推广的压力。三是“学生饮用奶”由于多数在学校饮用，学校开学之时正处于奶源供应紧张之时，供需矛盾加大了企业的供应压力。

（3）市场存在无序竞争，需要进一步规范。“学生饮用奶”作为面向广大学生供应的特殊商品，具有质优价廉的优势，应当积极在学校进行供应。但从调研情况来看，部分学校并未对“学生饮用奶”和商品奶进行区分，只是要求供应牛奶，因此大量的商品奶作为“学生饮用奶”进入了学校，如 2020 年山东省供应“学生饮用奶”1. 87 万吨，普通商品奶占比达到一半。同时在入校的产品中有一定比例的乳饮料代替了“学生饮用奶”，不仅挤压了“学生饮用奶”的市场份额，也没有给学生提供足够的营养。部分“学生饮用奶”供应采用招投标形式进行，投标企业之间价格竞争激烈，企业利润因比拼价格而降低，企业可能会采取降低质量的方式来压缩成本，从而保证自身利润。

（4）对学生饮用奶认识不到位，推广工作过于谨慎。一是在将“学生饮用奶”推广工作移交给奶业协会之后，部分家长认为“学生饮用奶”的公信力下降，不认可由奶业协会主导推广的“学生饮用奶”产品，对“学生饮用奶”质量产生误解。二是教育部门认为供应“学生饮用奶”属于商业行为，没有为“学生饮用奶”入校提供必要支持，同时会担心承担较大的食品安全风险，对“学生饮用奶”进校积极性不高。三是学校推广“学生饮用奶”属于教师额外工作，没有列入教师考核评比，教师只是无偿承担“学生饮用奶”的发放工作，因此教师对“学生饮用奶”管理工作积极性不高。四是缺乏良好的舆论宣传、引导和普及氛围，社会各界对“学生饮用奶”缺乏科学认识，媒体对乳糖不耐症的负面炒作引发公众对乳制品安全的过度担忧，导致推广工作受阻。

（四）相关建议

（1）加大政府财政补贴和政策支持力度，加强质量安全监管。对“学生饮用奶”要加大补贴力度，增加补贴的数量，扩大补贴的范围，由市场化运行改为半补贴式运行，让学生能够购买到低价优质的牛奶，重视解决少数家庭经济困难学生喝奶问题，对困难学生加大帮扶力度，解决饮奶问题。对企业生产的学生奶产品实行退税返还，降低企业负担和产品价格，提高企业积极性。“学生饮用奶”目前面向人群为中小学生，具有不同于一般乳制品的特殊性，对学生奶的质量安全也要有更高的要求。在今后“学生饮用奶”计划推行工作中，政府职能部门要着力加强质量安全监管，加强监督检查和突击检查，将“学生饮用奶”日常监管纳入市场监督计划，加强信息共享，建立专门信息发布平台，让学生及家长及时了解“学生饮用奶”相关资讯，保证消费者与学校及监管部门沟通畅通，形成社会监督。

（2）加强相关部门密切配合，建立部门间“学生饮用奶”推广协调联动机制。“学生饮用奶计划”是由政府多个职能部门共同实施，构建了行政与市场相结合的运行模式，实行企业为主体，联合有关力量共同推广的方式。“学生饮用奶”要长期坚持和发展，就必须进一步强化协调多部门支持，尤其是农业农村系统、教育系统、财政系统和卫生要密切协调配合，形成协调联动机制。农业农村系统重点保障奶源基地建设，提升原料奶质量，提供优质奶源；教育系统负责直接推动“学生饮用奶”进入学校，强化宣传教育，加强国际交流营造良好推广氛围；财政系统要加大财政支持力度，通过财政补贴真正将“学生饮用奶”打造成质优价廉的食品；卫生系统要建立健全“学生饮用奶”食品安全响应机制，不断完善对应急事故的处理机制，快速响应、及时处理可能发生的食品安全事故。积极推动政府将“学生饮用奶”推广工作纳入政府工作报告或相关民生工程，以政府行为鼓励支持引导“学生饮用奶”推广工作，对“学生饮用奶”推广效果良好的地区和学校要进行评选，予以表彰。

（3）规范“学生饮用奶”市场环境，完善“学生饮用奶”产品的市场准入制度。“学生饮用奶”供应采用市场化的运作方式，对于采取招标方式进入校园的“学生饮用奶”在招投标过程中要保证公平竞争，避免地域保护、坚决打击恶意竞争和恶意举报。完善“学生饮用奶”产品的市场准入制度，严格禁止调制乳代替“学生饮用奶”入校，严格禁止非定点企业进校销售，通过制度有效实施规范“学生饮用奶”市场。完善“学生饮用奶”产品的市场准入制度，严格禁止调制乳代替“学生饮用奶”入校，严格禁止非定点企业进校销售。“学生饮用奶”招投标过程中要保证公平竞争，避免暗箱操作和地域保护等现象出现，坚决打击恶性竞争和恶意举报行为，规范“学生饮用奶”市场。

（4）加强“学生饮用奶”科普宣传，丰富“学生饮用奶”产品种类。加强奶类营养与健康知识科普，提高居民对乳品营养价值的认知，普及乳制品营养知识，倡导科学选择、健康消费乳制品，培育乳制品消费习惯。加强政府对“学生饮用奶”的宣传，通过定期进校主题宣讲活动普及饮奶知识。多形式举办相关活动，加强与媒体的连接，形成广泛宣传。相关部门要结合当地实际情况，积极认定其他规则、种类的“学生饮用奶”产品，保证“学生饮用奶”种类多样，能够满足不同价位、不同人群的需求，为进一步提高“学生饮用奶”覆盖率创造条件。

三、国家“学生饮用奶计划”参与情况调查分析

近年来，随着一系列重大决策的深入推进，国家“学生饮用奶计划”推广受到越来越广泛的关注和重视。2016—2017 年，《“健康中国 2030”规划纲要》《国民营养计划（2017—2030 年）》相继出台，均提出要全面改善中小学生营养状况。2018 年，国务院办公厅印发国办发〔2018〕43 号文件，明确提出“大力推广国家‘学生饮用奶计划’，增加产品种类、扩大覆盖范围”。2022 年 5 月，中国奶业协会发布了《国家“学生饮用奶计划”推广管理办法》（修订版），对原奶质量、生产工艺、入校规范操作等提出新要求，学生奶供应对象也从限定中小学生扩大至所有学生。同月，中国营养学会组织编写的《中国学龄儿童膳食指南（2022）》正式发布，该指南将牛奶定义为促进儿童和青少年，尤其是学龄儿童补充生长发育所需营养的理想食品之一。从这一系列的措施可以看出：国家“学生饮用奶计划”在政府主导、政策驱动、社会支持之下，得到迅速推进与落实。

中国奶业协会制定发布了《国家“学生饮用奶计划”推广规划（2021—2025 年）》，提出到 2025 年，日均供应量达到 3 200 万份，饮奶学生数量达到 3 600 万人，保证学生身体素质和营养健康水平得到有效提高和改善。为有效推广国家“学生饮用奶计划”，有必要从消费者角度开展国家“学生饮用奶计划”参与情况的调查。

（一）数据来源与样本描述

1. 数据来源

问卷设计题目主要包括两个部分：一部分是农村儿童乳制品消费情况，包括儿童乳制品消费情况、家庭乳制品消费习惯、乳制品消费环境因素、乳制品消费者认知因素、乳制品购买因素、乳制品消费意向等问题；另一部分是农村地区“学生饮用奶计划”参与情况，包括是否参加“学生饮用奶计划”“学生饮用奶计划”参与满意度情况、参与“学生饮用奶计划”后饮奶量及饮奶意识变化以及学生对学校订奶的看法等问题。

为保证问卷样本具有代表性，本研究设定问卷样本数量在 300 份以上，同时在我国西部和东部各选取一个调研地点进行对照调研。当前我国“学生饮用奶计划”的受众主要为接受九年义务教育的学生，因此将研究对象确定为农村 6~18 岁学生及家长，两次调研均采用线下实地调研，综合考虑调研精确度、调研费用，并兼顾经济有效性，采取集中入户的方式进行调研。

在调研区域的选择上，考虑到代表性和对照性两种原则，最终选择我国东部的浙江省临海市和西部的贵州省六盘水市农村作为调研区域。地点选取综合考量原因有 3 个：一是

经济发展水平差异，浙江省作为东部沿海省份，经济发展水平较高，2021 年浙江省生产总值（GDP）总量位居全国第四，其消费水平具有一定的代表性；贵州省地处中国西南内陆腹地，可代表我国西南部经济发展水平相对较低的地区。2021 年贵州省 GDP 总量在全国排名第二十二位，已有研究表明收入水平对农村居民乳制品消费具有显著影响。国家统计局数据显示，2020 年浙江省农村人均可支配收入为 31 930 元，位居全国第三，临海市农村常住居民人均可支配收入为 32 150 元。2020 年贵州省农村人均可支配收入为 11 642 元，居全国第二十九位，六盘水市农村居民人均可支配收入为 12 004 元。二是地理位置及交通便利程度差异，浙江省作为东部沿海省份对外开放程度高，交通便利。贵州省位于中国西南内陆腹地，全省地貌绝大多数属于山地和丘陵，交通相对不便，对外开放程度相对较低。三是东西部饮食文化差异，贵州省是一个多民族共居的省份，在饮食文化上具有鲜明的地方特色和民族特色。浙江省曲折的海岸线和湿热的气候造就了丰富的自然资源和食物种类，海洋渔业、淡水养鱼等水产资源尤为丰富。主食类农产品的产量以稻米为主，水产品消费量较高。

综上可知，两个样本城市具有一定的代表性。本次调研均采用入户调研形式，由调查员向被调查者就问卷各部分问题进行说明，在遇到文化程度相对较低的被调查者时采用提问方式进行调研，并对所提问题进行说明，帮助被调查者理解从而达到获取准确调研信息的目的。

2. 样本描述

（1）一般情况分析。浙江临海市调研实际回收问卷 172 份，剔除因理解有误、问卷填写不完整所导致的无效观察样本后获得有效样本 143 份，有效回收率为 83.14%。六盘水市调研实际回收问卷 191 份，其中有效样本 163 份，有效回收率为 85.34%。因此总体上调查实际回收问卷 363 份，获得有效样本 306 份，有效回收率为 84.30%。其中浙江临海市样本量占比 46.73%，六盘水市样本量占比 53.27%，样本分布不存在较大偏差，相对合理。总体样本中男性样本 148 个，占比 48.37%；女性样本 158 个，占比 51.63%，性别比例相对均衡。按年龄组进行划分，6~12 岁的小学生群体样本 118 个，占比 38.56%，13~18 岁的中学生群体样本 188 个，占比 61.44%。从学历层次来看，父亲受教育程度为小学及以下的有 71 人，占比 23.20%；母亲受教育程度为小学及以下的有 86 人，占比 28.11%。父亲受教育程度为初中的有 148 人，占比 48.37%；母亲受教育程度为初中的人数为 155 人，占比 50.65%。父亲受教育程度为高中/中专/职高的有 51 人，占比 16.67%；母亲受教育程度为高中/中专/职高的人数为 32 人，占比 10.46%。父亲受教育程度为大专/大学的有 34 人，占比 11.11%；母亲受教育程度为大专/大学的人数为 33 人，占比 10.78%。父亲受教育程度为研究生及以上的有 2 人，占比 0.65%；母亲受教育程度为研究生及以上的人数为 0。总体上被调研者学历集中于初中阶段。本次调查样本居民 2020 年家庭人均收入方面，收入划分参考《中国统计年鉴 2021》，结合实际调研数据划分为 5 组：年收入 7 500 元及以下为低收入组、7 501~16 000 元为中低收入组、16 001~26 000 元为中等收入、26 001~40 000 元为中高收入组、40 001 元以上为高收入组。年收入在 7 500 元及以下的有 69 人，占比 22.55%；年收入在 7 501~16 000 元的有 83 人，占比 27.12%；年收入在 16 001~26 000 元的有 96 人，占比 31.37%；年收入在 26 001~40 000 元的有 35 人，占比 11.44%；年收入在 40 001 元及以上的有 23 人，占比 7.52%。从收入稳定程度来看，家庭年收入不稳定的有 34 人，占比 11.11%；家庭年收入稳定程度一般的有 106 人，占比 34.64%；家庭年收入稳定的有 166 人，占比过半，达到 54.25%。从家庭规模来看，样本家庭人口规模为 3~10 人，受访者少数为独生子女家庭，具体分布为：3 人户样本 31 个，占比 10.13%；4 人户样本 102 个，占比 33.33%；5 人户样本 69 个，占比 22.55%；6 人户样本 70 个，占比 22.88%；7 人户样本 21 个，占比 6.86%；8 人户样本 7 个，占比 2.29%；9 人户样本 4 个，占比 1.31%；10 人户样本 2 个，占比 0.65%（表 1）。

表 1　样本个体家庭基本特征

变量	样本特征	样本数量/个	比例/%
父亲受教育程度	小学及以下	71	23.20
	初中	148	48.37
	高中/中专/职高	51	16.67
	大专/大学	34	11.11
	研究生及以上	2	0.65
母亲受教育程度	小学及以下	86	28.11
	初中	155	50.65
	高中/中专/职高	32	10.46
	大专/大学	33	10.78
	研究生及以上	0	0
地区	临海市	143	46.73
	六盘水市	163	53.27
2020 年家庭年收入	<7 500 元	69	22.55
	7 501~16 000 元	83	27.12
	16 001~26 000 元	96	31.37
	26 001~40 000 元	35	11.44
	40 001 元及以上	23	7.52
收入稳定程度	不稳定	34	11.11
	一般	106	34.64
	稳定	166	54.25
家庭人口构成	3 人	31	10.13
	4 人	102	33.33
	5 人	69	22.55
	6 人	70	22.88
	7 人	21	6.86
	8 人	7	2.29
	9 人	4	1.31
	10 人	2	0.65

（2）乳制品消费情况分析。样本地区居民液态奶消费中常温奶消费量较多，奶粉、奶酪等干乳制品日均消费量低。从种类来看，奶粉人均消费量为 1.39 克/天，常温奶人均消费量为 124.98 毫升/天，低温鲜奶人均消费量为 28.93 毫升/天，酸奶消费量为 51.55 克/天，乳饮料、奶酪人均消费量分别为 22.64 毫升/天、0.56 克/天，折合加总成乳制品每人消费量为 230.05 克/天（表 2）。

表 2　样本个体乳制品消费种类及日均消费量

乳制品种类	日均消费量
奶粉/（克/天）	1.39
常温奶/（毫升/天）	124.98
低温鲜奶/（毫升/天）	28.93
酸奶/（克/天）	51.55
乳饮料/（毫升/天）	22.64
奶酪/（克/天）	0.56
总计/（克/天）	230.05

注：1 毫升牛奶≈1g。

（二）研究结论

在参与“学生饮用奶计划”的情况下，临海地区的儿童常温奶、奶粉、冷鲜奶人均日消费量显著高于六盘水地区，酸奶、乳饮料人均日消费量低于六盘水地区；临海和六盘水两地家长和学生愿意参与“学生饮用奶计划”是因为牛奶的营养丰富；多数家长对“学生饮用奶”的产品质量安全、口感和营养价值非常关注，同时多数家长认为“学生饮用奶”与商品奶相比并不具备价格优势和营养优势，但愿意为孩子参与“学生饮用奶计划”承担一定的费用，在“学生饮用奶”有补贴时会选择继续参与，愿意分摊费用的家长比例在 40%~70%，人数最多；综合来看，两地受访者对食品安全的满意度最高，对“学生饮用奶”产品的价格满意度最低；参与“学生饮用奶计划”有助于提升家长的饮奶意识及饮奶量，但饮奶意识与饮奶量并没有同步上升，存在有饮奶意识但无饮奶行为的现象。

对未参与“学生饮用奶计划”的样本人群从牛奶消费情况、乳制品消费认知、家长对“学生饮用奶计划”的态度以及学生对学校订奶的看法进行了统计与分析，结果表明：两地未参与“学生饮用奶计划”的家长均对“乳制品有利于儿童生长发育”这一观点认同度最高；多数家长认可“学生饮用奶计划”的重要性，愿意为孩子支付“学生饮用奶”费用，有补贴的情况下愿意为孩子支付“学生饮用奶”费用的人数比例有所上升，愿意分摊费用的家长比例在 31%~70%，人数最多；近半数学生愿意参与“学生饮用奶计划”，牛奶有营养是学生愿意参与的重要因素，多数学生希望喝到纯牛奶；无论是否愿意参与学校订奶，多数学生均认可每日饮奶的重要性；不喜欢喝牛奶是学生不愿意参与学校订奶的重要原因。

四、国家“学生饮用奶计划”参与意愿分析

对“学生饮用奶计划”参与食物消费行为的研究经过发展与完善，已经不再只是单一的经济领域的需求分析，而是逐渐发展为包含心理学与行为经济学等多学科交叉的研究。“参与意愿”最早出现在心理学领域，被认为是一种心理意识，并最终会形成参与行为，具体指的是个体为了实现特定目标而展示出的主观想法和动机，即消费者愿意采取特定行为的概率和可能性。本研究所指参与意愿为参与“学生饮用奶计划”的可能性，表现为消费者在接触到“学生饮用奶计划”时是否愿意参与以及购买“学生饮用奶”的可能性。基于上述背景，研究分析我国农村地区“学生饮用奶计划”参与意愿，将参与意愿转化为参与行为，对改善农村膳食消费结构、提升健康水平、培育消费习惯以及实现“健康中国”目标都具有积极意义。

（一）研究假设

“学生饮用奶计划”作为一项政策干预行为，其本质就是通过政策指引将牛奶消费落实到实际行动上来，在乳制品消费及影响因素方面，已有众多研究表明，个人因素和家庭特征对农村居民的乳制品消费具有显著影响。消费者年龄、受教育程度与农村居民乳制品消费显著相关，母亲学历较高的儿童对政策反应更为敏感。家庭特征方面，人口结构对农村地区乳制品消费具有显著影响，从而对参与“学生饮用奶计划”的意愿有一定影响，家庭成员多样化会造成家庭成员需求多样化，有老人、儿童的家庭乳制品消费水平较高。家庭人口结构会对农村乳制品消费起到影响作用，家庭人口结构中学龄儿童的占比会影响家长参与“学生饮用奶计划”的意愿。已有多项研究表明，家庭经济状况可能影响儿童青少年的膳食质量和饮食行为。“学生饮用奶计划”实行之初便是在城市中进行推广，因为城市居民收入水平相对较高，乳制品购买能力较强，有更好的经济基础。收入水平对农村居民乳制品消费也有显著影响。当前我国“学生饮用奶计划”覆盖率低的一个重要原因在于多数地区“学生饮用奶”为全价供应，价格虽低于市场上的商品奶，但仍然需要消费主体出钱购买。收入水平会影响购买力水平进而影响参与意愿。基于以上分析，本研究提出研究假设（H1）和假设（H2）。

H1：个人因素对农村儿童参与“学生饮用奶计划”有较大影响。

H1a：父亲年龄对农村儿童参与“学生饮用奶计划”有较大影响。

H1b：父亲受教育程度对农村儿童参与“学生饮用奶计划”有较大影响。

H1c：母亲年龄对农村儿童参与“学生饮用奶计划”有较大影响。

H1d：母亲受教育程度对农村儿童参与“学生饮用奶计划”有较大影响。

H2：家庭特征对农村儿童参与“学生饮用奶计划”有较大影响。

H2a：家庭总人口数对农村儿童参与“学生饮用奶计划”有较大影响。

H2b：人均年收入对农村儿童参与“学生饮用奶计划”有较大影响。

食物认知与食物消费之间存在关联，已有众多研究表明，乳制品相关产品认知信息对

乳制品的消费决策和消费水平均具有显著影响。消费者对乳制品营养价值的认知会显著影响乳制品消费，牛奶营养知识对牛奶消费的品种也会产生影响。农村地区消费者关于液态奶营养价值、乳品消费对健康重要性及乳品安全性的认识都对液态奶消费有显著影响。看护人营养知识的缺乏会直接或间接影响儿童的膳食摄入及饮食行为，获得科学的营养知识有助于儿童合理选择食物，培养良好的饮食行为。而参与“学生饮用奶计划”本质上属于牛奶消费行为，消费者对牛奶的态度和认知程度影响到乳制品的消费行为，进而会对“学生饮用奶计划”参与行为产生影响。“学生饮用奶计划”作为一项营养干预计划，在消费行为之外还具备政策因素，因此家长及学生对“学生饮用奶计划”这项政策的态度及认知会影响“学生饮用奶计划”的参与行为。基于以上分析，本研究提出研究假设（H3）。

H3：认知与态度对农村儿童参与“学生饮用奶计划”有较大影响。

H3a：产品认知对农村儿童参与“学生饮用奶计划”有较大影响。

H3b：家长对“学生饮用奶”的态度对农村儿童参与“学生饮用奶计划”有较大影响。

H3c：学生对“学生饮用奶”的态度对农村儿童参与“学生饮用奶计划”有较大影响。

除个人因素、家庭特征、认知与态度会对乳制品消费产生影响外，产品特征也是一个不容忽视的因素。乳制品产品特征主要包括价格、品牌、质量安全、口感等方面，由于乳制品目前还不是居民生活必需品，因此价格仍然是制约乳制品消费的重要因素，农村居民对液态奶价格比城镇居民更为敏感，农村地区由于受收入限制，价格弹性更为显著，价格已经成为影响农村乳制品消费的重要因素之一，乳制品价格将对农村乳制品消费水平产生负向影响，降低价格能刺激消费者对乳制品的购买。学生及家长在参与“学生饮用奶计划”时需要付出一定的价款，“学生饮用奶”作为乳制品种类的一种，价格因素在一定程度上会影响农村儿童及家长的参与。

消费者对乳制品的信任度显著影响他们对牛奶品牌的选择行为。随着农村居民人均收入不断增长，其购买力也在不断提高，一些较富裕地区的居民已从基本保障档次向中高消费档次过渡，居民的消费方式也逐渐向更省时、省心的方式转变。在这种情况下，虽然因农村居民在消费特征上与城镇居民有一定的差异，其消费决策被品牌和口碑特征影响的侧重点与城镇居民会有所差异，但作为可以在一定程度上代表产品质量和服务质量的产品品牌，仍属于影响农村居民消费决策和参与意愿的一种客观因素。

目前消费者对于国产乳制品的安全问题还有很多焦虑和关切，安全事件影响消费者对乳制品的购买频率，乳制品消费量与其质量安全正相关。“学生饮用奶”面向广大学生，质量安全问题是广大家长普遍关心的，也是影响“学生饮用奶”推广的重要因素之一，因此将质量安全作为影响学生及家长参与意愿的因素。

农村儿童饮食行为问题发生率高，零食饮料消费普遍不合理，由于追求口感，大多数农村儿童有吃零食的习惯，因此口感成为农村儿童选择食物的重要因素之一。“学生饮用奶”面向儿童，其“学生饮用奶”的口感也将影响儿童对“学生饮用奶计划”的参与意愿，因此将口感作为影响学生及家长参与意愿的因素。

根据以上分析，本研究提出研究假设（H4）。

H4：产品特征对农村儿童参与“学生饮用奶计划”有较大影响。
H4a：口感对农村儿童参与“学生饮用奶计划”有较大影响。
H4b：品牌对农村儿童参与“学生饮用奶计划”有较大影响。
H4c：价格对农村儿童参与“学生饮用奶计划”有较大影响。
H4d：质量安全对农村儿童参与“学生饮用奶计划”有较大影响。

（二）研究结论

本研究主要从实证角度分析了家长参与“学生饮用奶计划”行为的影响因素、未参与“学生饮用奶计划”的家长和学生参与意愿的影响因素以及已参与“学生饮用奶计划”的学生参与意愿的影响因素。研究结果发现，家庭总人口数对家长参与“学生饮用奶计划”的行为具有负向影响；乳制品质量安全事件对家长的参与行为产生显著的正向影响。对于已参与“学生饮用奶计划”的家长群体来说：父亲年龄对“学生饮用奶计划”参与行为有负向影响；父亲受教育程度和母亲年龄对参与行为具有正向作用，家长对学校订奶的态度也是影响家长参与行为的重要因素。对于未参与“学生饮用奶计划”的家长群体来说：家庭总人口数对“学生饮用奶计划”参与意愿有负向影响，家庭每增加 1 人，参与意愿下降 0. 021；家长认为学校订奶具有必要性的态度每提升 1 单位，参与意愿提升约 0. 010；学生的态度对“学生饮用奶计划”参与意愿有正向影响，学生参与“学生饮用奶计划”的意愿每上升 1 单位，家长参与意愿提升 0. 051；家长对乳制品品牌的关注程度对参与愿意具有负向影响，关注程度每上升 1 单位，参与意愿下降 0. 030。对于已参与“学生饮用奶计划”的学生群体来说：家长对学校订奶必要性的认知和家长的“学生饮用奶”支付意愿对学生的参与意愿有正向影响，家长认知每提升 1 单位，学生参与意愿提升 0. 076；家长支付意愿每提升 1 单位，“学生饮用奶计划”参与意愿提升 0. 091。对于未参与“学生饮用奶计划”的学生群体来说：人均年收入每增加 1 单位，参与意愿提升 0. 037；家长认为学校订奶有必要的态度每提升 1 单位，参与意愿提升 0. 107；家长对学生饮用奶的支付意愿每提升 1 单位，参与意愿提升 0. 026；家长对乳制品价格的关注每提高 1 单位，参与意愿下降 0. 03。

依托营养健康监测　促进学生健康成长

徐培培　张　倩　中国疾病预防控制中心营养与健康所

中小学生是国家的未来，为改善我国农村学生的营养状况，2011 年 11 月国务院颁布《国务院办公厅关于实施农村义务教育学生营养改善计划的意见》（国办发〔2011〕54 号）（以下简称“营养改善计划”），为集中连片特殊困难地区的农村义务教育阶段学生提供营养膳食补助。最初为每人每学习日 3 元，每年按 200 天计；2014 年 11 月提升到 4 元，2021 年 9 月又提升到 5 元。到 2021 年 5 月，全国有 28 个省份的 727 个国家试点县，1 005 个地方试点县实施了营养改善计划；覆盖 13 余万所学校，3 700 多万学生，占全国义务教育阶段学生总数的 25.4%。联合国世界粮食计划署 2020 年对全球 169 个国家学校供餐的分析显示，我国的营养改善计划受益人数占世界第 4 位。

农村义务教育学生营养改善计划是阻断贫困代际传递的重要举措，对于建设人力资源强国具有深远影响。中小学生的营养不均衡会导致生长迟缓、超重肥胖或贫血等问题的出现，影响生长发育和认知能力，增加疾病风险，还会导致成年后体能和智力的损失，给社会发展带来沉重的负担。为学生提供营养均衡的食物，落实系统的营养健康教育，开展科学的营养健康监测，是合理利用膳食营养补助的重要保障，也将为实现中华民族伟大复兴的中国梦奠定更为坚实的基础。

一、营养改善计划成效卓著

营养改善计划实施 10 年以来，农村学生营养状况得到明显改善，平均身高、体重逐步上升，生长迟缓或贫血的学生逐步减少。

1. 学生平均身高和体重水平逐年升高

10 年来，各年龄段男女生的平均身高和体重水平逐年升高。其中，13 岁的男生平均身高和体重增量最多，分别达到 7.5 厘米和 6.6 千克；女生为 12 岁增量最多，身高和体重增量分别达到 6.3 厘米和 5.8 千克，增长速度均高于同年龄段全国农村学生的平均水平。

2. 营养不良下降趋势明显

学生的生长迟缓率反映长期膳食营养摄入不足。2021 年，监测地区 6~15 岁学生生长迟缓率为 2.3%，比 2012 年的 8.0%下降了 5.7 个百分点。农村中小学生贫血率总体呈下降的趋势，2021 年贫血率为 12.0%，比 2012 年的 16.7%下降了 4.7 个百分点；其中，西部地区学生贫血率的下降幅度达到 6.0 个百分点（图 1）。

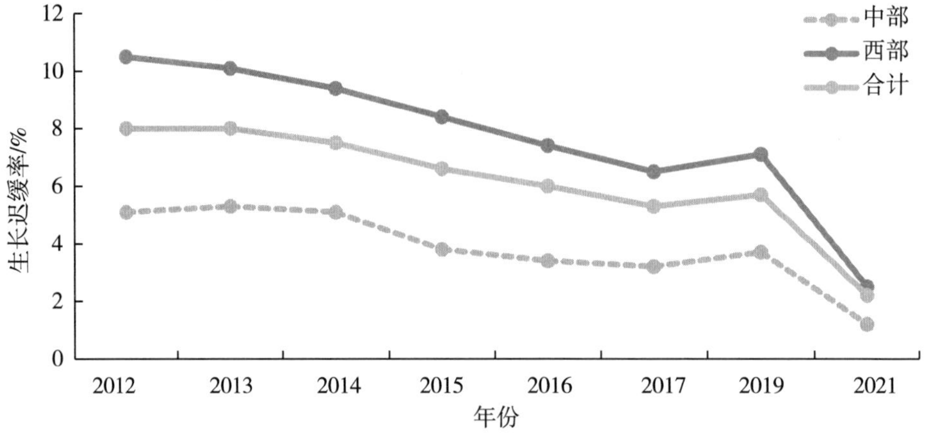

图 1　10 年来监测地区 6~15 岁学生生长迟缓率

3. 学校食堂供餐比例逐步增加

监测学校配备食堂的比例逐年增高，从 2012 年的 60.6%增长到 2021 年的 90.9%。2021 年，食堂有餐厅的比例为 84.4%，餐厅有餐桌、椅凳的比例为 83.1%；有 83.4%的学校采用学校食堂供餐，明显高于 2012 年的 46.1%；有 16.4%的学校为企业供餐，低于 2012 年的 47.1%（图 2）。

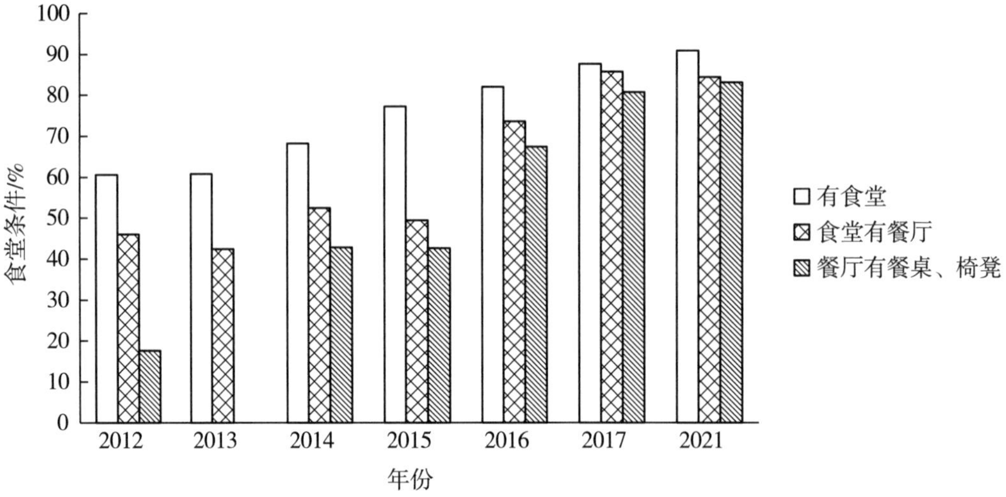

图 2　10 年来监测地区学校的食堂条件

4. 膳食结构趋于合理

摄入鱼禽肉蛋奶及豆制品可以满足中小学生迅速生长发育对优质蛋白质的需要；新鲜的蔬菜和水果可以提供丰富的维生素、矿物质和膳食纤维；这些食物都是均衡膳食的重要组成部分。

2021 年，监测地区 50.3%的中小学生吃猪牛羊肉、鸡肉、鱼虾等畜禽鱼肉的频率达到每周 5 次以上；33.3%的中小学生每天吃 3 种及以上新鲜蔬菜；30.8%的中小学生可以做到每天吃水果。该比例较营养改善计划实施初期有较大幅度增长。中小学生每天喝牛奶等奶制品的比例也有所增加。

5. 不良饮食行为频率下降

监测地区中小学生也存在一定比例的吃零食、喝饮料等现象。2021 年，每天喝 1 次及以上饮料的中小学生占 4.9%，每天吃 1 次及以上零食的学生占 12.0%，这些比例均低于 2015 年的监测结果，也低于同期我国 6~17 岁中小学生的零食和饮料消费频率。

6. 营养素养逐年提高

掌握科学的营养健康知识可以为一生的健康奠定基础。2021 年，97.6%的学校组织了健康教育相关课程或活动，该比例高于 2012 年。监测学生的营养健康知识的平均正确率为 60.2%，比 2012 年的 51.4%高 8.8 个百分点（图 3，图 4）。

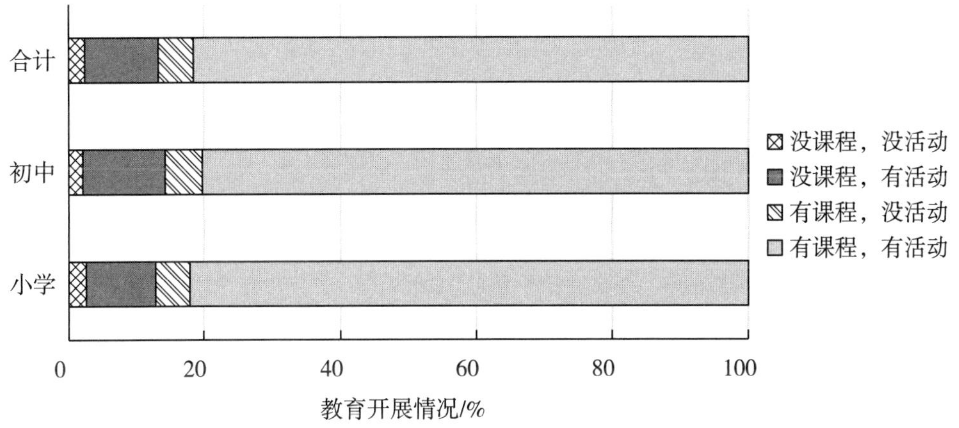

图 3　2021 年中小学健康教育开展情况

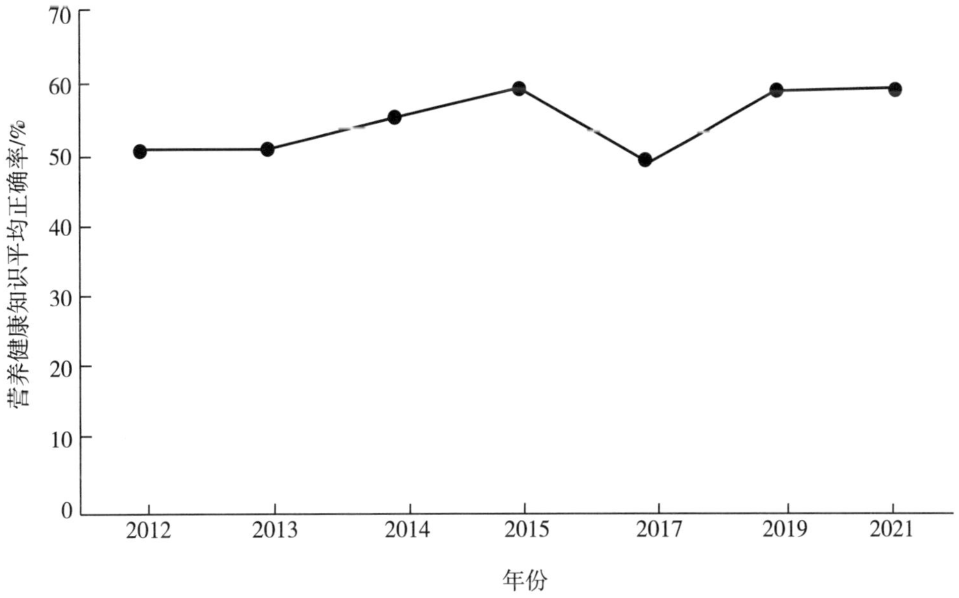

图 4　10 年来监测地区中小学生营养健康知识平均正确率

二、各项营养改善措施稳步推进

1. 制定标准，提供科学供餐指导

均衡的膳食是中小学生健康成长的基础，为指导学校和供餐企业为中小学生提供营养均衡的食物，2017 年，原国家卫生计生委发布了卫生行业标准《学生餐营养指南》（WS/T 554—2017），明确 6～17 岁中小学生一日三餐的能量和营养素供给量、食物种类和数量以及配餐原则。中国疾病预防控制中心营养与健康所（以下简称“营养所”）开发了《学生电子营养师》（农村版、升级版及网络版）膳食分析平台，在教育部和营养所网站供学校免费使用；出版印发多套膳食指导材料，包括《不同地区农村学生膳食营养指导手册》《农村学校食堂工作人员手册》等系列丛书，为基层教育和卫生部门人员合理配餐提供有力工具。

2. 推进营养教育进校园

针对学校供餐中逐步凸显的中小学生营养知识不足的问题，营养所编写出版了一系列中小学生营养健康科普材料免费发放，包括《小学生营养教育教师指导用书（2022）》《中学生营养教育教师指导用书（2022）》《健康校园（城市版、农村版、教师用书）》《营养课堂（学生读本基础版、进阶版和教师读本）》等。以海报、折页、拼图、小视频、光盘等形式，以均衡膳食、饮食行为及减盐、减油、减糖等为主题，为基层开展中小学生营养健康宣传教育提供素材。

3. 组织系统监测与评估

从 2012 年开始，在各级卫生和教育部门的大力支持下，中国疾病预防控制中心营养与健康所同各级疾控中心通力合作，开展了系统的营养健康监测评估，全面科学地评估了营养改善计划这项惠民政策的实施效果。常规监测县从中西部 22 个省（自治区、直辖市）和新疆生产建设兵团的 699 个国家试点县，扩大到所有国家试点县和地方试点县。其中，重点监测县从 50 个县扩大到 160 个。从监测县、学校、学生和家长等不同层面了解食物供应和健康状况，为推进这项政策的科学合理实施提供了科学数据。

三、面临的挑战与问题

我国经济快速发展和生活方式变迁过程中，农村中小学生面临的营养健康问题及其影响因素，呈现出多样化和动态化的特点。

（1）监测地区中小学生也存在超重、肥胖现象。2021 年，监测地区 6～15 岁中小学生超重肥胖率为 18.7%，高于 2012 年的 10.2%。

（2）监测地区中小学生膳食结构距离《中国居民膳食指南》提出的平衡膳食模式还有较大差距。学校供餐以猪肉为主，而禽类、水产、豆制品和奶类供应不足；蔬菜水果品种少，主食品种单一。中小学生吃零食、喝含糖饮料的行为仍然比较普遍。

（3）基层营养健康专业人员专业能力有待提高，营养健康宣传教育缺乏系统性，学生、家长和教师的营养素养和技能不足。

(4) 中小学生营养改善缺乏专项的法律，法规标准体系有待完善，造成营养健康监测、教育、指导和干预缺乏连续性，相关领域科学研究有待加强。

四、建议

1. 推动学生营养领域立法

在《中华人民共和国基本医疗卫生与健康促进法》基础上，制定学生营养领域专项法律法规，完善配套的规章、制度和标准，明确各级政府部门、学校、企业、社会组织和个人的责任和义务，扎实推进合理膳食指导、宣教和监测工作。

2. 加强营养专业人才队伍建设

逐步加强各级疾控、教育、相关企业和社会组织的营养专业人才队伍建设，改善基层营养工作人员不足的现状。加强医学院校和师范院校营养健康专业人才的培养，督促学校和供餐单位按要求配备营养管理人员。定期培训基层人员，提升营养健康专业素养和操作技能。

3. 在学校开设系统的营养健康课程

掌握科学的营养健康知识有利于中小学生从小培养健康的饮食行为。借鉴日本的营养教师制度，由专职教师为学生开设系统的营养健康课程，组织喜闻乐见的活动，提高他们保持营养健康的技能，为其一生的健康奠定基础。

4. 继续加强膳食指导

在各级政府部门，组建教育、卫健、疾控、食品安全等多部门的联席机构，以《学校食品安全与营养健康管理规定》《学生餐营养指南》等政策标准为基础，加强中小学和幼儿园的科学供餐管理和均衡膳食指导，并增强农村学校食堂软硬件设施设备。我国饮食文化多样，要采用信息化手段，因地制宜制定带量食谱，为学生提供适量的鱼禽肉蛋奶，丰富的蔬菜水果品种，增加粗杂粮摄入，做到均衡膳食。

5. 强化多种形式的营养健康宣传教育

按照“健康中国行动”和“国民营养计划”等政策的要求，对家长、教师及食堂工作人员等强化多种形式的营养健康宣传教育。推进“营养与健康学校”“营养健康食堂”创建，加强国家主流媒体的宣传引导，提升全社会对均衡膳食的认知，创建科学的营养健康氛围。

6. 进一步完善学生营养健康监测体系

营养健康监测是农村学生健康状况的晴雨表，可以全面了解我国农村学生营养健康状况。要进一步完善我国不同地区、城乡中小学生营养健康监测体系。强化中小学生合理膳食应用研究和营养代谢基础研究，通过深度分析和系统研判提出有针对性的政策建议和具体指导。

加快推动乳品消费向生活必需品转型的建议

指导专家：陈萌山　王加启
程广燕　杨祯妮　秦朗　农业农村部食物与营养发展研究所
张养东　中国农业科学院北京畜牧兽医研究所

2022 年以来，受新冠疫情和经济下行双重影响，我国奶业发展呈现阶段性过剩，在苜蓿、豆粕等饲料成本不断上涨的情况下，生鲜乳实际收购价格逐步下降，奶牛养殖两头承压，乳品企业也面临消费需求不振与奶源消化压力持续加大的困境。我国居民乳品消费量不足，是全面进入小康阶段制约居民膳食营养改善的短板产品，如何快速提升消费、实现乳品向生活“必需品”转变，不仅对稳定奶业发展意义重大，长期来看也是推动奶业高质量发展、助力国民健康的重要抓手。

一、当前乳品消费存在的问题及原因分析

2022 年，我国人均乳品（按原奶计，下同）表观消费量约 42 千克/年，仅达到全球平均水平的 36.0%，是亚洲平均水平的 45.3%。《中国居民膳食指南（2022）》建议每天饮奶 300~500 克，当前人均乳品消费量仅相当于推荐量的 23.0%~35.1%。从营养结构上看，据 FAO 食物平衡表数据，2020 年我国每天人均乳品蛋白消费量 3.0 克，仅占动物蛋白的 7.1%，远低于全球 26.5%的平均水平。分城乡看，2021 年城镇、农村居民人均乳品消费量分别为 52.4 千克/年、24.6 千克/年，农村居民乳品消费不到城镇居民的一半。综合宏观数据和调研情况，制约我国乳品消费增长的原因有以下几个方面。

一是消费者对牛奶营养认知不足，乳品没有成为生活的刚需产品。据调查，居民对不同乳品认知达标率仅 40.4%，绝大多数消费者不了解常温奶和低温鲜奶的区别。中国营养健康调查（CHNS）显示，2018 年，18~64 岁青中年群体平均每人每天饮奶量仅 24.9 克，显著低于其他年龄群体，其重要原因是中年人普遍认为牛奶是为了给老人补钙、让儿童“长个子”，他们更倾向于消费其他饮品。另据农业农村部食物营养所测算，城镇居民液态奶收入弹性为 1.74，说明乳品还没有成为居民的生活必需品。

二是乳品价格不断上涨，成为限制消费增长的重要因素。近年来，我国乳品市场价格上涨趋势明显，商务部监测数据显示，我国 UHT 奶平均零售价格从 2010 年 7.84 元/升增长至 2022 年 12.98 元/升，增长约 65.6%，年均增长率约为 5.0%，明显高于同期白条猪、白条鸡和鸡蛋的增幅。加工乳品与原料奶的比价是国际上评价乳品价格的一个重要指标，

以常温奶计，2010—2019 年我国加工乳品与原料奶的比价由 2. 7 倍增至 3. 9 倍，远高于目前国际上 2. 5 左右的比价水平。若按营养推荐量（300 克/天）饮用牛奶，城镇与农村居民牛奶支出占 2022 年食品支出的比重将分别达到 15. 4%、25. 2%。

三是干乳品尚未融入国人饮食文化，缺少具有中国特色的产品。2022 年我国人均奶酪消费量（折原奶计）1. 0 千克，在整个乳品消费中占比仅 2. 5%，与国际上人均消费近 20 千克比要低很多，跟饮食习惯较为接近的日本比，也低了一半多。虽然我国奶酪消费市场已处于较快增长期，但市场上绝大部分是进口产品以及以进口产品为原料的再制奶酪，且生产规模小，缺少具有中国特色的“民族奶酪”，中国人“吃奶”普及率还很低。

四是仍有少量社会负面杂音误导乳品消费，公益宣传力度不够。随着社会各界对乳品营养知识的普及，乳品逐渐成为家庭营养补给品，但并非一日三餐的必备食物。从调研情况来看，在医院就诊时有的医生会从食物属性角度，建议寒性体质的人不要饮奶。除此之外，“三聚氰胺”的阴影还未消除，不少消费者对奶制品质量安全仍持担心态度；“牛奶含有激素”“牛奶抗生素含量高”等言论也在社会上广泛传播，成为制约牛奶消费增长不可忽视的影响因素。

二、新冠疫情与经济下行压力大的背景下扩大乳品消费的做法与经验

一是区域性乳企主推低温乳品，送奶到户销售模式稳定市场规模。区域性乳企充分利用当地资源发展奶牛养殖，主打产品为低温巴氏奶，送奶到户约占其总销售量的 80%，送奶员几乎每天都会和顾客见面，对顾客的饮奶需求比较了解，消费者需求与当地生产预期都稳定。无论是“三聚氰胺”还是新冠疫情等突发情况，对地方乳企产销影响不大。据江西南昌阳光乳业岭口奶站介绍，随着新冠肺炎病毒防控政策调整为“乙类乙管”，截至 5 月，订奶数量恢复到高峰（2021 年）的 98%，明显好于其他销售渠道的市场表现。

二是开展形式多样的乳品营养与健康科普教育，提高消费者对乳品的认识与消费意愿。疫情期间，权威专家钟南山、张文宏发出的“多吃牛奶，补充优质蛋白”倡议起到了正面作用，2021 年人均乳品消费增长 11. 5%，是近 15 年来增长速度最快的一年，江西阳光乳业液态奶、光明乳业鲜奶、上海妙可蓝多奶酪 2021 年销售量同比分别增长 21%、22%、27. 9%。中国营养学会、中国奶业协会及多家高校研究所围绕乳品与健康，组织开展小视频、图文科普等科普宣传。乳品企业通过创建国家食物与营养教育示范基地、打造乳品科普廊道等形式，向公众科普牛奶从“牧场到餐桌”的生产过程，普及牛奶营养知识，提高公众饮奶素养。

三是打造国内本土奶酪产业，加快实现向“喝奶吃奶”并重转变。近年来，有一些国内企业积极探索“中国奶酪”创新模式有力推动了我国奶酪市场的快速发展。2018 年起，我国奶酪消费一直保持 20%左右的市场增速，即便在 2022 年液态奶几乎全线产品消费下降的情况下，依然保持 9. 6%市场增速。在目前奶业阶段性过剩情况下，国内外生鲜乳价差逐步缩小，用国产生鲜乳发展本土奶酪产业在成本收益上是可行的。以妙可蓝多公

司的原制马苏里拉奶酪为例，以国产生鲜乳为原料，加上加工、营销等费用，每千克产品总成本 68 元，与进口奶酪相比仅高出 11 元/千克，国内外成本差距明显缩小。如继续扩大规模，也可配套发展乳清粉产业，破解婴配粉产业乳清粉 100%依赖进口的问题。

四是增加乳品消费情景，将乳品融入国人餐饮文化。光明乳业积极推动以鲜牛奶为原料的烘焙产业，并充分结合中国馒头花卷等主食产业，其旗下的悠焙面包房主打以“优倍”鲜奶为原料的面包等烘焙产品，月销售额从期初的 4 万元增至 4 月的 40 万元。妙可蓝多将奶酪积极融入热菜、点心、主餐配菜等中餐饮食文化，推动奶酪由零食走向餐桌。

三、加快推动乳品向生活必需品转型的建议

实施健康中国战略，提高国民营养素质。过去多从生产端出台扶持政策，缺少消费端的国家顶层设计，当前急需国家专门出台乳品消费文件，要抓住疫情后恢复期机遇，把乳品消费作为促进生产恢复的重要抓手。

一是出台乳品消费支持政策，发挥政府在扩大消费中的指导作用。将扩大乳品消费列入国家营养立法，在法律制度上系统规划，推动居民乳品消费提升。组织开展乳品消费节，定期发放牛奶消费券，并通过展会、电商平台、商超门店、直播带货等多种营销活动，围绕公益性科普、“农村中小学生营养餐计划”等方面出台具体针对性的政府支持政策，促进居民乳品消费。

二是优化产品结构，加强乳品冷链基础设施建设。尽快扭转乳制品加工“高端高价”市场定位，让平价健康乳制品成为市场主流，加强对乳制品市场价格监测。支持低温鲜奶产业发展，大力推广送奶到户模式，让乳品营养“进社区”“进家庭”。针对农村生鲜农产品冷链建设普遍滞后问题，从用地、冷库建设等方面对农村奶站建设予以支持，提高农村居民饮奶的便利性。

三是发展中国特色的干乳品产业，让乳品成为消费者餐桌上的新选择。把提高奶酪消费作为扩大乳品消费的重要途径，让奶酪等干乳制品进入国人餐饮文化。充分利用当前国内生鲜乳供给充裕的有利时机，出台政策措施或设立专项资金扶持乳企加强原制奶酪和乳清产业投资，提升国内乳清粉供给保障水平。

四是扩大“学生饮用奶”计划覆盖范围，从小培养饮奶习惯。据 IDF 学生奶年报，2020 年全球实施“学生饮用奶”计划的平均覆盖率为 58. 6%，而我国当年覆盖率仅为 17%。建议进一步扩大“学生饮用奶”覆盖人群，确保农村低收入地区全覆盖，明确将学生奶纳入学生营养餐，同时将幼儿园低龄人口纳入“学生饮用奶”覆盖范围。加大推广力度，由市场化运行改为半补贴式，力争“学生饮用奶”覆盖率增至 50%。

五是清理不利于乳品消费的负面环境，加强乳品营养与健康公益性科普宣传。建议发挥中央宣传部、中央网信办等政府部门在科普宣传中的主导作用，将奶业公益宣传列入健康中国宣传重点，开展饮奶知识科普。建立科普监督与奖惩机制，进一步明确乳品科普知识发布、传播与监管的主体和相应职责，持续提升科普知识的质量。

第二部分

政策法规摘录

◎ 国家相关政策法规

中共中央办公厅　国务院办公厅印发《关于构建优质均衡的基本公共教育服务体系的意见》

一、总体要求。以习近平新时代中国特色社会主义思想为指导，全面贯彻党的教育方针，坚持以人民为中心，服务国家战略需要，聚焦人民群众所急所需所盼，以公益普惠和优质均衡为基本方向，全面提高基本公共教育服务水平，加快建设教育强国，办好人民满意的教育。到 2027 年，优质均衡的基本公共教育服务体系初步建立，供给总量进一步扩大，供给结构进一步优化，均等化水平明显提高。到 2035 年，义务教育学校办学条件、师资队伍、经费投入、治理体系适应教育强国需要，市（地、州、盟）域义务教育均衡发展水平显著提升，绝大多数县（市、区、旗）域义务教育实现优质均衡，适龄学生享有公平优质的基本公共教育服务，总体水平步入世界前列①。

二、全面保障义务教育优质均衡发展。各地区在推进学校建设标准化的同时，可结合实际支持学校适当扩大教室学习活动空间和体育运动场地，为非寄宿制学校提供学生就餐和午休条件。

三、大力提高家庭经济困难学生应助尽助水平。深入实施农村义务教育学生营养改善计划，为实施地区学生提供营养膳食补助。根据经济社会发展水平和国家财政状况，综合考虑物价水平和生活成本等变动情况，完善资助标准动态调整机制，帮助家庭经济困难学生顺利完成学业。

四、统筹做好面向学生的其他基本公共服务，建立学生体质健康状况监测平台，每年发布学生健康素养水平数据。定期为学校食堂和供餐、校园周边餐饮场所提供食品安全风险监测、跟踪评价等服务。

◎相关部委与行业协会管理办法

市场监管总局发布《食品相关产品质量安全监督管理暂行办法》

《办法》规定了食品相关产品生产者、销售者的主体责任及生产全过程控制的具体要求，食品相关产品生产者要建立原辅料控制、生产关键环节控制、检验控制以及运输交付

---

① 国务院．中共中央办公厅　国务院办公厅印发《关于构建优质均衡的基本公共教育服务体系的意见》［EB/OL］．(2023-06-13)［2023-10-18］. https：//www. gov. cn/govweb/zhengce/202306/content_6886110. htm.

控制等制度，销售者要建立食品相关产品进货查验制度。《办法》同时明确了食品相关产品质量安全追溯制度、召回管理制度、标签标识管理制度①。

《办法》规定了涵盖事前许可、事中检查、事后惩处的全过程闭环监管体系。食品相关产品生产许可实行告知承诺审批和全覆盖例行检查；市场监督管理部门要建立完善本行政区域内食品相关产品生产者名录数据库，实施风险分级分类监管；实施食品相关产品质量安全风险监测；明确监督抽查不合格等行政处罚信息依法记入国家企业信用信息公示系统。

市场监管总局办公厅　教育部办公厅　国家卫生健康委办公厅　公安部办公厅关于做好2023年春季学校食品安全工作的通知

《通知》要求，要坚决落实食品安全“四个最严”要求，压紧压实属地监管责任，落实校外供餐单位和学校食品安全主体责任，督促校外供餐单位和学校食堂依法配备食品安全总监和食品安全员。持续推进校园食品安全守护行动，指导校外供餐单位和学校食堂在开学前全面开展食品安全自查，加大对因受新冠疫情影响、较长时间停止餐食供应的校外供餐单位和学校食堂的指导力度，及时防范化解食品安全隐患②。

《通知》强调，要进一步加大监督检查力度，加强公正文明执法，依法依规查处食品安全违法违规行为。督促校外供餐单位和学校食堂严格执行索证索票、进货查验、从业人员健康管理、食品留样等制度，规范加工制作过程，严控食品安全风险。指导学校设定招标门槛、实行大宗食品公开招标、集中定点采购，严格履行招标程序，建立健全校外供餐单位引进和退出机制。

《通知》指出，要深入开展反食品浪费工作，加强食品在采购、储存、加工、发放等环节的减损管理，培养学生养成勤俭节约、珍惜粮食的文明用餐习惯。为学校提供食品安全和营养健康指导，为学生普及食源性疾病防控和平衡膳食的知识技能，倡导学生餐食减油、减盐、减糖。持续推进校外供餐单位和学校食堂“互联网+明厨亮灶”提质扩面，加快智慧监管赋能。鼓励家长委员会等参与校园食品安全管理，营造良好社会共治氛围。

各地市场监管部门要会同教育部门进一步加大监督检查力度，严格执行《中华人民共和国未成年人保护法》对学校周边不得设置售烟、售酒网点及禁止向未成年人售烟、售酒的规定，严肃查处学校及周边、网络平台等面向未成年人无底线营销食品等违法违规行为。各地教育部门要督促中小学校、幼儿园原则上不在校内设置小卖部、超市，确需设置的，不宜售卖高盐、高糖及高脂食品。

---

① 市场监管总局．市场监管总局发布《食品相关产品质量安全监督管理暂行办法》［EB/OL］.（2022－10－09）［2023－10－18］. https：//www.cnca.gov.cn/xwjj/scjgyw/art/2022/art_096f933fca7a4d73a38719d67947b0b9.html.

② 市场监管总局．市场监管总局办公厅　教育部办公厅　国家卫生健康委办公厅　公安部办公厅关于做好2023年春季学校食品安全工作的通知［EB/OL］.（2023－02－13）［2023－10－18］. https：//www.samr.gov.cn/zw/zfxxgk/fdzdgknr/spjys/art/2023/art_4d571fd246c14b8781b5c6e585608ef4.html.

市场监管总局办公厅　教育部办公厅　公安部办公厅　国家卫生健康委办公厅　关于切实加强 2023 年秋季学校食品安全工作的通知

《通知》要求，各地市场监管、教育部门要督促校外供餐单位和学校在开学前全面开展自查，加强防虫防鼠防蝇设备设施的检查，定期维护更新，堵塞设施漏洞。改善老旧设备和硬件设施，加强食堂的通风道等区域防鼠网的设置和维护①。

《通知》指出，各地市场监管、教育部门要组织对校外供餐单位、学校食堂关键部位、关键设施设备、关键环节开展全覆盖监督检查。要结合集中用餐单位食品安全问题专项治理行动，对发现的食品安全问题和隐患要建立清单，实行台账管理，限期及时整改。

《通知》强调，各地教育部门要切实强化行业管理责任，加强对校外供餐单位和学校的食品安全教育和日常管理，督促学校严格落实食品安全校长（园长）负责制和学校相关负责人陪餐制度。要会同有关部门指导学校严格按照招投标程序统一组织招标，督促学校建立完善校外集中供餐、承包经营或委托经营准入、考核评价和退出管理机制。

《通知》明确，各地教育部门要会同卫生健康、市场监管部门加大学校食品安全与营养健康知识宣传力度，根据年龄和生长发育特点，避免提供高盐、高油及高糖的食品，确保营养均衡。倡导学校食堂按需供餐，通过采取小份菜、半份菜、套餐、自助餐等方式，制止餐饮浪费。

市场监管总局、教育部、民政部、国家卫生健康委、国管局联合发布《集中用餐单位食品安全问题专项治理行动工作方案》

专项行动旨在进一步规范学校（含托幼机构）、医院、养老院、机关等集中用餐单位食堂经营管理，防范化解风险隐患，全面提升集中用餐单位食品安全水平。着力解决集中用餐单位食品安全管理不规范、制度执行不到位、厨房环境不卫生、食品安全事件多发等突出问题，推动集中用餐单位及其承包经营企业管理明显规范，从业人员食品安全意识明显增强，环境卫生明显改善，重大食品安全事件明显减少，逐步建立长效制度机制，不断提升集中用餐单位食品安全水平②。

方案提出，针对通风、防蝇防鼠防虫、冷藏冷冻等设备设施，库房、操作间、分餐间等关键场地场所，严格按照频次、监督检查操作指南等要求，加大检查力度，着力解决餐饮环境脏乱差问题。针对晨检、食物储存、餐饮具清洗消毒、加工操作、食品留样、剩余

① 市场监管总局．市场监管总局办公厅　教育部办公厅　公安部办公厅　国家卫生健康委办公厅关于切实加强 2023 年秋季学校食品安全工作的通知［EB/OL］．（2023-09-13）［2023-10-18］．https：//www. samr. gov. cn/spjys/tzgg/art/2023/art_ffc015cebf6449deb17c9fcdb184aa07. html.

② 市场监管总局．关于印发《集中用餐单位食品安全问题专项治理行动工作方案》的通知［EB/OL］．（2023-08-01）［2023-10-18］．https：//www. samr. gov. cn/zw/zfxxgk/fdzdgknr/spxds/art/2023/art_92a6be67df3d4a349607cd665071ec1b. html.

食品处置等重点环节，对照有关规范要求，重点检查索证索票、进货查验、从业人员健康管理、食品留样等制度落实情况。对发现的问题建立问题清单，督促限期全部整改。

方案还提出，严管承包经营行为。重点排查承包经营企业以及承包经营的食堂是否取得相应经营资质，是否依法签订承包经营合同，是否落实食品安全管理制度并履行食品安全责任，是否依照法律、法规、规章、食品安全标准以及合同约定进行经营。

教育部、国家发展改革委、财政部、农业农村部、国家卫生健康委、国家市场监管总局、国家疾控局制定并印发《农村义务教育学生营养改善计划实施办法》

《实施办法》包括总则、管理体制、供餐管理、资金使用与管理、采购管理、营养健康监测与教育、应急事件处置、绩效管理与监督检查、附则共 9 章 45 条。主要包括以下内容：一是明确实施范围。自 2022 年秋季学期起，将营养改善计划国家试点地区更名为国家计划地区，地方试点地区更名为地方计划地区。二是完善管理体制。强调营养改善计划在国务院统一领导下，实行地方为主，分级负责，各部门、各方面协同推进的管理体制，政府起主导作用。全国农村义务教育学生营养改善计划工作领导小组统一领导和部署营养改善计划的各项工作。三是强化供餐管理。主要从供餐方式、供餐内容、供餐基本条件、食品安全管理等方面作出规定，并从严格食品贮存、加工、配送管理，加强食堂从业人员管理等方面提出具体要求。四是严格资金使用管理。主要从资金安排、资金使用和资金监管等三个方面作出明确规定。五是规范采购管理。主要对采购需求管理、采购意向公开、采购人和采购方式、采购程序、合同管理和履约验收等提出具体要求。六是加强营养健康监测与教育。明确有关部门的职责，强调注重学生营养健康监测结果的运用，加强膳食指导，并要求各地各校加强营养健康教育，推动开展劳动教育，强化感恩教育。七是加强应急事件处置。要求各地各校严格执行食品安全事故处置的有关规定，建立应急事件处置协调机制，明确相关部门职责，逐级逐校制订应急预案，定期组织应急事件处置演练。八是加强绩效管理与监督检查。要求全面实施绩效管理，建立健全公开公示制度，建立健全监督检查机制，开展专项检查，建立学校食堂、供餐企业（单位）信用档案，建立健全食品安全责任追究制度等①。

供餐管理方面，要求各地大力推进学校食堂供餐。明确学校食堂供餐的基本要求、供餐企业（单位）的基本条件、学校伙房和托餐家庭（个人）的基本条件。明确场所布局、设施设备、工艺流程、人员规章、配送车辆、视频监控、食品安全等方面的基本要求。

食品安全管理方面，要求各地各校加强食品安全制度建设，实施全过程监管，落实学校负责人陪餐制度。建立健全出入库管理制度、库存盘点制度并对原料品质、食品烹饪要求、留样制度、食品添加剂使用管理、餐用具清洗消毒等提出明确要求。同时，对加强食堂从业人员管理作出明确规定。

---

① 教育部．教育部等七部门关于印发《农村义务教育学生营养改善计划实施办法》的通知［EB/OL］.（2022-11-07）［2023-10-18］. http：//www. moe. gov. cn/srcsite/A05/s7052/202211/t20221111_984150. html.

资金管理方面，明确国家计划地区营养膳食补助资金由中央财政全额承担，地方计划地区营养膳食补助资金由地方财政承担，中央财政给予定额奖补。要求各地强化省级统筹，科学确定伙食费收费标准。中央财政安排的营养膳食补助资金设立专门台账，明细核算，确保全额用于为学生提供营养膳食。

《实施办法》明确要求，营养改善计划采购工作必须严格执行《中华人民共和国政府采购法》等法律法规和财政部有关规定。各地应根据营养改善计划供餐实际情况，科学确定属于政府采购范围的具体项目内容；对于不属于政府采购范围的项目，应合理确定采购方式，并制定完善采购管理相关制度要求。

教育部等十三部门近日联合印发《关于健全学校家庭社会协同育人机制的意见》

《意见》明确，学校要把做好家庭教育指导服务作为重要职责，纳入学校工作计划，充分发挥学校专业指导优势；切实加强教师家庭教育指导能力建设，将教师家庭教育指导水平与绩效纳入教师考评体系。建立健全学校家庭教育指导委员会、家长学校和家长委员会，落实家长会、学校开放日、家长接待日等制度①。

《意见》指出，家长要主动协同学校教育。家长要积极参加学校组织的家庭教育指导和家校互动活动，自觉学习家庭教育知识和方法，主动参与家长委员会有关工作，充分理解学校正常教育教学工作，积极配合学校依法依规严格管理教育学生。要及时主动向学校沟通子女在家中的思想情绪、身心状况和日常表现，形成良性双向互动。家长要引导子女完成每日学业，进行必要的课业学习；开展适宜的体育锻炼，保证每天校外运动一小时；进行有益的课外阅读，培养阅读习惯，因地制宜开展形式多样的艺术趣味活动；从事力所能及的家务劳动，增强动手能力。引导子女合理使用电子产品，控制使用时长，防止网络沉迷，保护视力健康，防控子女近视；保障子女营养均衡，督促子女按时就寝，促进子女保持良好身心状况和旺盛学习精力。切实履行法定监护职责，会同学校加强子女安全教育，提高安全防范意识和能力。意见要求，推进社会资源开放共享，社区要面向中小学生积极开展各种公益性课外实践活动，促进学生身体健康，增强社会责任感。深化各类校外培训治理，严禁社会机构以研学实践、夏（冬）令营等名义开展校外培训活动，坚决查处违法违规行为。

教育部办公厅印发《关于公布首批全国健康学校建设单位名单的通知》

教育部办公厅印发《关于公布首批全国健康学校建设单位名单的通知》，确定北京市

① 教育部．教育部等十三部门关于健全学校家庭社会协同育人机制的意见［EB/OL］.（2023-01-17）［2023-10-18］. http：//www. moe. gov. cn/srcsite/A06/s3325/202301/t20230119_1039746. html.

海淀区中关村第二小学等 1075 所学校为首批全国健康学校建设单位，建设周期为 2 年①。

《通知》指出，健康学校建设是落实健康第一教育理念的重要举措，是推进新时代学校卫生与健康教育工作的重要抓手，是系统提升学生综合素质、健康素养和健康水平的重要途径。各地要积极探索具有中国特色的健康学校建设路径，把新冠疫情防控成果转化为健康治理政策、学校健康管理制度和师生健康行为规范，全面推动近视防控、肥胖防控、预防脊柱侧弯、心理健康、急救教育等重点工作取得成效，提升学校卫生健康工作规范化、制度化、信息化和现代化水平。

《通知》要求，各地要统筹各类资源，提供条件保障，对健康学校建设予以政策、经费支持和倾斜，建设优质健康教育资源，加强管理人员、校医和教师培训，组织学校间协作交流和共建共享，开展教师教学能力、学生健康素养、学校健康管理能力和健康学校建设成果展示，发挥辐射带动作用。

国家卫生健康委办公厅印发《儿童青少年生长迟缓食养指南（2023 年版）》

《指南》提到儿童青少年正处于生长发育重要阶段，应保证一日三餐、定时定量，同时做到食物多样，每餐的膳食应包括谷薯类、蔬菜水果、畜禽鱼蛋、奶和大豆等食物中的 3 类及以上，每天食物种类达到 12 种以上，每周达到 25 种以上②。

针对不同年龄段的儿童青少年，《指南》指出，2~5 岁儿童做到每天 3 次正餐和 2 次加餐；选择营养素密度高的食物或者加餐，如奶类、水果、蛋类和坚果，配以少量松软面点；每天饮奶 350~500 毫升，饮水 600~800 毫升。6~17 岁儿童青少年要合理安排三餐，吃好早餐；每天应摄入 300 毫升以上液态奶或者相当量的奶制品。

对于生长迟缓的儿童青少年，《指南》建议，在平衡膳食基础上，适当增加瘦肉、水产品、禽类、蛋类、大豆等富含优质蛋白质的食物。每天食用奶及奶制品等富含钙的食物，同时注意补充富含维生素 D 的食物，增加动物肝脏、动物血等富含铁的食物，吃足量的新鲜蔬菜和水果。

国家卫生健康委印发《关于组织开展 2023 年全民健康生活方式宣传月活动的通知》

国家卫生健康委将于今年 9 月组织开展全民健康生活方式宣传月活动，活动主题为：

---

① 教育部．教育部办公厅关于公布首批全国健康学校建设单位名单的通知［EB/OL］．（2023-06-13）［2023 - 10 - 18］．http：//www. moe. gov. cn/srcsite/A17/moe _ 943/moe _ 946/202306/t20230621 _ 1065227. html.

② 国家卫生健康委．国家卫生健康委办公厅关于印发成人高脂血症食养指南（2023 年版）等 4 项食养指南的通知［EB/OL］．（2023 - 01 - 18）［2023 - 10 - 18］．http：//www. nhc. gov. cn/sps/s7887k/202301/0e55a01df50c47d9a4a43db026e3afc3. shtml.

“三减三健”从我做起①。

《通知》明确，倡导公众主动学习健康知识，掌握健康技能，积极践行文明健康的生活方式，落实“做自己健康第一责任人”理念。围绕婴幼儿、儿童青少年、老年人群与职业群体等特定人群，开展健康知识科学普及活动，引导广大群众主动采取健康的生活方式。

中国奶业协会发布《中国乳制品消费扩容提质指导意见》

《中国乳制品消费扩容提质指导意见》提出，到 2025 年、2030 年，我国人均奶类消费量将分别突破 45 千克、50 千克，乳制品消费结构更加合理，品质更高，服务更好，消费信心不断增强，消费模式更加多元，成为国际乳制品市场的重要力量②。

该指导意见的重点任务包括，推进原制奶酪等干乳制品生产消费、满足液体乳制品消费升级需求，引导乳制品深加工产品开发，倡导乳制品绿色低碳消费，具体包括开发适合国人口味的奶酪产品以及功能型、风味型乳粉等干乳制品，大力发展巴氏杀菌乳、发酵乳等其他多种液体乳产品，增强乳清粉、乳糖等婴幼儿配方乳粉核心基料和乳配料等乳制品深加工产品的研发和生产力度等。同时，加大国家“学生饮用奶计划”推广力度，推进乳制品健康养老消费，激发农村居民乳制品消费潜力等。

中国发展研究基金会发布《中国儿童发展报告 2023：促进农村儿童的高质量发展》

中国发展研究基金会开展并完成了《中国儿童发展报告 2023：促进农村儿童的高质量发展》（以下简称《报告》），并向社会公开发布。《报告》指出，儿童的高质量发展将是实现中国式现代化的奠基石。实现中国式现代化不仅需要“物”的现代化，更需要“人”的现代化，需要实现人的全面发展，需要人在全生命周期发展的各个阶段获得更加充分的发展条件和公平的发展机会③。

为促进农村儿童高质量发展，《报告》提出政策建议。内容包括：提高农村婴幼儿养育质量，加大早期养育的投入力度，探索早期养育服务的多种模式；提高农村教育质量，持续提升农村学前教育的覆盖面和质量水平，促进农村义务教育高质量与均衡发展，促进农村中等职业教育高质量发展。

---

① 国家卫生健康委．国家卫生健康委办公厅关于组织开展 2023 年全民健康生活方式宣传月活动的通知［EB/OL］．（2023－08－28）［2023－10－18］．http：//www. nhc. gov. cn/ylyjs/pqt/202308/497600323d3a4cd8b67e6e252c81cd47. shtml.

② 中国奶业协会．加快实现奶业全面振兴奶业高质量发展“一揽子”措施正式发布［EB/OL］．（2023-07-20）［2023-10-18］．https：//mp. weixin. qq. com/s/z-7I5IGm24IIXXsVRkh4mg.

③ 中国发展研究基金会．《中国儿童发展报告 2023》在京发布［EB/OL］．（2023-04-19）［2023-10-18］．https：//www. cdrf. org. cn/jjhdt/6614. htm.

健康中国行动推进委员会办公室印发《健康中国行动2023年工作要点》

发布《中国食物与营养发展纲要》①。(农业农村部、国家卫生健康委按职责分工负责)

部署加强学校食品安全和营养健康工作，完善校园食品安全管理体制。(教育部、国家卫生健康委、市场监管总局按职责分工负责)

持续开展健康学校建设，增强学校健康促进能力，提升青少年学生健康素养水平。(教育部牵头负责)

开展“全民营养周”“5·20”中国学生营养日系列合理膳食主题宣教活动。(国家卫生健康委牵头，中央宣传部、农业农村部、广电总局、中国科协等部门单位参与)

◎地方政府推进行动

北京市教委、市卫健委联合印发《北京市中小学选聘卫生健康副校长工作实施方案》

市教委、市卫健委联合印发《北京市中小学选聘卫生健康副校长工作实施方案》(以下简称《方案》)，切实增强学校卫生工作力量，在全市范围内推动卫生健康副校长工作落地见效，努力构筑更加强大和安全的校园健康屏障。进一步加强学校公共卫生体系建设，深化“校地协同、医教联合”工作机制落实②。

《方案》指出，卫生健康副校长履职期间协助校长指导学校开展卫生与健康教育相关工作，工作职责包括：指导学校依照法律法规落实学校卫生工作，指导学校提升公共卫生应急处置能力，促进学生健康管理工作，指导学校开展健康宣教，按照学校需求协调医疗卫生资源指导学校开展其他卫生与健康教育相关工作。

根据《方案》，卫生健康副校长要加强对学校校医或保健教师工作的指导，定期参加学校行政例会，参与研究学校卫生管理、健康校园建设、爱国卫生运动等工作；协调推动学校健全完善传染病联防联控工作机制和应急协作体系，定期指导学校开展突发公共卫生事件应急演练，提升师生防范突发公共卫生事件能力和应对突发事件自救互救能力；协助

---

① 健康中国行动推进委员会．健康中国行动推进委员会办公室关于印发健康中国行动2023年工作要点的通知［EB/OL］．(2023-03-21)［2023-10-18］．http：//www.nhc.gov.cn/guihuaxxs/s7788/202303/1a6c05141f9547768ba1f7792c0313d0.shtml.

② 北京市教育委员会．北京市教育委员会北京市卫生健康委员会关于印发《北京市中小学选聘卫生健康副校长工作实施方案》的通知［EB/OL］．(2023-04-25)［2023-10-18］．https：//jw.beijing.gov.cn/xxgk/zfxxgkml/zfgkzcwj/202304/t20230425_3079092.html.

学校对学生近视、肥胖、脊柱侧弯等健康问题提出工作建议，定期到学校现场指导卫生相关工作，关注学生用眼卫生、学生心理健康、学校环境卫生等重点工作的落实；定期组织召开健康相关工作座谈会或知识讲座，为中小学校医、保健教师等学校卫生工作人员进行专业培训。

天津市组织开展 2023 年春季校园食品安全专项监督检查

专项监督检查按照动员部署、自查自检、集中整治、督导评估四个阶段开展，聚焦强化食品安全数据归集整理、全面落实食品安全主体责任、关注重点问题聚焦风险环节、狠抓食品安全风险隐患治理、推进“互联网+明厨亮灶”建设、持续提升食品安全管理水平、推广新型校园供餐用餐模式、开展食品安全营养健康教育等方面重点工作，排查各级各类学校（幼儿园）食堂、民办托幼点食堂、托管培训机构食堂、采用校外配餐模式供餐的学校（以下简称“服务学校”）、校外配餐企业、为学校提供食品、半成品及原料的中央厨房（以下简称“中央厨房”）、校园及周边食品经营者食品安全风险隐患，加大监督检查和执法办案力度，严惩重处校园食品安全违法违规行为①。

各区相关部门和各学校主管（办）单位督促指导各级各类学校（幼儿园）、民办托幼点、供餐的托管培训机构、服务学校、校外配餐企业和中央厨房严格落实食品安全主体责任，开展全面自查自检；各区市场监管、教育行政部门按照职责分工，严格落实监管责任和主管责任，对辖区内各级各类学校（幼儿园）食堂、民办托幼点食堂、托管培训机构食堂、服务学校、校外配餐企业、中央厨房、校园及周边食品经营者进行全覆盖检查；各学校主管（办）单位对所管（办）学校进行全覆盖检查；卫生健康部门加强校园食品安全风险监测；公安部门依法及时受理并立案侦查涉嫌犯罪的食品安全案件，严厉打击校园食品安全犯罪行为。

专项检查期间，市市场监管委、市教委、市卫生健康委、市公安局将对各区相关部门和各学校主管（办）单位完成春季学校食品安全专项监督检查重点工作任务情况进行督导检查，进一步压紧压实校园食品安全属地管理责任、主管部门责任、监管部门责任、学校主体责任、校外配餐企业主体责任，严守校园食品安全底线，切实保证广大师生饮食安全。

河北省人民政府办公厅关于印发《河北省食品安全事故应急预案》的通知

《应急预案》适用本省行政区域内发生的《中华人民共和国食品安全法》所规定的食

① 天津市市场监管委．我市组织开展 2023 年春季校园食品安全专项监督检查［EB/OL］.（2023-02-14）［2023-10-18］. https：//www.tj.gov.cn/sy/zwdt/bmdt/202302/t20230214_6104722.html.

品安全事故防范应对工作①。

《应急预案》提出，按照性质、造成损失、危害程度、可控性和影响范围等因素，食品安全事故一般分为四级：特别重大（Ⅰ级）、重大（Ⅱ级）、较大（Ⅲ级）和一般（Ⅳ级）。

特别重大及重大食品安全事故，应在事发后 20 分钟内电话报告、30 分钟内书面报河北省市场监管局；河北省市场监管局在事发 30 分钟内分别向河北省委、省政府和国家市场监管总局电话报告，40 分钟内向河北省委、省政府书面报告，60 分钟内向国家市场监管总局书面报告；后续进展情况应每天至少报告 1 次。

较大级别食品安全事故，应在事发后 1 小时内书面报省市场监管局；河北省市场监管局在事发 2 小时内向省委、河北省政府书面报告，6 小时内向国家市场监管总局书面报告。

突出电话首报，凡发生较大及以上食品安全事故或可能演变为较大及以上食品安全事故的信息，事发地市场监管部门获知后要立即向河北省市场监管局值班室报告，河北省市场监管局接到报告后立即向河北省委、省政府值班室电话报告，随后按程序书面报告。

河北省唐山市丰润区教育局关于国家“学生饮用奶计划”推广工作的实施方案

为积极推进国家“学生饮用奶计划”，深入贯彻落实《河北省奶业振兴规划纲要（2019—2025 年）》和河北省人民政府《关于加快推进奶业振兴的实施意见》，河北省人民政府办公厅下发了《关于进一步强化奶业振兴政策的通知》（冀政办字〔2022〕93 号），结合我区实际，制定本实施方案。

一、工作思路

充分认识实施国家“学生饮用奶计划”的重要意义，认真落实国家、省、市关于“学生饮用奶计划”推广工作的有关要求，按照“统一部署、规范管理、严格把关、确保质量”的工作方针，周密安排，精心组织，进一步做好国家“学生饮用奶计划”推广工作。

二、工作任务

认真贯彻落实河北省人民政府办公厅《关于进一步强化奶业振兴政策的通知》（冀政办字〔2022〕93 号）精神，把实施国家“学生饮用奶计划”作为增强学生营养意识和提高学生体质的一项重要工作，积极倡导中小学生每日饮奶，加大学校宣传推广力度，进一步扩大“学生饮用奶计划”覆盖范围，确保征订率在现有基础上逐年提升。

三、工作原则

（一）坚持严格选择供奶企业的原则。在我区实施“学生饮用奶”推广工作的企业应

① 河北省人民政府．河北省人民政府办公厅关于印发河北省食品安全事故应急预案的通知［EB/OL］．（2022 - 09 - 30）［2023 - 10 - 18］．http：//www.hebei.gov.cn/shoujiapp/15087087/15087139/15425777/index.html.

当为中国奶业协会审批认定的“中国学生饮用奶生产企业”。各学校应支持区委人民政府重点招商引资的本地企业依法依规为我区中小学生供应学生饮用奶。

（二）坚持严格控制推广品种的原则。明确现阶段在我区推广的“学生饮用奶”品种为超高温灭菌乳、调制乳和发酵乳（酸奶），产品包装上应印制有“中国学生饮用奶”标志或明确专供中小学生在校饮用的标注。

（三）坚持学生（家长）自愿的原则。“学生饮用奶”应由学生家长通过“学生饮用奶交费系统平台”自愿选择订购和交费，学校应协助供奶企业发放带有二维码交费功能的电子宣传单。

（四）坚持灵活饮用方式的原则。学校应按照《中国奶业协会关于实施〈国家“学生饮用奶计划”推广管理办法〉的通知》（中奶协发〔2017〕32 号）规定，自行确定课间、加餐或正餐饮用等方式，培养学生“定时、定点、集中”饮奶的良好膳食习惯。

四、工作要求

（一）加强组织协调。县教育管理部门是“学生饮用奶计划”推广工作的组织协调机构，中小学校是推广工作的具体操作单位，应指定专门部门、专门人员具体负责组织实施，按要求严把“学生饮用奶”进校关口。

（二）积极宣传引导。全县各中小学要对国家“学生饮用奶计划”加强推广宣传力度。学校要召开通过健康教育讲座、校园开放日等形式，向学生大力普及饮奶营养健康知识，向家长讲清讲透国家相关政策，争取理解支持，共同营造良好工作氛围。

（三）注重安全规范。学校应落实“一间储藏室，一套规范制度，一本台账、一个留样柜”，规范做好奶品接收、储存，发放、留样等工作，按要求处理好废包装盒，做到“发收同数”，确保“学生饮用奶”卫生和安全。“学生饮用奶”在学校内储藏、保管、发放中产生的费用由供奶企业承担。

（四）鼓励公益捐赠。鼓励企业、事业单位、社会团体和个人等社会力量公益捐赠“学生饮用奶”，对公益捐赠的“学生饮用奶”学校应优先分发给经济困难和特殊群体家庭学生。

（五）严守工作纪律。要确保政令畅通，加强政策宣传，遵守纪律要求，对有令不行、有禁不止、违规操作，工作不力以及制度不落实、管理不到位等行为，要追究相关责任人责任。

河北省廊坊市广阳区教育和体育局关于落实国家“学生饮用奶计划”工作的实施方案

各中小学、幼儿园：

为巩固疫情防控成果，增强学生体质健康，提高学生身体免疫力，进一步贯彻落实《国务院办公厅关于推进奶业振兴保障乳品质量安全的意见》（国办发〔2018〕43 号）、《国民营养计划（2017—2030 年）》（国办发〔2017〕60 号）、《河北省教育厅〈关于进一步加强“学生饮用奶计划”管理工作的通知〉》（冀教体卫艺函〔2021〕59 号）等文件，“大力推广国家‘学生饮用奶计划’，扩大覆盖面，强化正面引导，普及营养知识，倡导科学饮奶，培育食用乳制品习惯”，结合我区实际，制定落实国家“学生饮用奶计划”工作的实施方案。

一、提高思想认识

国家“学生饮用奶计划”是以改善学生营养状况、培养健康意识、提高学生体质为目的，在中小学校及幼儿园实施的学生营养改善专项计划。各单位要以党的十九大精神和全国教育大会精神为指导，依据国家相关法律法规和《国家“学生饮用奶计划”推广管理办法》，按照“安全、营养、方便、价廉”的原则和“统一部署、规范管理、严格把关、确保质量”的工作方针，周密安排、精心组织，规范管理、大力宣传，正确引导学生科学饮奶，养成良好的饮奶习惯，增强我区广大学生的体质。各单位要高度重视，把实施“学生饮用奶计划”工作作为提高学生体质的一项重要工作落实好，成立实施“学生饮用奶计划”工作领导小组，负责制定本单位的“学生饮用奶计划”工作方案，指导、布置“学生饮用奶计划”推进工作；建立专门工作机构，指定专人负责。学校行政主要领导要负责本校“学生饮用奶计划”实施工作，明确各自职责和义务，切实做好本校“学生饮用奶计划”实施工作。

二、加大正面宣传

各中小学、幼儿园要做好国家“学生饮用奶计划”实施的宣传工作，加大推广力度，组织中小学校通过校会、主题班会、队会、黑板报、手抄报、营养健康讲座、致家长公开信等形式，加大学生营养知识的宣传教育和引导，积极宣传学生饮奶的重要性，不断强化饮用优质饮用奶、提高免疫力的作用，将宣传普及饮奶营养健康知识融入食育教育内容，倡导科学饮奶，培育良好习惯，为实施国家“学生饮用奶计划”创造良好的舆论氛围。

三、规范有序推进

（一）工作原则

1. 坚持学生自愿原则。实施国家“学生饮用奶计划”，坚持学生饮奶自愿的原则。企业应通过邀请有关部门、学校等代表实地参观生产过程，举办学生饮用奶知识讲座等多种形式，加强科学引导，争取家长和学生的认可与支持，引导学生自愿饮奶。任何单位和个人不得强迫学生订购“学生饮用奶”。

2. 坚持审核认证原则。根据国家对“学生饮用奶”定点生产企业实行资格认定制度的规定，“学生饮用奶”供应企业必须经审批认定，并拥有“中国学生饮用奶定点生产企业”证书和标牌。保证“学生饮用奶”质量、安全，支持国家特大型龙头骨干企业进行规模化的生产、储运、配送。

3. 坚持规范操作程序。坚持安全第一的原则，进一步强化安全责任意识，规范“学生饮用奶”推广学校管理。各校每学期要开好“三会”（班子会、班主任会、学生家长会），认真细致地做好工作，切忌简单、粗暴，要向学生家长广泛宣传，讲清道理、说明原因，把好事办好。协助供奶配送单位做好“学生饮用奶”的订购、储藏、分发等工作，配备足够面积、卫生干净、整洁明亮、具有安全保障的一楼的房间储存“学生饮用奶”，并确定一名有责任心的专人负责接发工作。

为方便家长、服务学生，由学生家长自愿在“学生饮用奶”交费系统平台交费订购。学校不得代替企业向学生收费，只负责组织、宣传、引导以及饮用奶在学校的储藏、保管、分发、废弃包装物的统一收集处理工作，以确保各项工作规范有序。

4. 坚持贫困学生减免原则。对于建档立卡的贫困家庭学生、孤儿、烈士子女等采取与企业协商等措施，由企业无偿提供“学生饮用奶”。

5. 坚持安全第一原则。强化安全意识，建立健全机制，完善管理措施，加大检查力度，确保“学生饮用奶”安全。各学校应组织学生饮用具有“中国学生饮用奶定点生产企业”的国内特大型龙头骨干奶业产品。“学生饮用奶”直供中小学校、幼儿园，不准在市场销售。

（二）工作步骤

1. 成立机构。各中小学、幼儿园成立实施国家“学生饮用奶计划”工作小组，负责实施“学生饮用奶计划”的组织、管理、协调与指导工作。

2. 明确目标。实行分步实施，稳步推进。首先在区内初中、小学开展试点，取得成功经验后再向幼儿园推广，逐年提升“学生饮用奶计划”覆盖率，让更多学生的营养与健康状况明显改善。

3. 注重宣传。各中小学、幼儿园召开实施国家“学生饮用奶计划”工作会议，传达贯彻国家、省、市有关文件精神，布置“学生饮用奶计划”的实施工作。讲清讲透国家相关政策要求和“学生饮用奶”营养健康知识，强化疫情常态化防控增加优质奶供应、提高免疫力的重要作用，尽量保证学生每天能够饮用 200 毫升奶或奶制品。

4. 组织实施。每学期开学后，学校要在正确宣传引导的基础上，组织好学生自愿征订工作；准备一间一楼的空房间作为本校的仓储间，由企业负责统一规划、建设。

5. 供奶配送。“学生饮用奶”供应配送工作由专业“学生饮用奶”配送公司承担，配送公司在配送过程中的各个环节必须严格操作规程，确保“学生饮用奶”安全、及时、准确地送到各个学校。

6. 学生奶领取。“学生饮用奶”由各班班主任指定学生负责领取，领取时须在《班级领取登记表》上签字，由学校保存原件备查；每次只能领取当日的饮用奶数量；因事或因病等原因造成学生短期不在学校，学校在保证饮用奶卫生安全的前提下，妥善保管或即转交给学生家长。

7. 发放饮用管理。饮用奶每天发放到学生手中时须由班主任和学生代表（班长）在《班发放表》中签字确认，由学校保存原件备查；班主任应现场组织学生饮用，不允许学生将当日的饮用奶带出学校。饮用奶外包装应统一回收处理。

8. 应急处理。如在食用学生奶后发现个别学生出现腹痛、腹胀等身体不适现象，班主任老师应先把学生分离、单独询问，避免引发群体心癔性反应（即群体癔症），判断是否属于乳糖不耐症，并根据应急预案采取相应措施；如多名学生在食用饮用奶后引发身体不适，立即按《应急事件处理办法》中的相关处理规定，进行应急处理，校长应于事故发生的 2 小时内上报区教体局，区教体局将结合相关部门根据事故的具体原因进行应急处理。

四、明确安全责任

各单位要周密安排、精心组织，各司其职、各负其责，保障学生喝到“安全、营养、方便、价廉”的“学生饮用奶”。各学校是实施国家“学生饮用奶计划”的组织者，要按照上级文件规定，把此项工作作为改善学生体质的一项重要工作宣传好、引导好、组织好。要坚决停止未纳入国家和省统一计划的“学生奶”进入学校。学校是实施“学生饮用奶计划”的具体承办者，在具体实施过程中，要严格管理，规范操作，不得任意加价或收取任何费用。对有令不行、有禁不止、擅自订购和组织学生饮用非认定企业产品造成集体食品安全事故的单位和个人，严肃追究有关责任人员的责任。

河北省望都县教育和体育局关于印发国家“学生饮用奶计划”推广工作实施方案的通知

为积极推进国家“学生饮用奶计划”，深入贯彻落实《河北省奶业振兴规划纲要（2019--2025年）》和河北省人民政府《关于加快推进奶业振兴的实施意见》，河北省人民政府办公厅下发了《关于进一步强化奶业振兴政策的通知》（冀政办字〔2022〕93号），结合我县实际，制定本实施方案。

一、工作思路

充分认识实施国家“学生饮用奶计划”的重要意义，认真落实国家、省、市关于“学生饮用奶计划”推广工作的有关要求，按照“统一部署、规范管理、严格把关、确保质量”的工作方针，周密安排，精心组织，进一步做好国家“学生饮用奶计划”推广工作。

二、工作任务

认真贯彻落实河北省人民政府办公厅《关于进一步强化奶业振兴政策的通知》（冀政办字〔2022〕93号）精神，把实施国家“学生饮用奶计划”作为增强学生营养意识和提高学生体质的一项重要工作，积极倡导中小学生每日饮奶，加大高中学校宣传推广力度，进一步扩大“学生饮用奶计划”覆盖范围，确保征订率在现有基础上逐年提升。

三、工作原则

（一）坚持严格选择供奶企业的原则。在我县实施“学生饮用奶”推广工作的企业应当为中国奶业协会审批认定的“中国学生饮用奶生产企业”。各学校应支持县委人民政府重点招商引资的本地企业依法依规为我县中小学生供应“学生饮用奶”。

（二）坚持严格控制推广品种的原则。明确现阶段在我县推广的“学生饮用奶”品种为超高温灭菌乳、调制乳和发酵乳（酸奶），产品包装上应印制有“中国学生饮用奶”标志或明确专供中小学生在校饮用的标注。

（三）坚持学生（家长）自愿的原则。“学生饮用奶”应由学生家长通过“学生饮用奶交费系统平台”自愿选择订购和交费（每学期征订天数统一为100天），学校应协助供奶企业发放带有二维码交费功能的电子宣传单。

（四）坚持灵活饮用方式的原则。学校应按照《中国奶业协会关于实施〈国家“学生饮用奶计划”推广管理办法〉的通知》（中奶协发〔2017〕32号）规定，自行确定课间、加餐或正餐饮用等方式，培养学生“定时、定点、集中”饮奶的良好膳食习惯。

四、工作要求

（一）加强组织协调。县教育局管理部门是“学生饮用奶计划”推广工作的组织协调机构，中小学校是推广工作的具体操作单位，应指定专门部门、专门人员具体负责组织实施，按要求严把“学生饮用奶”进校关口。

（二）积极宣传引导。国家“学生饮用奶计划”推广宣传工作应做到全县中小学100%全覆盖。学校要召开通过健康教育讲座、校园开放日等形式，向学生大力普及饮奶营养健康知识，向家长讲清讲透国家相关政策，争取理解支持，共同营造良好工作氛围。

（三）注重安全规范。学校应落实“一间储藏室、一套规范制度、一本台账、一个留样柜”，规范做好奶品接收、储存、发放、留样等工作，按要求处理好废包装盒，做到“发收同数”，确保“学生饮用奶”卫生和安全。“学生饮用奶”在学校内储藏、保管、发放中产生的费用由供奶企业承担。

（四）鼓励公益捐赠。鼓励企业、事业单位、社会团体和个人等社会力量公益捐赠“学生饮用奶”，对公益捐赠的“学生饮用奶”学校应优先分发给经济困难和特殊群体家庭学生。

（五）严肃工作纪律。要确保政令畅通，严格纪律要求，对有令不行、有禁不止、违规操作，工作不力以及制度不落实、管理不到位等违规行为，要严肃追究相关责任人责任。

辽宁省农业农村厅下发《关于采用措施保持奶业持续健康发展的通知》

通知要求加强宣传引导消费，各市农业农村主管部门要主动加强网上宣传和舆论引导，广泛报道奶业养殖企业和乳品加工企业市场中的安全措施，新产品优势，倡导科学饮奶，普及鲜奶、奶酪等乳制品的营养知识，协调教育部门提高“学生饮用奶”消费量①。

苏州市吴中区关于进一步做好 2023 年学校食品安全工作的通知

一、高度重视，压紧压实主体责任

要充分认识校园食品安全的重要性，要进一步提高思想认识，严格落实各项工作举措，压紧压实食品安全主体责任。要进一步贯彻落实《食品安全法》《学校食品安全与营养健康管理规定》《企业落实食品安全主体责任规定》，全面落实食品安全校长（园长）负责制和各项食品安全管理制度。采用集体用餐配送单位供餐的，要把食品安全作为遴选供餐单位的重要标准，与供餐单位签订食品安全责任书。各学校和校外供餐单位要依法配备食品安全总监和食品安全员，建立健全日管控、周排查、月调度工作制度和机制。全面做好“苏食安”平台应用，进一步强化学校食品安全主体责任落实的智慧化管理②。

二、坚持问题导向，全面排查风险隐患

各学校食堂和供餐单位应加强开学前的食品安全自查，围绕场所硬件设施是否正常运作、是否贮存有过期变质食品、食品供应商资质情况、从业人员培训及健康状况等全面自查，进一步消除校园食品安全隐患，保障好开学第一餐。要按照《食品安全国家标

---

① 辽宁省农业农村厅．辽宁省农业农村厅关于采用措施保持奶业持续健康发展的通知［EB/OL］.（2023-04-26）［2023-10-18］. http：//www.ned.org.cn/index.php？c=show&id=69.

② 吴中区教育局．苏州市吴中区关于进一步做好 2023 年学校食品安全工作的通知［EB/OL］.（2023-02-03）［2023-10-18］. http：//www.szwz.gov.cn/szwz/c108662/202302/d159c067dde347f69 e-785461755ad5f1.shtml.

准 餐饮服务通用卫生规范》（GB 31654—2021）要求，严格把控在食品加工活动中食品采购、加工、贮存、供应、配送、餐（饮）具清洗消毒和食品留样等各个环节，健全学校食品安全风险防控体系。

三、积极推进先进管理模式，提升管理水平

各学校食堂和供餐单位要持续全面实施“五常法”等优质管理模式，加强“互联网+明厨亮灶”建设工作，实施建设覆盖率要达到100%，实现食品安全管理的科学化、规范化、长效化。要对学校食堂硬件不断提档升级，进一步提高优秀等级学校食堂比例。积极参与示范学校食堂创建等活动，发挥示范引领作用，有效提升校园食品安全管理水平。

四、常态化推进省“阳光食堂”平台运行

江苏省教育厅在全省学校食堂推行了“阳光食堂”信息化监管服务平台管理模式，对食堂运行的全过程进行全程信息化监管。各中小学（幼儿园）按照要求正常录入平台内容，包括出入库记录、陪餐记录、食谱管理、食品留样、消毒记录、晨检记录等，及时处理各类预警；每月财务收支做到基本平衡，每月财务结余控制在±3%，每学期期末据实结算学生伙食费，多退少补。

五、强化宣传教育，推进社会共治

要积极开展学校食品安全与营养健康知识宣传教育，提升学生食品安全知识和健康素养，引导学生珍惜粮食、反对浪费。加强对学校食堂及供餐单位食品安全管理员及从业人员食品安全知识培训、考核，提高其食品安全知识素养。学校可通过组织“食品安全开放日”“互联网+明厨亮灶”等方式，鼓励师生、家长和社会共同参与校园食品安全的监督和管理。

六、强化应急处置，有效防范风险

要妥善做好学校食品安全舆论引导及投诉，积极化解负面舆情，准确、及时、客观地回应社会关切。结合实际，制定完善学校食品安全突发事件应急预案或处置方案，定期开展食品安全事故应急演练，强化与属地、部门配合，确保一旦发生突发事件，能立即启动，科学有效处置。

江苏省宿迁市推进国家“学生饮用奶计划”工作方案

“学生饮用奶计划”是改善学生营养结构、增强学生体质，促进学生健康成长的有效途径。为进一步改善中小学生营养状况，提高学生营养健康水平，增强学生体质和身体免疫力。根据《国务院办公厅关于推进奶业振兴保障乳制品质量安全的意见》（国办发〔2018〕43号），以及中国奶业协会2022年5月颁发实施的《国家“学生饮用奶计划”推广管理办法》（修订版）等文件精神，结合我市实际，现制定我市实施国家“学生饮用奶计划”工作方案如下①：

① 宿迁市教育局．宿迁市教育局宿迁市市场监督管理局关于印发《宿迁市推进国家“学生饮用奶计划”工作方案》的通知［EB/OL］．（2022-10-08）［2023-10-18］．http：//www.suqian.gov.cn/zcwjk/xqbmzc/202210/2c085651a3914e989b515a49af97cd31.shtml？eqid=ab2f0e6e00016bb1000000066437a81e.

一、提高认识，强化责任担当

国家“学生饮用奶计划”是落实“健康中国 2030”的有效途径，是以改善中小学生营养状况、逐步培养营养健康意识、提高中小学生营养健康水平为目的，在中小学校实施的学生营养改善专项计划，对中小学生的健康成长乃至整个国民素质的提高都具有十分重要的意义。各地要高度重视，按照属地管理原则，制定实施方案，细化工作措施。各校要明确具体科室和校级领导负责“学生饮用奶计划”组织领导和具体实施，职责明确，责任到人，确保此项工作在全市稳健推进。

二、加强宣传，普及健康知识

给中小学生和学龄前儿童重点补充牛奶，既是一项有利于孩子身心健康发展的民心工程，也是一项重大的民生工程，更是一项有利于国家长远发展的民族振兴工程。各地各校要从立教为民的高度，为人民群众办实事、办好事的重要举措，切实抓紧抓好。以逐步改善中小学生营养和体质状况、促进健康成长、培养学生正确的饮奶方式及行为习惯为目标，做好国家“学生饮用奶计划”宣传推广工作。各校在每学期开学前要以营养健康知识大课堂、班会、家长开放日等形式广泛开展学校营养健康和食品安全教育，普及饮奶知识，为实施国家“学生饮用奶计划”进行广泛宣传，营造良好的氛围。

三、加强监管，建立监管机制

各地各校要按照国家市场监督管理总局、教育部、公安部、卫生健康委《校园食品安全守护行动方案（2020—2022 年）》等文件精神，由县（区）教育部门通过统一招标形式确定一家供应企业，并与学生饮用奶定点生产企业签订《宿迁市学生饮用奶供奶合同》，要明确双方的权利和义务，确保带有“学生饮用奶”标志的产品进入校园。各地教育部门要对中标后进入校园的产品统一备案，未经备案的产品严禁入校。为保证质量、安全，各学校（幼儿园）不得在校内设置自动售奶机，优先选择产品质量优、美誉度高的行业龙头、国家一线乳业品牌为我市中小学生供应学生饮用奶。

四、规范管理，确保饮奶安全

各学校（幼儿园）要强化安全责任意识，应当落实“五个一”的保障要求，即：“一个工作机构、一间储藏室、一套制度、一本台账、一个留样箱”，严格校内学生饮用奶贮藏、分发、饮用环节管控。“学生饮用奶”在学校（幼儿园）贮藏、保管、分发中产生的费用由企业承担。要遵循“统一部署、规范管理、严格把关、确保质量”的工作要求，选用经中国奶业协会审核认证、许可的专供中小学生在校饮用的奶制品，产品包装上必须印制“学生饮用奶”标志及“不准在市场销售”字样，坚决杜绝不合格“学生饮用奶”入校园。

五、部门联动，加强协作机制

当地教育、市场监管、卫健、审计、农业等部门要积极配合，加强对供奶企业提供的学生饮用奶的质量监管，积极协调有关职能部门，对学生营养与健康状况跟踪监测。各学校要切实加强各环节的管理，建立相关管理制度及应急处理机制和预案，协助定点企业做好学生的订购、分发、交费、废弃包装物的统一收集处理等工作。形成良好的工作秩序，保障“学生饮用奶计划”工作稳健开展，促进学生健康成长。

六、严肃纪律，防范廉政风险

各地要坚持“政策引导、学校组织、企业参与、学生自愿”原则，充分尊重学生及家长的意愿和选择，严禁以任何形式强制或变相强制学生征订，学校负责进行线下组织代订进入中标后的供奶企业，应通过线上缴费形式实现直接向家长收费，避免学校代收代缴。要定期对学生饮用奶生产、配送、使用情况进行全面检查，包括产品质量和组织配送等情况。要定期开展联合执法行动，对未取得“学生饮用奶”标志和未履行备案准入的产品进入校园的依法予以取缔，对采购学生饮用奶未履行招投标程序的要坚决予以纠正，把“学生饮用奶”使用纳入健康规范的轨道。

泰州市教育局、泰州市发展和改革委员会、泰州市卫生健康委员会、泰州市市场监督管理局联合发布江苏省泰州市关于切实做好国家“学生饮用奶计划”推广工作的通知

各市（区）教育局、发展改革委、卫生健康委、市场监管局，市直各学校：

为贯彻落实国务院办公厅《关于推进奶业振兴保障乳品质量安全的意见》（国办发〔2018〕43号）、省政府办公厅《关于推进奶业振兴保障乳品质量安全的实施意见》（苏政办发〔2018〕93号）以及省卫生健康委、省教育厅《关于印发江苏省学生餐营养指南的通知》（苏卫疾控〔2022〕39号文件）等文件精神，根据相关会议要求，积极稳妥做好国家“学生饮用奶计划”推广工作，进一步改善我市学生营养状况，促进青少年健康成长，现就有关事项通知如下：

一、大力宣传，积极倡导

青少年是祖国的未来，民族的希望，也是践行“健康中国”战略、实施国民营养计划的重点人群。各有关部门和学校要结合常态化疫情防控工作，广泛宣传通过科学合理的营养膳食增强机体抵抗力的重要性，不断强化饮用优质奶、提高免疫力的作用，整体提高全市学生“营养抗疫”意识。鼓励社会组织、科研院校、供奶企业等机构或有关专家，以营养健康知识大讲堂、教师培训会、班主任会、家长开放日等形式广泛开展学校健康教育，普及科学饮奶知识。各学校要积极向学生进行饮奶营养健康知识教育，争取学生和家长的支持认同，引导学生养成“定时、定点、集中”饮奶的良好膳食习惯。同时，要关注和解决好经济困难学生的饮奶问题，鼓励企业、事业单位、社会团体和个人等社会力量公益捐赠学生饮用奶。

二、严格准入，确保质量

按照中国奶业协会2022年5月颁布施行的《国家“学生饮用奶计划”推广管理办法》（修订版）等有关要求，推广的学生饮用奶应符合“安全、营养、方便、价廉”的基本要求，遵循“安全第一、质量至上、严格准入、有序竞争、规范管理、稳妥推进”的原则。在我市实施推广学生饮用奶的企业应为经国家有关部门审批认定的“中国学生饮用奶生产企业”，所推广的产品应当为包装上印制“中国学生饮用奶”标志或者明确专供中小学生在校饮用的奶制品。为保障学生饮用奶安全，优先选用产品优质、美誉度高的国家大型龙头骨干乳企为学生提供饮用奶产品，防止定点企业的不合格产品和非定点企业的

乳品利用各种名目进入学校。

三、精心组织，规范实施

实施国家“学生饮用奶计划”的学校负责本校学生饮奶组织工作。学校要协同建立相应工作机制，按照《学生饮用奶入校操作规范》团体标准要求，规范做好入校的宣传与培训、奶品接收、储存、领取与发放、饮用、留样、回收、应急等管理。学校实施国家“学生饮用奶计划”应以书面形式告知家长，并经家长同意。学生饮用奶征订要坚持自愿原则，据实结算。学校不得代替企业向学生家长收费，不得强制或变相强制学生家长征订，不得从中盈利。学生饮用奶生产供应企业应通过参加教育部门或实施学校组织的招标等形式供应学生饮用奶，应秉持合法、诚信、公开、平等的原则签订学生饮用奶供应合同。学校要加强舆情监测，及时回应社会关切。

四、加强协作，强化监管

国家“学生饮用奶计划”推广工作是一项系统工程，政策性强、涉及面广、社会关注度高。各有关部门要密切配合，切实加强各环节的管理，建立并落实相关管理制度，确保学生饮奶的安全营养、质优价廉。市场监管部门要切实落实食品安全监管责任，会同卫健部门建立应急处置机制和预案。要积极探索信息化管理手段，加强征订、配送、存储、回收、留样等全过程监管，保障国家“学生饮用奶计划”推广工作稳健开展，促进学生健康成长。

安徽省六安市教育局（六安市体育局）关于进一步做好国家“学生饮用奶计划”的通知

为进一步贯彻落实六安市人民政府办公室《关于做好“学生饮用奶计划”推广的通知》（六政办秘〔2020〕73 号）文件精神，切实推进我市国家“学生饮用奶计划”推广实施工作，不断改善中小学生营养状况，促进中小学生健康成长，现就我市进一步做好国家“学生饮用奶计划”通知如下①：

一、提高思想意识

“学生饮用奶计划”是国家实施学生营养干预的专项计划，是落实“健康中国”战略的重要举措，充分体现了党中央、国务院对青少年营养健康问题的高度重视和关心。各县区教育行政部门和各校（园）要按照“学生饮用奶计划”相关要求，统一思想，提高站位，切实增强责任感和使命感，从提高学生体质健康的长远目标出发，加强领导，精心组织，狠抓落实，确保国家“学生饮用奶计划”顺利实施。

二、加大宣传力度

做好国家“学生饮用奶计划”推广工作应当坚持“政府引导、社会参与、学校落实、学生（家长）自愿”的原则。各县（区）教育行政部门和各校（园）要加强学生营养知识和饮奶重要性的宣传教育和引导，培养学生科学饮奶自觉性。各中小学（幼儿园）要

---

① 六安市教育局．六安市教育局（六安市体育局）关于进一步做好国家“学生饮用奶计划”的通知［EB/OL］．（2023-09-05）［2023-10-18］．https：//jyj. luan. gov. cn/jygl/jyms/zcjd/5243676. html.

发挥学校（园）主阵地和班主任核心作用，切实做好学生饮用奶的推广工作。要开好领导班子会、班主任会、家长会，讲清讲透国家相关政策要求和学生饮用奶营养健康知识，认真细致地做好工作，争取学生家长的认可与支持。要把奶类营养健康知识纳入健康教育内容，培养学生养成大课间“定时、定点、集中”饮奶的良好膳食习惯。要充分利用学校宣传栏、广播等形式，大力宣传国家“学生饮用奶计划”，提高学生知晓率，为进一步做好国家“学生饮用奶计划”推广工作营造良好氛围。全市学生饮用奶宣传应做到各校（园）100%覆盖，学生和家长100%知晓。

三、严格规范管理

根据《国家“学生饮用奶计划”推广管理办法》的规定，学生饮用奶直供中小学（幼儿园），不准在市场销售，所推广的产品应当为包装上印制有“中国学生饮用奶”标志，各县区教育主管部门和各校（园）要实行审核备案制度，严把学生饮用奶准入关。

各校（园）要将实施国家“学生饮用奶计划”纳入学校营养健康管理工作内容，加强学生饮用奶贮藏、分发、饮用、回收等环节管理。坚持“家长自愿、学生自愿”的原则，不得以任何形式强制学生和家长购买。学校不得代替企业向学生收费，由学生家长通过学生饮用奶缴费系统平台自愿订购。

四、加强质量监管

按照“统一部署、规范管理、严格把关、确保质量”的要求，县区教育行政部门联合本地市场监管、卫健等部门，对供奶企业供的学生饮用奶做好质量监管，作定期与不定期检查，发现问题时整改，保证学生饮用奶安全，保障学生健康成长，确保国家“学生饮用奶计划”推广工作稳健开展。

五、抓好责任落实

各县区教育行政部门要明确分管领导、责任股室和具体负责人，明确职责、各司其职，把推广“学生饮用奶计划”工作纳入年度工作事项考核，明确任务，落实责任，督促学校落实好相关工作要求。各中小学校（幼儿园）要明确一名校领导负责此项工作，确定一名责任心强的教师负责具体的组织实施，并将此项工作纳入绩效目标考核。

江西井冈山市关于做好2023年全市农村中小学营养改善计划工作的通知

一、提高认识，加强领导

各项目学校要高度重视农村中小学学生营养改善计划工作，坚持以学生健康为中心，依法依规，认真落实《农村义务教育学生营养改善计划实施方法》和《学校食品安全与营养健康管理规定》文件要求，全面加强学校营养改善计划工作管理，提升学校食堂管理水平。要进一步普及学生饮食习惯、食品安全、营养膳食等知识，全面推进我市农村中小学校营养改善计划工作①。

---

① 井冈山市教育体育局．关于做好2023年全市农村中小学营养改善计划工作的通知［EB/OL］．(2023-02-07)［2023-10-18］．http：//www.jgs.gov.cn/xxgk-show-10231937.html.

二、规范制度，强化责任

各项目学校要结合实际，采取多种形式，组织相关人员学习《农村义务教育学生营养改善计划实施方法》和《学校食品安全与营养健康管理规定》，建立健全学生营养改善计划工作机制，完善制度，确保学生营养改善计划工作科学、规范、安全开展。

1. 加强供餐管理。全市实行食堂供餐模式，学校食堂管理人员要依据《学生餐营养指南》，结合时令和本地区特点，按照食谱编制的基本原则，制定本学校学生用餐食谱，以改善学生营养、增强学生体质、促进学生健康成长为宗旨，加快推进学生营养改善计划工作，保证配餐科学营养。食谱要每周轮换，及时向家长和社会进行公示。

2. 加强资金使用与管理。学校食堂要坚持公益性、非营利性的原则，做到“三严禁”：

一是严禁转移食堂收入。食堂资金一律上交财政学校专用存款账户纳入学校财务统一管理，国家专项资金和基础餐费实行独立核算，严禁设立“小金库”。

二是严禁虚报、冒领、套取、挤占、挪用学生营养改善资金。教师陪餐费用一律由陪餐人员自行支付，资金全额用于购买食材，单独做账。

三是严禁克扣学生伙食，禁止在学生餐费中列支教职工伙食、奖金福利和招待费等费用，侵占学生利益。教职工伙食费单独做账。

3. 加强采购管理。在全市未实行统一采购以前，项目学校食堂规范开展大宗食品（粮、油、肉、蛋、禽、调味品等）采购工作，保证学校食堂原材料产品质量稳定、来源固定，降低食堂办伙及内部管理运行成本，提高伙食标准，降低食品安全事故发生的风险。

4. 加强学生体质监测。开展形式多样的课内外营养健康教育活动，对学生开展均衡膳食和营养宣教，培养中小学生从小树立正确的生活理念，养成健康的生活方式，加强学生营养知识知晓率和行为形成率，提高学生及家长对“营养改善计划”认识。积极开展对学生体质的监测与评价，通过加强学生营养和体育锻炼等有针对性的综合干预措施，增强学生体质。

三、加强监督，优化环境

市营养办要会同市场监督、疾病控制中心等相关部门定期开展监督检查，确保学校学生营养改善计划工作有效深入开展。

学校要认真做好营养改善计划工作，配备或聘请专业人士，对辖区学校制定的营养食谱进行指导和评价；定期邀请学校家长委员会、膳食委员会成员对学校食堂相关工作进行督导，及时发现问题并解决问题。学校要定期公示食谱内容、收费标准、采购信息等情况，并设有意见箱等反馈渠道，营造良好的社会监督氛围。

河南省教育厅办公室关于印发《河南省国家“学生饮用奶计划”校内安全操作指引（试行）》的通知

各省辖市、济源示范区、省直管县（市）教育局：

为进一步指导我省中小学校（幼儿园）学生饮用奶在校园的规范化操作，切实做好入校查验、储藏、分发、饮用、回收等各环节管理，保障学生饮奶安全，结合《国家“学生饮用奶计划”推广管理办法》（修订版）和《学生饮用奶操作规范》团体标准，经与相关部门沟通协商，特制定《河南省推广国家“学生饮用奶计划”校内安全操作指引（试行）》。请各地各学校结合实际参照执行①。

河南省国家“学生饮用奶计划”校内安全操作指引（试行）

一、健全工作机制。实施国家“学生饮用奶计划”的地方和学校，应成立学生饮用奶专门管理机构，严格准入机制，加强对供奶配送企业和学校的日常监督检查。学校应成立学生饮用奶服务保障工作领导小组，实行校（园）长负责制，明确一名校领导负责此项工作，确定一名学生饮用奶专管员（以下简称“专管员”）负责具体组织实施，专管员具体负责每天的拆箱检查和分发，以及储藏室安全管理等工作，并做好学生饮用奶进校后的安全管理。

二、严格配送管理。学生饮用奶入校配送应配备专用运输车辆，保持车厢清洁、车况良好。低温产品运输车辆应配备冷藏设备，实现全程冷链配送。配送前，要对车辆例行检查，并定期对运输工具进行消毒与清洁。配送人员要持有健康证并统一佩戴工作胸卡。

三、做好验收登记。学生饮用奶配送到校后，学校接收人应查验学生饮用奶产品的外包装、包装标识、产品规格等，核查产品质量合格证、质检报告，若发现过期、外包装污染、损坏、不合格的产品，应及时检出并退换。查验无误后，方可办理入库并登记学生饮用奶的品牌、产品名称、规格、数量、生产批号、保质期、供应单位名称、联系方式、采购日期等信息，便于查证追溯。

四、完善存放条件。学校要提供学生饮用奶专用储藏室，原则上选取位于一楼的固定场所，方便出入库办理。储藏室应当干净、整洁、干燥、通风、避光，并配备温度、湿度监测装置，定期记录、校验；储藏室门、窗要牢固，达到“三防”（防蝇、防尘、防鼠）要求，钥匙由专人管理。学生饮用奶产品不得与有毒、有害、有异味物品混合存放。低温学生饮用奶存放区域要配备冷藏设备，保证满足低温产品的贮藏温度要求。储藏室应当安装监控设备，并连接学校监控平台实现实时监控。储藏室要做到制度上墙，有专管员职责、安全管理制度、领取与分发制度、学生饮用奶应急处置预案等制度。

五、规范置放要求。常温产品堆放时，底层要用垫板，离地 10 厘米以上，四周离墙 50 厘米以上，或者放置隔墙板隔湿；低温产品在冷藏设备中要整齐码放，保持温度稳定；零包、留样及其他相关物料分区单独置放。要根据产品包装合理码放，不倒置，不侧放；堆放高度直垛一般不超过 8 层，花垛一般不超过 15 层。学校专管员要每天对储藏室进行安全检查并记录，发现变形、破损、渗漏等产品应单独存放，并及时与配送企业联系更换；寒暑假期间，学校储藏室原则上不得有库存，多出部分由配送企业统一回收处理。

① 河南省教育厅．河南省教育厅办公室关于印发《河南省国家“学生饮用奶计划”校内安全操作指引（试行）》的通知［EB/OL］.（2023-03-24）［2023-10-18］. https：//www. anyang. gov. cn/2023/03-24/2381520. html.

六、严格领取分发。学校应安排专管员负责领取与分发工作，登记发放日期、品种、发放班级、发放数量等信息。分发前学校专管员应对学生饮用奶开箱检查，检查生产日期及外包装，确保产品在保质期内，发现胀包、变形、破损等问题产品及时更换。要以班级为单位到指定地点领取，有序分发，避免错发、漏发，做好领取登记。专管员应对当天饮用的产品进行留样，记录生产工厂、品种、批次及生产日期，留样时间不少于3天。学生饮用奶发放应遵循“先进先出”原则，防止过长时间存放。

七、引导正确饮用。学生饮用奶要“定时、定点、集中”饮用，并有专人照看。要教育学生饮用前洗净双手，保持手部清洁，拿到产品后再次检查外包装，如有破损应及时更换。饮用时先小口品尝，如出现口味异常（苦味、酸味等）应及时报告老师并进行更换。要一次性饮用完毕，避免交叉饮用，身体不适学生应及时报告老师。

八、做好回收管理。学生饮完后应当将包装盒压扁，简单处理后放入专用奶筐，统一回收，做到“发收同数”，将废包装盒统一送到学校回收点，避免污染环境。

九、加强宣传培训。学校要多渠道、多形式开展学生饮用奶营养知识的宣传教育，强化饮用优质奶的作用；要普及科学饮奶知识，开展食品安全培训，及时处理反馈意见，保障学生饮奶安全。

十、强化应急处置。学校应当建立完善学生饮用奶安全管理、饮奶突发事件报告等制度，制定学生饮用奶应急处置预案，加强对饮奶突发事件应急处置培训，出现饮奶异常情况后，学校和供奶企业应立即启动应急处置预案，加强乳糖不耐症、蛋白质过敏等饮奶安全的科普教育，正确处理好相关安全案例，妥善应对，做好学生抚慰工作，配合有关部门调查取证，学校和供奶企业应及时通报相关情况，消除学生、家长的疑虑，尽快恢复正常秩序。

湖北省学校后勤工作办公室印发《湖北省学校后勤工作办公室2023年工作要点的通知》

《通知》要求强化食品安全管理，严格落实校园食品安全“二十条底线”要求，压紧压实教育部门的行业主管责任，学校的主体责任和校长第一责任人的责任，有力推动食品安全副校长制度落实落地，积极开展学校食堂量化等级考评，不断完善学校食堂管理制度体系，牢牢守住广大学生“舌尖上安全”。

扎实推进民生项目，精心实施农村义务教育学生营养改善计划，研究制定实施细则，规范使用提标资金，确保国家给的每一分钱都吃到学生嘴里，让学生和家长深切感受到党和国家的关怀和温暖。继续实施好国家“学生饮用奶计划”，推动《省教育厅关于进一步做好国家“学生饮用奶计划“推广管理工作通知》精神进一步落地，巩固扩大覆盖范围，保障学生安全饮奶，改善学生营养状况。

推动绿色校园建设，深入践行习近平生态文明思想，持续推进垃圾分类工作，进一步完善学校生活垃圾分类宣传教育工作长效机制和投放收集贮存管理体系，力争2023年全省建成300所垃圾分类示范学校。深入推进校园厉行节约反对浪费工作，通过“光盘行动”“小手拉大手”等系列活动，让节约意识深入人心。

孝感市教育局办公室关于切实做好国家“学生饮用奶计划”推广管理工作的通知

为深入贯彻落实《国务院办公厅关于推进奶业振兴保障乳业质量安全的意见》（国办发〔2018〕43号）精神和《市人民政府办公室关于分解落实2023年〈政府工作报告〉的通知》（孝感政办发〔2023〕1号）关于巩固国家“学生饮用奶计划”覆盖率的工作任务，现就切实做好全市国家“学生饮用奶计划”推广管理工作通知如下。

一、提高站位、强化组织

国家“学生饮用奶计划”是在全国中小学校（幼儿园）实施的学生营养改善专项计划，是落实“健康中国”战略和国民营养计划的重要举措，对改善中小学生营养状况、促进健康发育、提高身体素质具有长远战略意义。各地教育行政部门和学校要从提高学生营养健康水平的长远利益出发，切实增强做好国家“学生饮用奶计划”推广工作的责任感、使命感。各地教育行政部门和学校要加强组织保障，成立国家“学生饮用奶计划”推广工作专班，每学期开学前要召开专题会议，加强政策宣传，确保国家“学生饮用奶计划”在我市持续深入推进。

二、制定目标、明确任务

各地教育行政部门要加强统筹协调，注重实效，在加大幼儿园、义务教育阶段国家“学生饮用奶计划”推广力度的基础上，逐步向高中阶段学校延伸，国家“学生饮用奶计划”覆盖率逐年提升，让更多的学生受益此项计划。

三、加强宣传、积极引导

各地教育行政部门和学校要多渠道、多形式加大学生营养知识宣传教育和引导，积极宣传学生饮用奶的重要性，不断强化饮用优质奶、提高免疫力的作用，切实增强学生每日上、下午科学饮奶的自觉性。各学校（幼儿园）要把学生饮用奶工作纳入健康教育工作计划，通过举办健康教育讲座、校园开放日、组织学生到学生饮用奶生产工厂开展研学实践活动等形式普及膳食营养知识，大力宣传国家“学生饮用奶计划”的意义和作用，争取家长和学生的认可与支持，倡导学生养成大课间及课后延时服务期间“定时、定点、集中”饮奶的良好膳食习惯。全市国家“学生饮用奶计划”宣传工作应做到各学校、幼儿园覆盖率100%，学生和家长知晓率100%。

四、严格管理、规范实施

1. 严格准入原则。按照《省教育厅关于进一步做好国家“学生饮用奶计划”推广管理工作的通知》（鄂教体艺〔2022〕2号）文件要求，在我市实施学生饮用奶的企业应为经国家有关部门审批认定的“中国学生饮用奶生产企业”，所推广产品应当为包装上印制有“中国学生饮用奶”标志专供学生在校饮用的常温、低温奶制品；为确保质量安全，学生饮用奶推广要严格准入机制，优先选用产品优质、美誉度高的行业龙头、国家一线乳业品牌企业产品。学生饮用奶直供各校（园），不得在校内设置自动售奶机。

2. 线上征订原则。规范收费方式，各学校要发放《致学生家长一封信》，借助学生饮用奶线上征订系统平台进行营养健康科普知识宣传，与家长充分沟通，最大化争取家长认可和支持。

3. 在校饮用原则。全市中小学、幼儿园应在开学一周内完成学生饮用奶宣传征订工作，保证学生在校饮奶天数。中小学统一大课间及课后延时服务期间在老师的监督下“定时、定点、集中”饮用学生奶，做到一次性饮用完毕，严禁学生将学生饮用奶带出校园饮用，杜绝“二次饮用”造成安全隐患，培养科学的饮奶习惯。废包回收做到“收发同数”。

4. 确保安全原则。实施国家“学生饮用奶计划”学校要强化食品安全意识，树立安全第一的指导思想，按照《湖北省学校后勤工作办公室关于印发湖北省国家“学生饮用奶计划”校内操作指南（试行）的通知》文件要求，制定学生饮用奶管理制度，明确专人负责，做好学生饮用奶在校储存、加热或冷藏、分发、领取、饮用、回收等环节管理，建立学生饮用奶可追溯制度和安全防范危机预案。加强对学生饮用奶配送服务企业监督和管理，配送企业应配备专用冷藏车运输，在校应配备冷藏柜储存低温学生饮用奶，保证低温学生饮用奶全程“不脱冷”，确保学生饮用奶安全。

五、严肃纪律、令行禁止

各级教育行政部门和学校要严格落实廉政纪律要求，切实防范廉政风险，主动接受社会监督，对学生和家长反映的问题要及时调查处理，主动回应社会关切。要严把学生饮用奶准入关口，对有令不行、有禁不止、失职渎职、擅自订购和组织学生饮用非准入企业产品的违规行为，要严格依法依规追究相关单位和个人的责任。

广东省连州市教育局关于做好国家“学生饮用奶计划”工作的通知

随着全市中小学、幼儿园陆续返校（园），为巩固疫情防控成果，增强学生体质健康，提高免疫力，进一步贯彻落实《国务院办公厅关于推进奶业振兴保障乳品质量安全的意见》（国办发〔2018〕43 号）、《国民营养计划（2017—2030 年）》（国办发〔2017〕60 号）、《广东省农业农村厅和农垦总局等十厅局转发关于进一步促进奶业振兴若干意见的通知》（粤农农〔2019〕215 号）、《清远市教育局关于做好国家“学生饮用奶计划”工作的通知》，“大力推广国家‘学生饮用奶计划’，扩大覆盖范围”等文件精神，根据清远市教育局的工作要求，结合我市于 2020 年 6 月 24 日印发的《连州市“学生饮用奶计划”实施方案》，要求各学校（幼儿园）为了学生的营养健康成长，在校内宣传推广学生饮用奶，现就做好国家“学生饮用奶计划”有关事项通知如下。

一、提高思想认识，全面理解推广学生饮用奶重要意义

学生营养和健康状况直接关系到一个国家的人口素质、发展水平和国际竞争力。国家“学生饮用奶计划”是以改善中小学校（幼儿园）学生营养状况、培养健康意识、提高学生体质为目的，在中小学校（幼儿园）实施的学生营养改善专项计划。各校（园）要以党的二十大精神和全国教育大会精神为指导，依据国家相关法律法规和《国家“学生饮用奶计划”推广管理办法》，按照“安全、营养、方便、价廉”的原则和“统一部署、规范管理、严格把关、确保质量”的工作方针，周密安排、精心组织，密切配合、各司其

职，规范管理、大力宣传，正确引导学生科学饮奶，养成良好的饮奶习惯，增强我市广大学生的体质。为把“学生饮用奶计划”作为提高学生体质的一项重要工作落实好，我局已成立实施“学生饮用奶计划”工作领导小组，指导、布置“学生饮用奶计划”推进工作；各中小学校（幼儿园）要建立专门工作机构，指定专人负责。学校（幼儿园）行政主要领导要负责本校（园）“学生饮用奶计划”实施工作，明确各自职责和义务，切实做好本校（园）“学生饮用奶计划”各项工作。

二、加大正面宣传，为实施国家“学生饮用奶计划”创造良好的舆论氛围

做好国家“学生饮用奶计划”实施的宣传工作，加大推广力度，中小学校（幼儿园）要通过校会、主题班会队会、黑板报、手抄报、营养健康讲座、家长开放日、致家长公开信等形式，加大学生营养知识的宣传教育和引导，积极宣传学生饮奶的重要性，不断强化饮用优质饮用奶、提高免疫力的作用，将宣传普及饮奶营养健康知识融入饮食健康教育内容，倡导科学饮奶，培育良好习惯，为实施国家“学生饮用奶计划”创造良好的舆论氛围。

三、规范有序推进，确保“学生饮用奶计划”稳步实施

（一）工作原则

1. 坚持安全第一原则。为保障学生饮用奶的饮用健康安全，各校（园）要按教育局审核的合规经销商进行订购，严禁其他不符合资质的经销商进校推广订购，严禁以其他奶代替学生饮用奶。强化安全意识，建立健全机制，完善管理措施，加大巡查检查力度，确保学生奶饮用“安全、营养、方便、价廉”。

2. 坚持学生自愿原则。实施国家“学生饮用奶计划”，应坚持学生饮奶自愿的原则。生产学生饮用奶企业应通过分发宣传单张，举办学生饮用奶知识讲座等形式，加强科学引导，争取家长和学生的认可与支持，引导学生自愿饮奶。任何单位和个人不得强迫学生订购学生饮用奶。

3. 坚持质量保证原则。实施“学生饮用奶计划”的学校（幼儿园）须组织学生饮用具有“中国学生饮用奶标志”的产品，学生奶供应企业应当符合《国家“学生饮用奶计划”推广管理办法》（中国奶业协会公告第15号）中的要求，保证学生饮用奶的质量和安全。

4. 坚持规范操作程序。坚持安全第一的原则，进一步强化安全责任意识，规范学生饮用奶推广学校管理。各校（园）每学期要开好“三会”（班子会、班主任会、学生家长会），认真细致地做好工作，要向学生家长广泛宣传，讲清道理、说明原因，把好事办好。协助供奶配送单位做好学生饮用奶的订购、收费、分发等工作，配备足够面积、卫生干净、整洁明亮、具有安全保障的一楼房间储存学生饮用奶，并确定一名有责任心的专人负责接发工作。学生饮用奶在学校储存、保管、发放中发生的费用由企业承担，学校不得任意加价或代收费用。为方便家长、服务学生，由学生家长自愿在“学生饮用奶交费系统平台”交费订购。对建档立卡的家庭经济困难学生，家长可以利用贫困学生相关资助资金订购学生饮用奶。学校不得代替企业向学生收费，只负责组织、宣传、引导，学生饮用奶在学校的储藏、保管、分发、废弃包装物的统一收集处理工作，以确保各项工作规范有序。

（二）工作步骤

1. 成立机构。教育局成立以局长为组长的实施国家“学生饮用奶计划”工作领导小组，负责全市实施“学生饮用奶计划”的组织、管理、协调与指导工作，领导小组办公室设在市教育局教育股。

2. 明确目标。实行分步实施，稳步推进。按照《连州市“学生饮用奶计划”实施方案》要求，逐年提升“学生饮用奶计划”覆盖率，让更多的学生营养与健康状况明显改善。

3. 注重宣传。市教育局召开实施国家“学生饮用奶计划”工作会议，传达贯彻国家、省、市有关文件精神，布置“学生饮用奶计划”的实施工作。讲清讲透国家相关政策要求和学生饮用奶营养健康知识，强化疫情常态化防控增加优质奶供应、提高免疫力的重要作用，尽量保证学生每天能够饮用学生奶。

4. 组织实施。每学期开学后，各学校要在正确宣传引导的基础上，组织好学生自愿征订工作，同时安排专人做好学生饮用奶的接收、储藏、分发等准备工作。

5. 供奶配送。我市学生饮用奶供应配送工作由专业学生饮用奶配送公司承担，配送公司在配送过程中的各个环节必须严格专业操作规程，确保学生饮用奶安全、及时、准确地送到各个学校。

四、明确工作责任，确保学生饮用奶质量安全

各校（园）要周密安排、精心组织，密切配合、各司其职、各负其责，保障学生喝到“安全、营养、方便、价廉”的学生饮用奶。学校是实施“学生饮用奶计划”的具体承办者，在具体实施过程中，要严格管理，规范操作，不得任意加价或收取任何费用。

四川省市场监督管理局、四川省教育厅发布《关于落实食品安全主体责任配备食品安全总监和食品安全员的通知》

进一步压实学校（幼儿园）和学生集中用餐配送单位食品安全主体责任，提升校园食品安全管理水平。四川省市场监督管理局、四川省教育厅发布《关于落实食品安全主体责任配备食品安全总监和食品安全员的通知》①。

《通知》要求根据学校（幼儿园）办学规模、校区设置等情况，配备数量相宜的食品安全员。承包学校食堂的经营企业相应配备食品安全总监和食品安全员。将食品安全总监和食品安全员配备工作开展情况纳入食品安全年度评议考核内容，逐级压紧压实工作责任。

加强培训工作指导，督促学校（幼儿园）及学生集中用餐配送单位开展相关培训考核，切实配齐业务过硬、责任心强的食品安全管理人员；要及时公布学校食堂及学生集中用餐配送单位食品安全管理人员配备情况，接受社会公众的监督，不断提升学校食品安全管理水平。

---

① 川食安．四川省压实学校和学生集中用餐配送单位食品安全主体责任［EB/OL］.（2022-10-25）［2023-10-18］. https：//www. sohu. com/a/595211617_120480327.

贵阳市教育局关于印发《贵阳市学校集体用餐管理指导意见》的通知

《意见》明确，为建设高质量教育体系，办好人民满意的教育，积极回应社会需求，做好校内就餐服务，根据国家、省、市有关文件精神，结合实际，现就我市学校集体用餐管理提出如下指导意见①：

一、指导思想

坚持以习近平新时代中国特色社会主义思想为指导，以服务学生健康成长为宗旨，认真贯彻《中华人民共和国食品安全法》《中共中央 国务院关于深化改革加强食品安全工作的意见》《学校食品安全与营养健康管理规定》《餐饮服务食品安全操作规范》《学生餐营养指南》等法律法规及其他有关规定的要求，切实加强统筹规划，整合各方资源，形成政府主导、部门协同、学校主体、家长分担、社会参与的学校集体用餐服务管理新格局。

二、基本原则

（一）以生为本，安全健康。将学生身心安全健康作为推进学校集体用餐管理工作的首要原则，遵循学生身心发展规律，积极创造条件，着力保障学生餐放心安全、营养健康。

（二）政府统筹，属地管理。积极探索学校集体用餐供餐模式，坚持政府主导，教育行政部门牵头负责，市场监管、卫生健康等部门协同配合，社会企业多元参与，充分尊重家长意愿和需求，全面提升学校集体用餐的供给能力和保障水平。

（三）强化监督，确保安全。全面推行“互联网+明厨亮灶”，对学校食堂食品安全、供餐企业食品加工过程进行全流程监督。聘请第三方机构不定期开展评估，进行价格监管，鼓励社会多方参与学校食堂、供餐企业监督管理，提升社会共治水平。

（四）教育优先，行为养成。将学生用餐行为作为学生健康教育、劳动教育的重要内容，提高学生卫生习惯和自我管理能力。引导广大师生牢固树立节粮爱粮意识，切实养成勤俭节约良好习惯。

三、适用范围

贵阳市公民办托幼机构、中小学校（含中职学校），从事学校集体用餐服务的企业。

四、供餐模式

（一）学校食堂供餐。应大力推行学校食堂供餐，具备条件的实行“自办自管”，由学校自主经营，坚持“公益性、非营利性”原则，财务活动纳入学校财务部门统一管理，分账核算，定期公开，食堂从业人员工资纳入同级财政预算，专项保障。以校（园）长为法定代表人申请办理食品经营许可证，不超许可范围。实施农村义务教育学生营养改善

---

① 贵阳市教育局．贵阳市教育局关于印发《贵阳市学校集体用餐管理指导意见》的通知［EB/OL］.（2023-03-28）［2023-10-18］. https：//www. guiyang. gov. cn/zwgk/zdlyxxgkx/jy_5617891/tywsysjy_5617897/202303/t20230331_78827246. htm.

计划的学校，必须实行学校食堂“自办自管”。学校食堂要按有关部门要求，完善场所建设、配齐设施设备、合理规划布局、规范工艺流程，实现“互联网+明厨亮灶”。未建设学校食堂的，要加快学校食堂或校内食品加工场所建设与改造，确保于 2023 年 9 月前完成。

（二）委托校内加工供餐。学校具备食品加工场所，但不具备食堂“自办自管”条件的，须由区（市、县）政府向市教育局报备，可采用委托供餐企业在校内加工的方式进行供餐，学校以校（园）长为法定代表人申请办理食品经营许可证。各区（市、县）教育局参照《政府采购法》《招投标法》公开采购委托供餐企业。餐费统一管理，实行先就餐后结算，餐费价格坚持微利原则。不得向供餐企业转嫁建设、修缮等费用。供餐企业应结合学校食品加工场所规模、就餐人数等合理配备校内供餐工作人员，保证学校餐食供应的时效和质量。

（三）校外企业配餐。学校没有条件建设食堂或食品加工场所的，须由区（市、县）政府向市教育局报备，可采取校外企业配餐方式为学生提供集体用餐服务。餐费统一管理，实行先就餐后结算，餐费价格坚持微利原则。学校与校外供餐企业之间不得发生现金交易，不得向校外供餐企业转嫁教师陪餐等费用。

学校应与校外供餐企业签订《食品安全责任书》，明确各自的食品安全责任，供餐企业运送食品的车辆应配备符合条件的加热保温设备或装置，学校应当安排专人负责配送餐食的查验和分发。严格对每餐次食品成品食材种类抽样称重，按规定留样 48 小时以上，做好各项记录。

五、组织实施

（一）履行行业责任。各区（市、县）教育局要全面摸清本辖区内学校集体用餐供餐情况，包括学校食堂供餐、委托校内加工供餐、校外企业配餐的学校台账及供餐企业的具体情况。配合市场监管部门督促指导本辖区内学校、供餐企业落实主体责任，严格按照“供餐企业定期自查、用餐学校日常监督、成员单位联合督查”的原则，开展本辖区学校食品安全风险隐患排查治理，对发现的食品安全风险隐患要督促限期整改到位。会同市场监管、卫生健康、公安等相关部门建立信息沟通机制。

（二）健全管理制度。学校应严格落实学校食品安全校（园）长负责制，落实学校食品安全主体责任。成立以校（园）长为组长的学校集体用餐管理工作领导小组，配备专（兼）职食品安全管理人员，完善本校集体用餐管理措施，建立健全食品安全和营养健康管理、大宗食品及原辅材料准入、食品安全风险评估、责任追究、集中用餐陪餐等制度，严格管控原料采购、加工制作、清洗消毒、留样管理和用水卫生等关键环节，制定食品安全突发事件应急预案。

（三）优化食谱制定。各区（市、县）教育局要提前摸清本辖区内学校集体用餐供餐需求，包括供餐学校数、就餐人数等各方面的情况，参照《学生餐营养指南》（WS/T 554—2017）等标准，结合学校实际情况及本地学生营养健康状况，按照《省教育厅　省财政厅　省卫生健康委　省市场监管局　省发展改革委关于实施农村义务教育学生营养改善计划提质行动的通知》（黔教发〔2021〕52 号）、《省卫生健康委省教育厅关于印发贵州省农村义务教育学生营养午餐推荐带量食谱（试行）的通知》的有关要求，合理搭配动物性和植物性食物，尊重少数民族饮食习惯，充分征求家长的意愿，以餐次为单位，制定满足各阶段学生生长发育所需能量和营养素需要的带量食谱目录，含食物名称、原料种类及数量、供餐时间和烹调方式等，确保每餐至少“三菜（含全荤、半荤、素菜各一个）一汤”，每天食材种类达到12种以上，每周25种以上，并向家长进行公示。

（四）供餐企业采购。各区（市、县）教育局应遵循公开、公平、公正原则，参照《政府采购法》《招投标法》进行公开采购，招标以每餐餐价进行报价，报价应包含承担学校集体用餐全过程服务所需的费用。结合各地各校具体情况，包括但不仅限于食品原料采购、加工制作、清洗消毒、餐食配送、餐食发放、回收等各环节全过程的服务内容，以及提供服务所需的设施设备、从业人员、能源消耗、运输以及其他相关费用等。邀请学校代表和家长代表参与招标过程，向社会公布中标的校外供餐企业名单、食谱目录及餐标价格等。按规定与中标供餐企业签订政府采购合同，明确权利和义务，合同期原则上不超过1年。各区（市、县）教育局采购校外供餐企业原则上应合理划分本辖区学校版块，明确配送数量和学校（一般每个版块配送不超过5 000份）。各级教育行政部门应建立供餐企业服务质量评估机制，可聘请第三方机构不定期对供餐企业从食材成本、餐食质量及满意度等方面进行评估，并将餐食成本及利润率等情况向学生家长进行公示，接受社会监督。

（五）供餐企业准入与退出

1. 企业准入条件

（1）具备国家有关法律法规规定的相关条件，取得合法从事经营活动有效期内的相关证照：营业执照、食品经营许可证、税务登记证、负责人身份证、从业人员和送餐人员健康证明等。

（2）有良好的从业信誉，未被列入经营异常名录、严重违法市场主体名单、重大税收违法案件当事人名单；未发生过食品安全事故；近3年内未因食品安全问题被处罚。

（3）设有食品安全管理机构，配备食品安全总监及食品安全管理人员，建立食品卫生、安全管理制度，如从业人员健康管理制度、食品安全自查制度、食品进货查验记录制度、原料控制制度、过程控制制度、食品安全事故处置方案等。

（4）配备至少1名具备资质的营养师。

（5）投保食品安全责任保险。

（6）做好日常供餐管理工作，接受各级教育行政部门、学校及家长代表的不定期考察监督，积极听取建议和意见，对发现的食品安全隐患问题及时进行整改。

（7）校外企业供餐的，供餐企业应具备集体用餐配送资质，应通过HACCP或ISO22000认证。具备独立的餐食加工场所和条件，具有与制作供给的餐食品种、数量相适应的食品原料处理、烹饪、贮存的场所和设施设备，保证提供餐饮服务加工的场所环境、设备设施、布局流程及操作过程符合餐饮服务食品安全的标准和要求。储存、消毒、运输等符合《餐饮服务食品安全操作规范》《中华人民共和国食品安全法》的有关规定，配备封闭式食品专用运输车辆，一般应安装车辆行动轨迹监控、装卸视频监控等设备，运输过程中有符合要求的保温设施。

各区（市、县）教育局应当对供餐企业准入条件进行复核，发现不符合条件的，按有关程序取缔资格，并由相关监管部门处理、处罚。

2. 企业退出机制

教育行政部门应会同有关食品安全监管部门加强学校集体用餐监管，建立学校食堂

（或食品加工间）、供餐企业（单位）信用档案。联合市场监管、公安等相关部门，对供餐企业存在违法违规行为的，一律列入严重违法失信名单，取消其供餐资质。出现下列情况之一者，应立即停止供餐：

（1）违反相关法律法规，被市场监管部门吊销食品经营许可证、营业执照的；

（2）发生食品安全事故或在合同期内被行政处罚的；

（3）未持续保持食品经营许可条件，经整改仍不符合食品经营许可条件的；

（4）存在采购加工法律法规禁止生产经营的食品、使用非食用物质、滥用食品添加剂、降低食品安全保障条件等食品安全问题的；

（5）出现降低供餐质量和餐量标准，随意变更供餐食谱等情况，或在供餐质量评议中满意度低于80%，经约谈警告后，仍不改正的；或在供餐质量评议中满意度低于60%的；

（6）擅自转包、分包供餐业务或存在擅自变更配餐生产地址、擅自更换履约人等违约行为；

（7）拒不接受、不配合、不执行教育行政部门监督管理的；

（8）出现其他违反法律法规及有关规定的行为。

上述内容应当在供餐合同中明确约定，作为解除合同的情形。

（六）保障食品安全。学校要严把食材质量关，加强对用餐食品质量安全监管，保障学生用餐食材安全卫生、源头可追溯。严格管控食品、原材料和餐具采购渠道，大宗食品原则上公开招标、集中定点采购，统一配送。鼓励各地积极推进“校农结合”，建立大宗食品直供优质农产品基地，在保障产品质量安全和营养的前提下，减少食材采购和流通环节，降低原材料成本。学校集体用餐食品原料供货商必须具备合法从事经营活动的相关证照，大米、面粉、菜油、调料、肉类食品还必须同时具有国家规定的相关资质、产品质量监督检验报告、动物检疫合格证等。未达到学校集体用餐标准的原材料，一律不准用于学生集体用餐加工。中小学校和幼儿园不得制售冷荤类、生食类、裱花蛋糕以及四季豆、鲜黄花菜、野生蘑菇、发芽土豆等高风险食品。采购的食品、原材料贮存条件需满足安全要求。学生餐从烧熟至食用间隔时间不得超过2小时。

（七）加强健康教育。学校应当加强食品安全与营养健康的宣传教育，利用多种形式广泛开展食品安全、传染病防控等相关知识普及和宣传教育活动。积极向家长宣传膳食营养、食品安全、传染病防控知识和学校有关工作要求，以取得家长的配合与支持。学校应将食品安全与营养健康作为健康教育教学重要内容，把勤俭节约内容有机融入中小学德育课程教学、幼儿园习惯养成等教育环节之中，深入推进文明餐桌行动和“光盘行动”，鼓励推行小份菜、半份菜、套餐等措施，坚持绿色环保理念，不使用一次性筷子、一次性饭盒等非再生利用的餐具，为学生传递食品安全和营养健康知识，培养学生均衡膳食理念和健康饮食习惯。

（八）强化培训指导。各区（市、县）教育、市场监管和卫生健康部门要通过多种形式，拓展多种渠道，发挥专业人员作用，定期对辖区内学校管理人员、食堂从业人员、供餐企业人员和教师开展食品安全与营养健康知识、传染病防控技能的培训指导，做到全覆盖，实现食堂操作管理规范化，坚决防止食品安全事件发生。

（九）做好应急处置。各区（市、县）教育局、各学校要建立学校集体用餐退费管理制度，学生就餐遵循自愿原则，任何学校和个人不得强迫学生和家长订购餐食，餐费严格按要求据实结算。各区（市、县）教育局、各学校要制定食品安全应急预案和应急管理机制，建立集中用餐食品安全应急管理和突发事故报告制度，制定食品安全事故处置方案。确保学校因发生突发情况时，能够及时由后备供餐企业在应急期内为学生提供餐食，应急期原则上不超过40天。发生集体用餐食品安全事件或疑似食源性疾病时，学校要立即采取有效措施予以救治和管控，及时向市场监管、卫生、教育行政部门报告。教育行政部门要在第一时间赶往现场，协助相关部门进行调查与处置，防止事态扩大，做好舆情管控，并逐级报告。

六、保障措施

（一）抓好责任落实。各区（市、县）教育局要严格履行责任、优化服务、加强监督，密切配合相关部门，共同做好学校集体用餐管理工作。各学校要把学校集体用餐作为一项重要工作内容，严格落实组织管理责任。供餐企业应按照食品安全管理等有关规定，结合实际，配备必要的食品加工、清洗消毒等设施设备，安排相应人员在用餐前后全程做好餐具的清洁、消毒、回收、存放等环节工作。

（二）强化经费管理。各区（市、县）教育局要加强与财政部门的沟通交流，保障自办自管食堂人员工资待遇，及时按期发放，确保食堂人员稳定。学生餐费原则上由学生家长负担，各级教育行政部门可适当对家庭困难学生餐费进行补助。学生餐收费标准经公示后，定期结算。委托校内加工供餐和校外企业配餐的学生餐费统一由市监管平台代收代管，严禁截留、挪用餐费。

（三）加强监督管理。各区（市、县）教育局应当配合市场监管、卫生健康、公安等相关部门，建立健全学校集体用餐管理沟通协调机制，形成监管合力，加大对学校食堂、校内委托加工企业及校外供餐企业监督检查的力度和频次。学校要及时向师生、家长、社会公开供餐企业信息，组织家长代表对学校食堂、供餐企业进行抽查走访，鼓励师生、家长、社会共同参与学校集体用餐的监督和管理。安排教师、学生和家长代表作为供餐监督员、设立家长开放日。定期对供餐饭菜质量进行满意度调查，组织师生对饭菜质量、数量、价格、卫生和服务等进行测评，提高餐饮质量和服务管理水平。

（四）严肃追责问责。各区（市、县）教育局要会同市场监管部门和卫生健康部门定期开展学校食品安全检查和交叉互查，通报检查结果，对检查中发现的食品安全问题及时督促整改，防控食品安全风险。学校未履行供餐管理责任，由教育行政部门配合市场监管部门对学校供餐管理主要负责人进行约谈，视情节轻重对学校相关负责人给予相应的处分。供餐企业不履行或不正确履行食品安全职责，由属地市场监管部门责令改正并追究相应责任。造成不良后果的，依法对直接责任人和其他人员追究相应责任；构成犯罪的，依法追究刑事责任。

贵州省省人民政府办公厅《关于进一步提升农村义务教育学生营养改善计划实施水平的通知》

压实政府主体责任。将营养改善计划纳入各级政府教育民生重点监管范围，实行最严格的监管，确保资金安全和食品安全。按照与就餐学生人数不低于1：100比例要求，足额配备学校食堂工勤人员，按照不低于当地最低工资标准要求，将其工资、社保待遇全额纳入县级财政预算，并按月发放工资和缴纳社保①。

压实部门管理责任。教育部门会同相关部门加强营养改善计划食材采购、供餐管理、资金使用等全过程监管，指导学校全面实施“5+X”供餐和推广普及应用带量食谱。财政部门落实国家财政事权与支出责任划分有关规定，保障营养膳食补助资金及时足额到位。卫生健康部门组织开展农村义务教育学生营养健康监测工作，指导开展营养干预；配合教育部门指导开展营养健康教育培训和带量食谱推广普及应用。市场监管部门加强对涉校食品配送企业、食品定点加工企业（作坊）和学校食堂食品安全的监督管理，督促指导学校落实食品安全主体责任。发展改革部门合理确定“5+X”中“X”收费标准，定期提供农村义务教育学生营养餐主要食材品种的价格监测数据。农业农村部门指导省内大型肉蛋奶供应企业、蔬菜基地生产，建立集中供应直销渠道，加强学校定点采购生产基地食用农产品生产环节质量安全监管。民政部门会同财政部门落实提高农村留守儿童和困境儿童中依规纳入农村低保且为农村义务教育阶段学生的分类施保比例，按照当地农村低保标准的30%就高执行，减轻特殊困难家庭子女在校就餐费用负担。

压实学校工作责任。学校要完善食堂供餐和资金管理制度，规范营养膳食补助资金管理使用，保障足额用于学生供餐；规范实行“5+X”供餐标准，制定应用带量食谱；落实公开公示制度，推进营养午餐阳光透明；组织开展阳光体育运动和营养健康教育，家校配合共同提高学生营养健康水平。

全面普及应用带量食谱。县级教育部门会同卫生健康部门加强农村义务教育学生营养午餐膳食营养培训，指导学校结合实际合理制定、全面普及应用带量食谱。学校合理确定早晚餐供餐标准，科学安排寄宿学生一日三餐，通过“电子营养师”等平台，定期分析学生供餐情况，有针对性合理调整带量食谱，保障营养午餐和寄宿学生早晚餐营养均衡。

统一供餐基本要求。各级教育、卫生健康部门逐校开展督促指导，确保学校实现供餐食物多样化，做到每餐至少“三菜一汤”，合理搭配动物性和植物性食物，多种新鲜蔬菜（特别是深色蔬菜）和肉类交替充足供应，每天食材种类达到 12 种以上（每周 25 种以上）。加大鸡蛋、牛奶、大豆及其制品、畜禽鱼肉等高品质食材供应力度，做到每天至少提供 1 个鸡蛋和适量水果，每周至少提供 3 次符合国家标准的学生饮用牛奶和 2 次豆制品，保障供餐质量。农业农村部门科学规划肉、蛋、牛奶、蔬菜、水果等学校食堂所需大宗农产品生产基地，指导农产品生产企业、农民专业合作经济组织向农村学校供应安全优质食用农产品。

中共曲靖市委农村工作领导小组办公室关于印发《曲靖市加快奶牛产业高质量发展三年行动方案（2023—2025 年）》的通知

为深入贯彻落实《国务院办公厅关于促进畜牧业高质量发展的意见》（国办发

① 贵州省人民政府．省人民政府办公厅关于进一步提升农村义务教育学生营养改善计划实施水平的通知［EB/OL］.（2023－08－25）［2023－10－18］. https：//www. guizhou. gov. cn/zwgk/zcfg/szfwj/qfbf/202308/t20230825_82035317. html.

〔2020〕31号）、《农业农村部关于印发〈“十四五”奶业竞争力提升行动方案〉的通知》（农牧发〔2022〕8号）、《云南省加快奶牛产业高质量发展三年行动方案（2023—2025年）》，全面推动奶牛产业高质量发展，保障奶类供给安全，制定本行动方案①。

一、发展目标

到2025年，培育壮大一批规模在3 000头左右的奶牛养殖基地，力争奶牛养殖规模达4万头以上，荷斯坦奶牛平均单产达到8.5吨以上，鲜奶产品产量达600吨以上，养殖场现代化设施装备水平大幅提升。养殖加工利益联结更加紧密，形式更加多样，产品竞争力进一步提升，全力推动全市奶业振兴高质量发展，为保障全省奶业安全贡献曲靖力量。

二、重点任务

支持乳品企业现代化发展。发挥乳品龙头企业的引领带动作用，支持乳制品生产企业扩大产能，引导大型乳品企业在优势区域布局自有奶源基地和加工厂，推动奶业全产业链发展。鼓励有条件的奶牛规模养殖场自建加工厂，在确保质量安全的条件下，依靠自有奶源有序发展乳制品加工，推动奶牛养殖向乳品加工和流通领域拓展。鼓励发展具有地方特色的乳饼、乳扇、酥油等乳制品，形成一批区域特色乳品加工企业。结合各地自然资源及人文特点，打造集现代畜牧养殖示范、科普宣传、休闲观光体验于一体的休闲观光牧场，培育奶业新业态。

打造曲靖乳业产品品牌。鼓励乳企参加“绿色云品”品牌目录申报和名品名企评选，对获选企业进行表彰并给予奖励支持。突出云南奶业“新鲜、自然、安全”等特色优势，支持绿色、有机乳品认证。加强市场宣传推介力度，着力培育一批在全省乃至全国叫得响的乳业产品品牌。

严格生鲜乳质量安全监管。加强源头管理，推进奶牛健康养殖，加强疫病防控。严格奶牛养殖环节饲料、兽药等投入品使用和监管，开展奶牛养殖兽用抗菌药使用减量化行动试点。实行生鲜乳收购站和运输车全覆盖、动态化、精准化管理。实施生鲜乳质量安全监测计划，严厉打击违法添加行为，切实保障乳品质量安全。

稳定生鲜乳购销秩序。支持生鲜乳主产县（市、区）建立生鲜乳价格协商机制，督促养殖加工购销双方规范签订并履行生鲜乳购销合同，保障养殖、加工环节的合理权益。鼓励奶业大县、企业和有条件的奶农自建乳品检验检测体系。以构建公平合理的生鲜乳收购价格机制、保障乳品质量安全为目标，探索生鲜乳质量第三方检测试点，推动形成以质论价、公平合理的生鲜乳市场购销秩序。

强化乳品消费宣传引导。扩大乳品消费科普，倡导科学饮奶，引导健康消费。普及巴氏杀菌乳、灭菌乳、发酵乳、奶酪等乳制品营养知识；遵循“政府引导，学校组织，企业参与，学生自愿”的原则，加大学生饮用奶宣传和推广力度，扩大学生饮用奶覆盖范围。学生营养改善计划招标采购工作本着“就地加工，就地消费”的原则，学生饮用奶实行地市级教育主管部门集中招标的方式规范采购流程，即：“统一组织、统一招标、统

---

①　云南省农业农村厅．中共云南省委农村工作领导小组办公室关于印发《云南省加快奶牛产业高质量发展三年行动方案（2023—2025年）》的通知［EB/OL］．（2022-10-12）［2023-10-18］．https：//nync.yn.gov.cn/html/2022/zuixinwenjian_1012/391703.html.

一采购、统一配送”，确保学生饮用奶安全。培养多样化，本土化的消费习惯，让更多的中小学生喝上优质学生奶；培养多样化、本土化的消费习惯。在城市和人口密集区，培养巴氏杀菌乳消费群体，发展“自有牧场+奶吧”等产销模式。

三、保障措施

强化财政资金支持。将奶牛产业纳入《云南省支持肉牛产业加快发展若干措施》扶持范围，用好用活曲靖市财政衔接推进乡村振兴现代农业产业发展资金。在养殖环节，重点支持良种繁育体系及国家奶牛（包括地方特色品种）核心育种场建设、规模养殖场建设、全株青贮玉米和苜蓿等优质饲草料种植收储、奶畜场疫病净化、奶畜养殖废弃物资源化利用和生鲜乳收购运输监管等体系建设；在加工环节，重点支持乳品加工企业兼并重组、技术改造、加工工艺提升、信息化数字化应用、乳品质量安全追溯体系建设。加大机械化饲喂、挤奶、鲜奶储运设施设备、饲草料收储机械等农机购置补贴力度，对符合条件的实行应补尽补。

强化科技支撑和服务。鼓励建立专家指导服务制度，整合产业体系团队、科研及技术推广单位、行业协会等专家资源，加强奶业技术指导服务。推动建立以企业为主体、科研院所为支撑、产学研结合的奶业科技创新体系。加强乳制品新产品研发，满足消费多元化需求。完善奶业社会化服务体系，加大技术推广和人才培训力度，提升从业者素质，提高生产经营管理水平。

云南省曲靖市人民政府办公室关于做好国家“学生饮用奶计划”推广工作的通知

为进一步改善中小学生营养状况，提高学生营养健康水平，增强学生体质和身体免疫力。根据《国务院办公厅关于推进奶业振兴保障乳制品质量安全的意见》（国办发〔2018〕43 号）精神，扎实做好国家“学生饮用奶计划”推广工作。现将有关事项通知如下：

一、提高站位，加强学生营养健康工作重要性的认识

国家“学生饮用奶计划”是以改善中小学生营养状况、提高中小学生营养健康水平、促进青少年儿童健康成长为目的，在全国中小学校实施的学生营养改善专项计划，是“健康中国”战略的重要组成部分，是关系国家、民族根本利益的长远大计。各县（市、区）人民政府、曲靖经开区管委会和市直有关单位要切实统一思想、提高站位，深刻认识实施国家“学生饮用奶计划”的重大意义，把思想和行动统一到上级决策部署上来，不断增强做好此项工作的责任感和使命感，进一步强化领导、精心组织、健全机制，加大“学生饮用奶计划”推广力度，积极稳妥推进。

二、强化领导，建立健全学生饮用奶管理长效机制

国家“学生饮用奶计划”推广工作政策性强、涉及面广、关注度高。各地各部门要结合本地实际，统筹推进学生饮用奶推广工作。市人民政府成立由分管教育体育工作的副市长为组长、分管农业农村工作的副市长为副组长的曲靖市国家“学生饮用奶计划”推广工作领导小组，各县（市、区）、曲靖经开区和有关部门也要成立相应领导机构，切实

强化组织领导、密切配合、精心组织、各司其责，确保推广工作规范有序。各县（市、区）、曲靖经开区要把推广“学生饮用奶计划”作为提高学生体质的一项重要工作列入议事日程，严格把关，周密部署；农业农村部门要对提供学生奶的原料奶基地、原料奶生产过程、产品储存、配送直至消费，实行全面的监督管理，做好“学生饮用奶计划”推广工作；教育行政部门要加大学生饮用奶宣传力度，倡导科学饮奶，培育学生良好饮食习惯；市场监管部门要加强对学生饮用奶质量的监督检查，确保安全可靠；卫生健康部门要加强对学生营养与健康状况跟踪监测，建立有关管理制度及应急处置预案。学生饮用奶生产企业要严格生产质量管理，增加产品种类，切实提高学生饮用奶质量，确保学生饮用奶安全。同时，要加强舆情监测，及时回应社会关切，为推广“学生饮用奶计划”营造良好氛围。

三、依法依规，切实做好学生饮用奶安全管理工作

各县（市、区）人民政府、曲靖经开区管委会和市直有关单位推广实施国家“学生饮用奶计划”应当坚持“安全、营养、方便、价廉”的原则和“统一部署、规范管理、严格把关、确保质量”的工作要求，建立严密的学生饮用奶质量安全责任制，形成覆盖生产、配送、组织饮用和监督管理全过程的责任体系，确保学生饮用奶的卫生、质量和饮用安全。学生饮用奶生产供应企业必须是经中国奶业协会审核认证，被许可使用“中国学生饮用奶”标志，颁发证书、标牌，核发许可使用注册文号的企业。学生饮用奶供应企业应向属地农业农村、教育、市场监管等部门进行备案，与学校签订配送安全协议，严格生产质量管理，落实配送卫生消毒措施，保证学生饮用奶质量和安全。各级政府和有关部门应当在坚持国家“学生饮用奶计划”推广工作实行市场机制运作的前提下，依法支持市级重点招商引资的企业作为全市中小学生供应学生饮用奶。

四、加大宣传，广泛普及学生营养健康科普知识

各县（市、区）人民政府、曲靖经开区管委会和市直有关单位要按照“政府引导、学校组织、企业参与、学生自愿”的原则，广泛宣传推广国家“学生饮用奶计划”的目的和意义，在家长和学生自愿的前提下，努力提升“学生饮用奶计划”覆盖率，提高学生的身体素质、培养学生合理的饮食习惯，全面改善中小学生营养与健康状况。任何单位和个人不得强迫学生订购。各级各类学校要重点围绕饮食营养、食品安全等主题内容，以举办学生饮用奶知识培训、邀请健康专家开展营养健康专题讲座、利用家长开放日组织营养健康科普展等形式，加强营养健康知识的宣传教育。同时，结合农村义务教育学校学生营养改善计划，多形式、多途径宣传学生饮用奶营养健康知识，培养学生营养健康意识，引导学生“定时、定点、集中”饮奶，逐步养成科学的饮奶习惯。

云南省曲靖市人民政府办公室关于成立曲靖市国家“学生饮用奶计划”推广工作领导小组的通知

为加强国家“学生饮用奶计划”推广工作的组织领导，提升“学生饮用奶计划”覆盖率，改善中小学生营养健康状况。市人民政府决定成立曲靖市国家“学生饮用奶计划”推广工作领导小组。

一、领导小组组成人员

组　长：刘本芳　市人民政府副市长

副组长：陈　志　市人民政府副市长

成　员：陈朝阳　市人民政府副秘书长

高兴元　市人民政府副秘书长

杨春权　市教育体育局局长

陶汝平　市农业农村局局长

杨崇卫　市人民政府教育督导委员会总督学

黄祖雄　市财政局副局长

朱恩俊　市农业农村局副局长

浦　丹　市商务局副局长

方　维　市卫生健康委副主任

许顺昌　市市场监管局副局长

领导小组下设办公室在市教育体育局，办公室主任由杨春权同志兼任，办公室副主任由陶汝平同志兼任。

二、工作职责

（一）领导小组职责：负责组织、指导、协调市直有关部门和各县（市、区）人民政府、曲靖经开区管委会做好国家“学生饮用奶计划”推广工作，分析、研究、部署和检查全市“学生饮用奶计划”推广工作情况，解决工作中的重大问题。

（二）领导小组办公室职责：负责统筹调度领导小组日常工作，协调解决国家“学生饮用奶计划”推广工作中有关问题，督促落实领导小组议定事项，及时提出推进工作的意见和建议；密切跟踪工作进展情况，及时报送工作信息；完成领导小组交办的其他工作。

三、工作机制

（一）会议机制。领导小组根据工作需要，择时召开会议，由组长或其委托的副组长召集，领导小组成员参加，必要时可邀请其他有关单位负责同志参加。领导小组会议前，由领导小组办公室召开会议，研究需提交领导小组会议议定的事项。

（二）联络沟通机制。领导小组各成员单位明确 1 名领导干部担任联络员，加强与领导小组办公室沟通联系，负责日常工作对接、信息报送等工作。

领导小组组成人员如有变动，由成员单位相应岗位职务人员自行递补，报领导小组办公室备案，不再另行发文。

陕西宝鸡扶风县关于切实做好学校营养健康暨国家“学生饮用奶计划”推广工作的通知

为进一步贯彻落实《国务院办公厅〈关于推进奶业振兴保障乳品质量安全的意见〉》（国办发〔2018〕43 号），教育部、国家市场监督管理总局、国家卫生健康委员会印发的《学校食品安全与营养健康管理规定》（国家卫生健康委员会令第 45 号）及国家卫生健康委员会、教育部、市场监管总局、体育总局联合组织制定了《关于印发营养与健康学校建设指南的通知》（国卫办食品函〔2021〕316号〕等文件精神，促进青少年健康成长，助推“双减”政策落实落细。“学生饮用奶计划”在我县部分中小学试点运行半年来，取得了良好成效，有效解决了延时服务学生“饿肚子”问题，结合我县实际，现就做好学校营养健康暨国家“学生饮用奶计划”推广工作有关事宜通知如下，请认真组织落实。

一、指导思想

国家“学生饮用奶计划”是以改善中小学生营养健康状况、培养健康意识、提高中小学生体质为目的，在中小学校实施的学生营养改善计划，学校要提高政治站位和思想认识，从提高我县中小学生体质长远利益出发，充分认识实施国家“学生饮用奶计划”的重要意义，按照“统一部署、规范管理、严格把关、确保质量”的工作方针，认真落实国家“学生饮用奶计划”推广工作，有效解决延时服务时学生“饿肚子”问题，助推“双减”政策落实落细，为改善全县中小学生营养健康状况、提高身体素质作出积极贡献。

二、工作原则

（一）坚持严格审核准入的原则。按照国家对学生饮用奶生产企业实行资格认定制度的规定，在我县实施学生饮用奶推广工作的企业应当为中国奶业协会审批认定的“中国学生饮用奶生产企业”。为确保学生饮用奶质量安全，便于学生家长接受和认同，优先选用产品优质、美誉度高的行业龙头、国家一线品牌。未经国家审核认证的企业，不得向中小学生供应学生饮用奶。

（二）坚持严格控制推广品种的原则。学生饮用奶应符合“安全、营养、方便、价廉”的基本要求，原料奶须来自新鲜优质奶源，所推广的学生饮用奶产品包装上必须印制“中国学生饮用奶”标志或明确专供中小学生在校饮用的标注。

（三）坚持学生（家长）自愿的原则。为方便家长、服务学生，学生饮用奶由学生家长通过“学生饮用奶交费系统平台”自愿选择订购，学校不得代替企业向学生收费，不得截留或克扣学生饮奶数量。

（四）坚持灵活饮用方式的原则。按照国家“学生饮用奶计划”推广管理办法规定，积极倡导中小学生每日饮奶，培养学生养成“定时、定点、定量、集中”饮奶的良好膳食习惯，具体方式由各校根据实际情况自定。

三、具体办法

根据在县城区学校推广试点成效，县局决定在绛帐初中、恒大小学、车站小学、午井初中、法门九年制学校、杏林初中、天度中心小学推广国家“学生饮用奶计划”。

学校提供场所，企业落实“一间储藏室、一套规范制度、一本台账、一个留样柜”，规范做好奶品接收、储存、发放、留样等工作。按要求处理好废包装盒，做到“发收同数”，确保学生饮用奶卫生和安全。学生饮用奶在校内储藏、保管、发放中产生的费用由供奶企业承担。

鼓励企业、事业单位、社会团体和个人等社会力量公益捐赠学生饮用奶，对公益捐赠的学生饮用奶学校应优先免费分发给家庭经济困难和特殊群体家庭学生。

甘肃省关于实施国家“学生饮用奶计划”试点工作的通知

为贯彻落实《国务院办公厅关于推进奶业振兴保障乳品质量安全的意见》（国办发〔2018〕43 号）、国家教育部《关于加强“学生饮用奶计划”管理的意见》、甘肃省教育厅等四部门印发的《关于进一步做好农村义务教育学生营养改善计划实施工作的通知》（甘教国资函〔2018〕7 号）等文件精神，不断改善我市中小学生营养状况，提高学生营养健康水平，增强学生体质。现就做好“学生饮用奶计划”试点和推广工作通知如下。

一、试点安排

按照“试点先行，逐步推广”的原则。5 月底启动试点工作，依据试点工作开展情况逐步在全市中小学校推广实施。

二、试点学校

兰州市第三十三中学、兰州市外国语高级中学、兰州市第三中学、兰州市第八中学、兰州市第十中学、兰州市第三十一中学、兰州市第四十九中学、兰州科学院小学、兰炼二小、兰化三小 10 所中小学校在校学生。

三、工作要求

（一）提高认识，强化组织领导和责任担当。国家“学生饮用奶计划”是落实《健康中国》的有效途径，是以改善中小学生营养状况、逐步培养营养健康意识、提高中小学生营养健康水平为目的，在中小学校实施学生营养改善计划，对青少年学生的健康成长乃至整个国民素质的提高都具有十分重要的意义。《中国居民膳食指南》（2022）指出：保证每天奶及奶制品摄入量 300～500 克，进一步改善学生营养状况、促进学生发育成长、提高学生健康水平。各试点学校要高度重视此项健康工程，明确责任科室和校级领导负责“学生饮用奶计划”组织领导和具体实施，职责明确，责任到人，确保此项工作在全市稳健推进。

（二）加强宣传，普及学生饮用奶营养健康知识。各学校要坚持“政策引导、学校组织，企业参与，学生自愿”原则，以逐步改善中小学生营养和体质状况、促进健康成长为目标，做好国家“学生饮用奶计划”宣传推广工作。要积极宣传学生饮用奶的重要性，不断强化饮用优质奶、提高免疫力的思想认识。指导学生家长通过使用线上“学生饮用奶交费系统平台”进行订购和交费。加强学生奶饮用营养健康知识宣传教育，积极倡导中小学生每日饮奶，督促培养学生上午课间、下午课后延时服务期间“定时、定点、集中”饮奶的良好膳食习惯。密切联合学生奶生产供应企业，围绕“营养、卫生、安全”，广泛开展形式多样宣传教育活动；把国家“学生饮用奶计划”纳入学校营养与健康教育、安全知识教育课程，通过各种形式宣传普及学生饮用奶营养健康知识；以营养健康知识大课堂、例会、班会、家长开放日等形式广泛开展学校营养健康教育，普及饮奶知识，通过学生奶工厂研学实践的形式，了解学生奶营养知识和生产流程。学生饮用奶宣传工作务必做到学校覆盖率百分之百和学校及家长知晓率百分之百的“双百”目标。为实施国家“学生饮用奶计划”创造良好的舆论氛围，各学校在征订前组织召开专题会议，按照“自愿自费”原则，及时完成学生奶的征订工作。

（三）明确目标，逐年扩大参与学校的覆盖面。国家“学生饮用奶计划”实施 23 年来，已经覆盖全国 31 个省（市），是迄今为止持续时间最长、覆盖学生最多、效果明显的一项营养干预措施。各学校要将此项工作列入学校营养健康教育的议事日程，明确目标，细化任务，启动实施学生饮用奶“三年行动计划”，逐年扩大学校覆盖面，第一阶段先在城区部分中小学校启动试点，第二阶段逐步向市管及其他县区学校覆盖，在一段时间内将饮用奶计划覆盖全市各级各类中小学校，使全市学生营养与健康状况得到明显改善。

（四）规范管理，确保学生饮用奶供应安全。各学校要强化安全责任意识，严格校内学生饮用奶查验、储藏、收发、饮用等环节管控，实行“五个一”管理模式，即；一个工作机构，学校明确一名校领导负责，确定一名专管人员具体组织实施；一间储藏室，严格按照食品存储标准，设立储藏室，为安全储藏提供条件；一套制度，学校制定完备管理制度，明确学生饮用奶校内储藏、领取、分发、回收流程和责任分工；一本台账，学校做好台账，登记学生饮用奶的生产批次、分发及领取记录，为追溯提供保障；一个留样箱，专管员核验每批次学生饮用奶质量检验报告，做到“先进先出”，将每天分发的学生饮用奶留样 48 小时。学生饮用奶在学校储藏、保管、分发中产生的费用由企业承担。

（五）强化意识，建立学生饮用奶安全防范机制。实施“学生饮用奶试点计划”的学校，要强化食品安全意识，树立安全第一的指导思想，建立健全学生饮用奶安全防范和事故处理机制，包括日常的安全防范措施、发生安全事故的处理办法、防止学生产生心因性反应的预案等。各学校在试点前要提前开展学生饮用奶引起的乳糖不耐症调查，加强有关乳品安全知识宣传，试点期间要防止个别学生因乳糖不耐而产生饮奶不适所造成的不良影响。一旦发生乳糖不耐所致的饮奶不适反应，学校应及时向学生、家长进行解释，并及时停止饮奶，进行必要的观察，要严格区分乳糖不耐症与食物中毒症状，以免产生不良的社会反响。各试点学校同时应建立健全学生饮用奶安全事故报告制度，发生食物中毒或疑似食物中毒事故，应及时向属地教育行政部门、市场监管部门报告，以便及时采取措施，控制事态发展，并处理好有关善后事宜。

（六）加强监管，建立学生饮用奶长效监管工作机制。学生奶试点工作遵循“统一部署，规范管理，严格把关，确保质量”的工作要求，要重点加强学生奶准入、采购、运输、储存等过程风险管控。市教育局负责统一审核、备案、准入，学生饮用奶将选用经奶业协会审核认证、许可使用“中国学生饮用奶”专用“学”字标志的学生奶制品或在校学生专供的校园版学生饮用奶。各学校应优先选择产品质量优、美誉度高的我市重点招商引资国家龙头乳制品企业为我市中小学生供应学生饮用奶。凡未经备案产品严禁入校。试点期间，市教育局将会同市市场监管部门等其他有关政府部门加强对学生饮用奶供应的监管，督促其落实学生奶质量承诺，严格加工、经营、采购、查验、运输、储存等链条管理，确保学生奶供应安全。为保证质量、安全，各试点学校要加强与属地市场监管部门的沟通联系，对确定的学生饮用奶应审核并备案生产商资质（营业执照、食品生产许可证），如有中间商，还须审核并备案供应商资质（营业执照、食品经营许可证或预包装食品备案信息登记表），以及每季度法定检测机构出具的检验报告；进货时，需索取每批次出厂检验报告。各县区市场监管部门要强化试点学校学生奶监督抽检，对发现的产品质量不合格、未按照食品安全要求向学校提供学生奶的食品生产经营单位依法查处，立即启动产品召回等应急机制，情节严重的，通报教育部门取消其定点生产、配送和供应资格。各学校要将此项工作纳入学校食育教育工作目标考核，积极配合当地市场监管、卫健、审计、农业等部门，加强对供奶企业提供的学生饮用奶的质量监管。积极协调有关职能部门，对学生营养与健康状况跟踪监测。要切实加强各环节管理，建立相关管理制度及应急处理机制和预案，协助定点企业做好学生的订购、分发、交费、废弃包装物的统一收集处理等工作，形成良好的工作秩序，保障“学生饮用奶计划”工作稳健开展，促进学生健康成长。

宁夏回族自治区灵武市教育体育局关于进一步做好“学生饮用奶计划”工作的通知

为贯彻落实《自治区人民政府办公厅〈关于印发宁夏回族自治区居民营养实施方案（2018—2030）的通知〉》《银川市“学生饮用奶计划”实施方案》（银教发〔2020〕234 号）精神，切实做好国家“学生饮用奶计划”的推广工作，不断扩大学生饮用奶覆盖范围，增强学生体质，保障学生饮奶安全，现就相关工作通知如下：

一、充分认识实施国家“学生饮用奶计划”的重要意义

国家“学生饮用奶计划”是以改善中小学生及幼儿营养状况，逐步培养营养健康意识，提高中小学生及幼儿营养健康水平为目的，在中小学、幼儿园实施学生营养改善专项计划对青少年儿童健康成长乃至整个国民素质的提高都具有十分重要的意义，也是落实党的二十大报告提出的推进健康中国战略的重要举措。各中小学幼儿园要高度重视此项工作，切实加强领导，统筹谋划，确保此项工作稳步推进。

二、大力加强宣传普及学生饮用奶营养健康知识

各中小学、幼儿园要通过各种形式宣传普及学生饮用奶营养健康知识，引导学生饮用学生奶，逐步培养学生养成科学的饮奶习惯。坚持学生自愿选择原则，争取家长和学生的认可和支持，努力提高征订率，积极稳步推进学生饮用奶计划，促进学生营养与健康状况得到明显改善。

三、全力确保实施国家“学生饮用奶计划”安全有序

要建立规范的“学生饮用奶”管理秩序，支持质量过硬、群众认可、信誉良好的骨干企业依法依规向灵武市中小学及幼儿园供应学生饮用奶。学生饮用奶应符合“安全、营养、方便、价廉”的基本要求，企业供应的饮用奶应印有“中国学生饮用奶”（“学”字标）统一标识。学生饮用奶应直供中小学幼儿园，不准在市场销售。学校幼儿园要严把饮用奶进校（园）关，禁止未经审核认证企业向学生供应学生饮用奶。

四、探索建立国家“学生饮用奶计划”长效监管机制

要按照“规范管理，严格把关，确保质量”的要求，推动国家“学生饮用奶计划”的实施。各学校幼儿园要切实加强各环节的管理，落实专人负责，明确责任，建立相关管理制度及应急处理机制和预案，形成良好的工作秩序，积极推进国家“学生饮用奶计划”稳步实施，促进学生健康成长。

宁夏回族自治区农业农村厅印发《加强“三大体系”建设推进牛奶产业高质量发展实施方案（2023—2027 年）》

为全面贯彻党的二十大和习近平总书记视察宁夏重要讲话精神，认真落实《国务院办公厅关于推进奶业振兴保障乳品质量安全的意见》部署，做足做好“土特产”文章，加快构建农业“三大体系”，按照自治区第十三次党代会要求，进一步提振信心，凝心聚力，提升我区牛奶产业质量效益和竞争力，结合实际，制定本实施方案①。

一、总体要求

坚持以习近平新时代中国特色社会主义思想为指导，深入贯彻党的二十大精神，以习近平总书记视察宁夏关于“三大体系”建设重要讲话为根本遵循，抢抓建设黄河流域生态保护和高质量发展先行区、国家农业绿色发展先行区政策机遇，按照“1362”的工作思路，聚焦“高端奶之乡”建设这“1”目标，打造优质生鲜乳生产基地、乳制品多元化发展高地、产业融合发展旺地“3”大基地，加快实施优质饲草料供给能力提升行动、奶牛种业提升行动、数字化标准化赋能行动、龙头企业培育壮大行动、品牌培育提升行动、乳制品多元化营销行动“6”大行动，健全完善产学研用科技服务一体化机制、融合发展的利益保障机制“2”个机制，对标国际一流水平，夯实一产、壮大二产、做优三产，推动牛奶产业高质量发展。

二、发展目标

2023 年，全区奶牛存栏 85 万头，成母牛年均单产 9. 6 吨，生鲜乳产量 380 万吨；新培育乳制品加工企业 1~2 家，开发特色乳制品 3~4 个，特色及高端乳制品加工比例达到 16%以上；全产业链产值达到 800 亿元（一产 164 亿元、二产 380 亿元、三产 256 亿元）。

到 2024 年，全区奶牛存栏达到 90 万头，成母牛年均单产 9. 8 吨，生鲜乳产量 440 万吨；新培育乳制品加工企业 2~3 家，开发特色乳制品 8~10 个，特色及高端乳制品加工比例达到 20%以上；全产业链产值达到 900 亿元（一产 184 亿元、二产 440 亿元、三产 276 亿元）。

到 2027 年，全区奶牛存栏达到 100 万头，成母牛年均单产 10. 5 吨以上，生鲜乳产量 580 万吨；新培育乳制品加工企业 4~5 家，开发特色乳制品 20 个以上，特色及高端乳制品加工比例达到 30%以上；实现全产业链产值 1 100 亿元（一产 234 亿元、二产 592 亿元、三产 274 亿元），牛奶产业核心竞争力明显提升，形成集研发、种养、加工、营销、文化、生态为一体的高端乳制品产业链，牛奶产业实现现代化。

到 2030 年，全区奶牛存栏稳定在 100 万头，成母牛年均单产 11 吨，生鲜乳产量 600 万吨；特色及高端乳制品加工比例达到 35%以上，乳制品加工业总产值与生鲜乳产值比例达到 3. 2 : 1，全产业链产值达到 1 500 亿元（一产 278 亿元、二产 780 亿元、三产 442

---

① 宁夏回族自治区农业农村厅．关于印发《加强“三大体系”建设推进牛奶产业高质量发展实施方案（2023—2027 年）》的通知［EB/OL］.（2023-06-25）［2023-10-18］. http：//nynct. nx. gov. cn/zwgk/zfxxgkml/nmttz/202307/t20230731_4199906. html.

亿元），牛奶产业核心竞争力进一步提升，“高端奶之乡”的品牌更响。

三、主要任务

（一）立足资源禀赋，着力构建现代产业体系

1. 打造“双核两翼”优质生鲜乳生产基地。综合资源禀赋、生态环境、产业优势、市场供求等因素，坚持一群多链、聚链成群，合理布局奶源基地，巩固提升以银川市、吴忠市为核心，石嘴山市、中卫市为两翼的“双核两翼”奶牛养殖优势产区。“双核”以兴庆区、西夏区、贺兰县、永宁县、灵武市、利通区、青铜峡市 7 个县（区）为重点，高标准打造月牙湖、白土岗、五里坡、孙家滩、牛首山等现代化奶牛养殖基地，到 2027 年，奶牛存栏 67 万头、生鲜乳产量 386 万吨；“两翼”以平罗县、惠农区、沙坡头区、中宁县、海原县 5 个县（区）为重点，加快推进红崖子、太阳梁等新兴奶牛养殖基地建设，到 2027 年，奶牛存栏 33 万头，生鲜乳产量 194 万吨。[责任单位：自治区农业农村厅、发展改革委、财政厅、自然资源厅、生态环境厅、工业与信息化厅、水利厅，有关市、县（区）。]

2. 打造乳制品多元化发展高地。围绕银川市、吴忠市两大乳制品加工核心产区，大力发展乳制品本地化、高端化生产，推动前端向原料基地延伸，后端向精深加工拓展，抓牢产业发展自主权。加强多元化产品开发。依托蒙牛、伊利、夏进、塞尚等龙头企业，持续巩固高端液态奶加工能力，积极拓展巴氏鲜奶、A2 牛奶、有机奶等新产品加工链；支持 4~5 家中型乳企加快科技创新，开展乳铁蛋白、酪蛋白、乳清粉等乳源活性因子提取技术攻关，解决功能性乳基料工业化生产“卡脖子”问题。鼓励中小型乳企走“专精特新”发展道路，聚焦奶酪、奶油、配方奶粉等特色乳制品加工，提高产品市场竞争力。推进养加一体化发展。积极推进奶农办加工试点，借鉴君乐宝旗帜乳业奶牛养殖、生产加工“零距离一体化”管理模式，建设巴氏鲜奶、低温酸奶等初加工产品生产线，实现生鲜乳零中转就近加工转化，加速争“鲜”。到 2027 年，生鲜乳日处理能力达到 1. 5 万吨，新培育乳制品加工企业 4~5 个，开发高端白奶、婴幼儿、中老年配方乳粉等特色产品 20 个以上，全区特色及高端乳制品加工比例达到 30%以上。[责任单位：自治区工业和信息化厅、市场监管厅、发展改革委、科技厅、财政厅、农业农村厅，有关市、县（区）。]

3. 打造产业融合发展旺地。挖掘产业链功能优势，积极培育产业新业态，激活产业融合发展新动能。推进全产业链集群发展。建设宁夏黄河绿洲奶牛产业集群项目，在灵武市、利通区、沙坡头区、平罗县等主产县（区）打造“种养加”一体化现代牛奶产业园区；依托伊利、蒙牛、夏进、塞尚等龙头企业辐射带动能力，吸引国内外印刷包装、辅料耗材、生产设备、机械制造、饲料加工、冷链物流等 30 家以上上下游关联企业集聚发展，加快形成现代化牛奶产业集群，促进种养链、加工链、价值链深度融合。开发产业文旅功能。鼓励生产经营主体联合打造数字化智能化生态观光牧场，建设奶牛科技馆、奶牛公园等休闲观光景区，形成集奶牛养殖、加工销售、科普教育、休闲观光、亲子体验、产品推介为一体的休闲观光牧场、奶业小镇、乳业文化景区等现代特色产业，促进各主体多元互动、功能互补、融合发展。到 2027 年，建设数字化智能化生态观光牧场、奶业小镇 10 个以上，打造现代牛奶产业园区 3~4 个。[责任单位：自治区农业农村厅、文化和旅游厅、商务厅、发展改革委、财政厅、自然资源厅、生态环境厅、工业和信息化厅，有关市、县（区）。]

（二）坚持创新驱动，着力构建现代生产体系

4. 实施优质饲草料供给能力提升行动。坚持“从一棵草到一杯奶”全链条部署产业链与创新链。扩大饲草料供给能力。持续实施粮改饲、高产优质苜蓿示范基地建设等政策项目，大力推广“青贮玉米+饲用小黑麦”“春小麦+饲用燕麦”等高效复种模式，年复种禾本科饲草10万亩以上、增加青干草产量5万吨以上。加快推进宁夏伊康元30万吨、中粮18万吨反刍饲料生产基地建设项目，培育发展区域性饲草料生产加工配送服务中心10个，提高优质饲草料生产供给能力。强化饲草料产业技术支撑。支持专业化饲草料种收贮配送企业及合作组织，挖掘优良饲草种质资源，加快培育一批适应性强、产量高、饲用效果好的饲草品种，更新升级种植、收获、加工、贮存设施设备，积极推广配方施肥、水肥一体化技术，建设一批集中连片、产出稳定、品质优良的标准化饲草生产基地；充分挖掘蛋白饲料资源，加快奶牛低蛋白日粮饲喂、豆粕减量替代等技术研发推广，实现节本增效。到2027年，全区全株青贮玉米种植面积稳定在270万亩以上、生产加工量稳定在1 000万吨以上，优质苜蓿留床面积保持在30万亩以上、干草产量20万吨以上，一年生禾草种植面积保持在70万亩、干草产量30万吨。［责任单位：自治区农业农村厅、发展改革委、科技厅、财政厅、自然资源厅，有关市、县（区）。］

5. 实施奶牛种业提升行动。聚焦奶牛种业短板，以遗传改良、全基因组早期选育和胚胎工程技术为核心，加快奶牛选育和良种快速扩繁等“育、繁、推”一体化建设。构建现代种业服务体系。开展品种登记、生产性能测定、遗传评估、基因组测序，搭建宁夏奶牛育种综合信息数据平台；加快奶牛良种繁育基地建设，健全完善优质高产奶牛选育、种子母牛快速扩繁、优质性控冻精（胚胎）推广体系，加快核心种子母牛群和优秀后备种公牛培育。构建良种繁育推广体系。实施奶牛性控冻精（胚胎）补贴项目，推广性控冻精50万支、胚胎2万枚，加快实现高产奶牛核心种群扩繁。推进中国（宁夏）奶业研究院、宁夏奶牛养殖（农垦）技术创新中心、中国（宁夏）良种牛繁育中心、国家奶牛核心育种场、奶牛胚胎推广示范中心建设，建优建强一批示范基地、示范企业和示范场。到2027年，创建自治区级以上奶牛核心育种场和性能测定中心（站）10个以上，奶牛胚胎生产示范中心5个以上，自主繁育优质荷斯坦种公牛50头以上。［责任单位：自治区农业农村厅、发展改革委、财政厅、科技厅，有关市、县（区）。］

6. 实施数字化标准化赋能行动。聚焦“一滴奶”打通一二三产，构建“数智牧场、数智工厂、数智供应链”，实现从牧场到餐桌的产业互通互联，推动奶业全方位、全链条数字化转型。推进现代智慧牧场智能化加工厂建设。借助“5G”、物联网、云计算、大数据等技术，加强养殖端奶牛智能穿戴设备、机器人挤奶、智慧管理、TMR无人饲喂等技术和智能化设备转化应用，全面进入“云养牛”时代；应用智能化设备、全程数字化管理和控制系统，推进乳制品加工智能化工厂建设，建立奶源指挥中心、生产指挥中心、物流指挥中心，实现生产加工流通各环节数据贯通，全程实时监测质量；充分发挥宁夏生鲜乳质量安全追溯平台作用，实现从源头到终端的设备互联、数据互通、智能协同。推进精准化绿色健康养殖。围绕奶牛绿色高效标准化健康养殖，全过程推行标准化生产，开展奶牛选育、增产增效、疫病防控、绿色养殖等关键技术研发与应用推广；持续抓好口蹄疫、布鲁氏菌病、结核病等重大动物疫病和人畜共患病的强制免疫与主动监测净化，确保免疫密度保持在100%，鼓励规模奶牛养殖场创建国家动物疫病净化场或无疫小区；加快建设

畜禽（奶牛）粪污集中收集处理中心，引进推广粪污资源化利用技术模式，提升绿色循环发展水平。到 2027 年，全区培育现代智慧牧场 200 个，奶牛场信息化、智能化覆盖率达到 90%以上；打造乳制品数字化加工园区 1~2 个；建立奶牛综合信息大数据平台 4 个；奶牛养殖粪污处理设施装备配套率保持在 100%，粪污综合利用率保持在 90%以上。[责任单位：自治区农业农村厅、发展改革委、财政厅、科技厅、生态环境厅，有关市、县（区）。]

（三）创新体制机制，着力构建现代经营体系

7. 实施龙头企业培育壮大行动。按照“做强骨干龙头、做大区域龙头、做多新兴龙头”的思路，让市场充分竞争，引导企业实现装备升级、产品升级、业态升级、管理升级，加快构建龙头企业带动、产业集群发展的奶业加工新格局。引进培育龙头企业。积极引进中国奶业 20 强企业来宁投资建厂，扩大加工规模，培育产业发展新动能；支持伊利、蒙牛、新希望、光明等骨干龙头企业新建、扩建生产线，引进先进加工设备和加工工艺，优化乳制品产品结构，扩大“爆款产品”和“王牌单品”研发和生产能力，建设世界一流乳品加工基地；支持塞尚、亿美、黄河乳业等“专精特新”企业发展壮大，推动优势企业强强联合、跨区域兼并重组，支持有条件的企业上市融资，鼓励地方资产管理、融资租赁、商业保理、股权托管交易等地方金融组织为产业龙头企业提供便利化、个性化金融服务。积极推进重大项目建设。加快推动蒙牛（灵武）4 500吨高端乳制品加工项目提速达效；支持新希望夏进乳业实施 5 年倍增计划，新增高端液态奶加工产能 30 万吨；推进宁夏富杨 40 万吨乳制品精深加工项目和宁夏农垦年加工 2.5 万吨乳制品产加销一体化项目建设。到 2027 年，新培育产值超 100 亿元的乳制品加工企业 1~2 家、产值超 10 亿元的乳制品加工企业 2~3 家，引导 1~2 家本地龙头企业主板上市。[责任单位：自治区农业农村厅、发展改革委、市场监管厅、工业和信息化厅、地方金融监管局、宁夏证监局，有关市、县（区）。]

8. 实施品牌培育提升行动。培育创建知名品牌。以“新三品一标”建设为主攻方向，持续打造“宁夏牛奶”区域公用品牌，引导龙头企业、养殖合作社积极参与国内外食品创新奖申报，开展 HACCP、GAP、IFS 等标准认证，创建一批有市场竞争力的优质“宁字号”奶业品牌。加强品牌宣传推广。充分挖掘宁夏牛奶产业文化内涵，利用新闻媒体、公益广告、展销活动等途径，大力宣传宁夏牛奶优势特色、产品质量和品牌形象，将宁夏打造为全国奶业标杆产区。鼓励本土品牌主体与各大电商平台、协会合作，充分利用网络购物节、直播带货、网红探店等模式，构建线下资源与线上需求高效对接渠道，提高品牌宣传力度和知名度。积极争取全国奶业大会、奶业展览会、奶业 D20 峰会等大型活动举办资格，助力“宁品出塞”。强化品牌监管保护。完善品牌监管保护体系，建立健全奶业品牌保护执法联动机制，加强维权网络建设和社会舆论监督，切实保护产品品牌形象，维护良好的品牌市场环境。到 2027 年，培育区域公用品牌 1 个，知名企业品牌 3~5 个，知名产品品牌 50 个。[责任单位：自治区农业农村厅、发展改革委、市场监管厅、工业和信息化厅、商务厅，有关市、县（区）。]

9. 实施乳制品多元化营销行动。以拓展市场空间和提升竞争力为核心，不断壮大传统零售渠道和网络营销并存的“双渠道”乳制品供应链。做活线下销售主渠道。打好“品质、新鲜”牌，支持乳企引入“移动奶吧”“鲜奶门店”等经营模式，实现生鲜乳即

时收购、即时加工、即时销售。充分利用社区团购、订单配送等销售模式，开发“线上订奶”微信小程序，建立社区“牛奶驿站”，促进乳制品销售增点扩面。创新网络营销新模式。鼓励企业开拓“互联网+”、体验消费等营销新模式，通过直营、经销、电商等渠道，促进乳制品流通便捷化。深入挖掘自媒体营销功能，利用“哔哩哔哩”、小红书、抖音、淘宝等平台，培养本土“网红”销售团队直播“带货”，进一步拓宽市场、提升效益。借势星巴克、瑞幸、喜茶等热门茶饮品牌“网红”效应，开展系列联名活动，促进宁夏特色厚乳、奶盖、稀奶油等深加工乳制品“出圈”。加强全域化营销推广。利用宁夏品质中国行、全国农产品经销商走进宁夏等农产品展示展销活动，推动产销衔接，打通乳制品直达粤港澳、长三角等发达地区供应链。积极“走出去”，以“一带一路”沿线国家为切入点打入国际市场，促进宁夏乳制品对外贸易和国内贸易融合发展，进一步提升产品知名度和市场占有率。积极推广“学生奶饮用计划”，增加产品种类，保障质量安全，扩大覆盖范围。到 2027 年，开设移动奶吧、鲜奶门店、品牌直营店、线上网店 40 家；培育或引进拥有 10 万以上粉丝的网红销售团队 15 个以上；与餐饮公司开展品牌联名活动 50 次；建设乳制品销售电商服务站 80 个。[责任单位：自治区农业农村厅、发展改革委、商务厅、市场监管厅、教育厅，有关市、县（区）。]

10. 健全产学研用科技服务一体化机制。建立完善产业科技创新体系，构建产学研用一体化创新产业链条。推进产学研深度融合。充分利用国家奶牛产业技术体系、中国农业大学、中国农业科学院、西北农林科技大学等科研院所平台优势，建立产学研用技术攻关团队，加快突破良种繁育、工艺创新、乳品质量提升等核心技术难题，形成企业“出题”、专家“答题”、市场“阅卷”的科技攻关和技术推广模式。支持企业与区内外高校、科研院所、知名企业等创新主体合作，设立“飞地”研发中心，围绕科技攻关、成果转化、产教融合、人才培养等方面开展深度合作。完善“自上而下”技术服务体系。加强区、市、县、乡四级畜牧兽医技术推广服务体系建设，发展专业社会化服务组织，开展饲草种植、精准饲喂、饲养管理及疫病防控等全方位服务。鼓励建设区域性综合服务平台，充分利用中国（宁夏）奶业研究院、宁夏奶牛养殖（农垦）技术创新中心、宁夏现代奶产业学院、中卫奶业科技创新中心、灵武市奶牛科研中心等平台，到 2027 年，新建奶牛科技创新服务中心 3 个，新培育社会化服务组织 5 个，培养兽医、繁育、营养等领域专业技术管理人才 2 000 名。[责任单位：自治区农业农村厅、科技厅、人力资源社会保障厅、教育厅、发展改革委、财政厅，有关市、县（区）。]

11. 健全融合发展的利益保障机制。发挥联农带农作用。鼓励乳制品加工企业与奶牛养殖场通过养殖圈舍入股、奶牛入股、资金入股等相互持股方式建立互利共赢纽带。鼓励龙头企业牵头组成“企业+合作社+农户”的产业联合体，创建奶产业助力乡村振兴新模式，共建“企业+村集体+农民”等多种灵活的利益联结机制，带动园区经济发展和农民就业增收。探索建立生鲜乳交易平台，开展生鲜乳价格保险试点，有效防范自然灾害和市场波动双重风险。建立风险防控机制。以质量安全管控和市场风险防范为核心，探索建立生产、加工、消费协调发展的一体化风险防控体系。构建稳定发展长效机制，加强生鲜乳市场动态监测和预警，适时出台阶段性扶持政策，防止因市场变化导致牛奶产业大起大落。建立养殖污染减排和利用补偿机制，支持养殖场配套粪污收集、贮存、处理和利用设施设备；引导社会资本在养殖密集区建立大型沼气工程和有机肥厂，推进粪污资源化循环利用。健全疫病防控和危机处理体系，落实各级动物防疫主体责任，夯实疫情防控基础，全面提升动物疫病防控综合能力。完善利益联结机制。全面推行宁夏生鲜乳购销合同（示范文本），及时跟踪价格执行和合同履行情况，严厉打击故意压价、随意毁约等破坏市场秩序的行为。加强对乳品企业生鲜乳价格形成机制配套文件的备案和监管，建立公开透明的计价体系，健全由政府引导、协会主导、企业参与的生鲜乳价格协商机制，提高生鲜乳购销参考价格的权威性与约束力。依托具备生鲜乳检测资质的实验室，建立具有公信力的第三方检测机构，统一质量标准，构建以质论价、公平、公正的生鲜乳质量检测平台，保障各方利益，促进产业健康高效发展。[责任单位：自治区农业农村厅、工业和信息化厅、发展改革委、市场监管厅、宁夏奶产业协会，有关市、县（区）奶产业协会。]

四、保障措施

（一）加强组织领导。落实省级领导包抓牛奶产业工作机制，设立工作机制办公室，办公室设在农业农村厅，由主要负责同志担任办公室主任，具体负责推进牛奶产业高质量发展日常工作。自治区发展改革委、教育厅、科技厅、工业和信息化厅、财政厅、人力资源社会保障厅、自然资源厅、生态环境厅、交通运输厅、水利厅、农业农村厅、商务厅、市场监管厅、乡村振兴局、地方金融监管局、银保监局、人民银行银川中心支行、宁夏证监局等单位为工作机制成员单位，按照职责分工，聚焦重点工作，建立目标任务清单、重点工作清单和责任分工清单“三个清单”，挂图作战、建账销号、跟踪督办，扎实推进高质量发展工作。各有关市、县（区）建立相应包抓机制和工作专班，落实配套政策措施，细化分解任务，明确责任主体和完成时限，确保各项目标任务落实落地落细。（责任单位：牛奶产业工作机制成员单位。）

（二）加大政策支持。优化牛奶产业扶持政策，统筹中央和自治区产业发展相关资金，重点支持品牌创建、营销销售、质量安全体系和乳制品精深加工等关键环节，推进全产业链协调发展。

发挥自治区产业引导基金作用，撬动金融机构放大产业金融信贷规模。支持有条件的奶牛养殖、乳制品加工龙头企业上市融资。推行由政府、企业共同出资建立产业风险基金，有效整合政策资金和社会资本，防范市场风险。发挥宁夏农业贷款担保体系作用，加大对中小型养殖场的信贷担保扶持力度，鼓励金融机构开展活体抵押贷款等信贷产品创新，合理确定贷款额度和抵押比例。支持乳品企业开展产品创新研发，优化加工工艺，完善质量安全管理体系，增强运营管理能力。（责任单位：自治区农业农村厅、财政厅、自然资源厅、发展改革委、水利厅、乡村振兴局、地方金融监管局、宁夏银保监局。）

（三）优化要素保障。按照国土空间规划、“四水四定”和相关政策要求，落实养殖用地、用电优惠政策，指导解决用水指标，为产业发展提供支撑保障。加强牛奶产业科研创新、推广服务、生产经营、品牌营销等各类人才培养，支持企事业单位培养引进紧缺人才和高层次人才，提升从业者整体素质，提高经营管理水平。鼓励乳品企业依托高校、科研院所和技术推广部门，建立技术服务队伍，通过购买服务的方式，及时解决生产各环节技术问题。（责任单位：发展改革委、自然资源厅、水利厅、市场监管厅、财政厅、人力资源社会保障厅、农业农村厅。）

（四）加强绩效考核。将牛奶产业高质量发展工作纳入自治区实施乡村振兴战略综合考评、年度效能目标管理考核内容，对成绩突出的市、县（区）给予奖励，对未完成目标任务的通报批评。坚持月调度、季分析、年总结，对重点工作、重大项目进展情况进行实时调度、跟踪问效，推动各项任务落到实处。各市、县（区）要加强效能目标考核工作，对标对表，高质高效落实各项目标任务。（责任单位：牛奶产业工作机制成员单位。）

乌鲁木齐市哺育工程纯牛奶和学生饮用奶专项抽检信息通告

根据《中华人民共和国食品安全法》和《食品安全抽样检验管理办法》的规定，乌鲁木齐市市场监督管理局本期对 6 批次的哺育工程纯牛奶、16 批次的学生饮用奶进行了专项抽检。本次抽检样品合格率 100%①。

检验依据是《食品安全国家标准 灭菌乳》（GB 25190—2010）《卫生部、工业和信息化部、农业农村部、工商总局质检总局公告 2011 年第 10 号》《农业农村部第 235 号公告动物性食品中兽药最高残留限量》。

检验项目包括三聚氰胺、商业无菌、总汞（以 Hg 计）、总砷（以 As 计）、蛋白质、酸度铅（以 Pb 计）、铬（以 Cr 计）、非脂乳固体、脂肪、丙二醇、黄曲霉毒素 M1 等 11 个指标。

① 乌鲁木齐市市场监督管理局．乌鲁木齐市哺育工程纯牛奶和学生饮用奶专项抽检信息通告[EB/OL]．(2023-06-25) [2023-10-18]．http：//www.urumqi.gov.cn/fjbm/gsj/zcdj/535731.htm.

第三部分

重点学生饮用奶定点企业推广案例

◎“师生健康”公益行　少年成长“君”领航——君乐宝

教育是今天的事业，明天的希望。尊师重教、关注青少年健康成长、积极支持教育事业发展，是君乐宝一直以来坚持履行的社会责任。为落实习近平总书记关于教育、卫生健康的重要论述和全国教育大会精神，引导师生树立正确健康观、提升健康素养和养成健康生活方式，推动《“健康中国 2030”规划纲要》落地落实，2023 年君乐宝独家赞助河北省教育厅、教育基金会联合组织开展的河北省“师生健康　中国健康”主题教育活动。

随着雄安站活动的落幕，河北省“师生健康　中国健康”主题健康公益活动正式画上了圆满的句号。此次活动宣教内容总共分为 3 个板块，分别是青少年饮食健康、儿童青少年近视防控、学校应急救护。2023 年 8 月至 10 月 3 个月，河北省“师生健康中国健康”主题健康公益活动累计召开 15 场，覆盖全省 14 个地级市，现场参加培训的学校校长、老师及校医累计 2 000 余人，现场直播观看累计 5 万余人次。此次公益活动举办场次多，覆盖区域广，对河北省师生健康教育发展起到了积极推进作用。

青少年饮食健康内容由华北石油管理局总医院临床营养科医师、河北省营养师服务协会会员、河北省优生优育协会围产营养专业委员会委员、中国抗癌协会肿瘤营养与支持治疗专业委员会委员陈喜珊老师围绕《2022 中国居民膳食指南》，对青少年饮食搭配和合理营养摄入等内容进行宣讲，授课中通过将青少年身体成长发育比作建筑房屋，生动形象地阐明了蛋白质、碳水化合物、脂肪等六大营养素与人体生长发育的关系，并根据青少年身体生长发育的不同阶段，深入讲解了每个生长时期的所需营养摄入需求及饮食搭配原则，让参加宣教活动的学校校长和老师们直观地了解青少年在身体发育阶段的饮食健康和营养搭配以及饮用牛奶的重要性。

儿童青少年近视防控内容由原河北医科大学公共卫生学院党委书记、社会医学教研室主任、妇幼保健专业负责人任朝阳教授负责讲解。根据国家卫健委最新公布的数据，我国儿童青少年总体近视率为 52. 7%，其中，小学生为 35. 6%，初中生为 71. 1%，高中生为 80. 5%，预防青少年近视工作刻不容缓。课堂上任朝阳教授针对青少年出现近视的主要原因以及有效预防近视的相关知识和举措进行了讲解和普及。引导参会人员进行集体讨论，分享各学校针对学生近视防控采取的优秀方式方法，并对参会人员所分享的做法进行补充和提出改进意见。呼吁各市教育系统及学校重视青少年近视防控工作，避免学生因近视问题导致专业选择受限，从而影响学生未来成长发展。

校园应急救护相关知识由渤海石油职业学院健康培训教学部讲师，中石油职业健康培训师，华北油田现场应急救护类课程培训师，河北省应急管理厅特聘培训师，国家三级公共营养师、健康管理师慕颖老师负责培训。通过观看警示短片和事例分享的方式，引起参会人员对校园应急救护知识的重视。在课程中对胸外按压、海姆利克急救法和 AED 的使用、头部出血帽式包扎、前臂闭合性骨折包扎、搅棒式止血包扎等急救内容进行了理论讲解和实操演示。并邀请参会人员共同参与体验相关急救内容，通过实际操作加深学习印象，使他们初步具备基础校园急救技能，树立校园急救争分夺秒的抢救观念。

本次河北省“师生健康　中国健康”主题教育活动倍受各级教育部门重视关注。宣讲会后调研结果显示，多数参会的学校校长表示要在校内对全体老师针对本次活动所学内容进行培训，确保将本次“师生健康　中国健康”主题教育活动内容在各自学校内推广开来，把健康教育融入学校教育教学各环节。结合学生年龄特点，通过健康教育课、主题班会、专题讲座、设立卫生宣传栏等多种形式，让健康知识、行为和能力成为师生普遍具备的素质，全方位、全周期保障师生健康。

2023 年 9 月 8 日，石家庄市捐资助教爱心企业家座谈会暨立德教育发展基金会揭牌仪式在市人民会堂举行。会上，马宇骏市长与君乐宝董事长魏立华共同为基金会揭牌。君乐宝乳业集团作为基金会理事单位，积极响应市政府号召，向石家庄立德教育基金会捐赠 1 000 万元公益基金，规划在 3 年内通过百场校园营养健康公益宣教、表彰优秀教师、千校安全大培训、资助困难学生饮奶、中高考师生加油助力、改善校园图书及体育器械等活动，助力贫困学子，帮助困难教师，帮助学校改善教学环境、弘扬尊师重教社会风尚。推动石家庄市全面深入开展“学生饮用奶”计划推广，提高全市教育、人才、产业融合发展。

下一步，君乐宝将同时利用微信公众号、视频号、微博等新媒体平台，持续开展国家“学生饮用奶计划”推广和营养膳食与校园安全的宣传工作。通过不间断的营养健康主题宣教活动，关注师生健康，切实推动中国师生营养与健康意识由吃得饱到吃得好，再到吃得科学进行转变，全面树立“健康第一”观念。围绕“健康中国”战略，把在教育事业方面的责任担当转化为可持续发展的内生动力，深入开展促进中小学生营养健康专项行动，积极配合各地政府、教育部门及学校推广国家“学生饮用奶计划”，严抓产品高质量生产、扩大产品研发力度，以“科学营养”为中国青少年的健康成长领路护航！

◎百年风行：在公益路上砥砺前行——风行

“六一”从不是孩子的特权，它属于每一个热爱生活的人。今年 6 月 1 日，国际儿童节遇上 24 岁的世界牛奶日，为了迎接这个“奶里奶气”的节日，从“创意视频”到“科普讲座”，风行乳业为热爱生活的人们打造新玩法，让世界牛奶日影响力持续提升。与此同时，风行乳业携手东涌镇社会事务综合服务中心共同发起的“风行学生奶趣味打卡”活动也精彩纷呈，风行学生奶工作人员为来自东涌镇 50 余所学校的学生拍摄近千份作品，用镜头拓展世界牛奶日的外延，于社交平台掀起“为牛奶庆生”热潮，让消费者感受到了这家百年乳企不一样的品牌创新实力、魅力和活力。

用优质产品陪伴年轻人，用精彩活动拥抱年轻人，风行乳业完成了一场又一场与消费者的深入对话。自 2015 年起，风行乳业持续开展“透明工厂游”项目，组织青少年开展乳品企业体验游，累计接待 9. 6 万人；2022 年是风行学生奶 20 周年，风行乳业搭建“食育教育”体系，推进“食育教育”课堂进社区、进校园、进课堂，至今已开展 81 场，覆盖 2 400 余人。

此外，风行乳业还积极参与牛奶爱心捐赠活动，已向 20 余所学校捐赠 1 000 箱饮用奶，惠及 2. 4 万名学子；连续多年举办“孩子眼中的学生奶”创意活动。参与者们脑洞大开，有学生在牛奶盒上涂上绚丽的色彩，将牛奶盒制作成漂亮的手绘风花瓶；有学生制作了生动的科普动漫，将牛奶知识通过动漫人物俏皮地讲出；有学生用牛奶制作软糯香甜的“紫薯芋泥蛋糕”……传递新一代孩子有趣的思想和创意，秀出属于青少年的健康生活。促进乳制品饮用体验及理念提升；2023 年 5 月，风行乳业受邀参加“5·20 中国学生营养日”公益活动，并通过创意视频、学生奶论坛等方式庆祝中国学生营养日，让广大消费者认识牛奶营养和健康属性的同时，也为品牌延续并沉淀了中国学生营养日 IP 资产；世界学生奶日期间，风行学生奶推广中心与各区学生奶服务部联动为广州市内 80 余所中小学及幼儿园的学生免费派送上万份学生奶作为节日礼物；2023 年国庆期间，许多父母带着孩子来到了风行仙泉湖牧场，9 月 28 日至 10 月 6 日牧场接待游客量达到 1 500 多人。通过“国庆童趣牧场活动”，家长和孩子们不仅了解了奶业的发展历史、乳制品、酸奶种类等内容，还参观了风行乳业全自动化的挤奶过程和“学生饮用奶”专用生产线，这也让家长们对风行品牌及风行学生奶更加放心。

目前，风行乳业拥有三大优质奶源基地，全资拥有良种奶牛 6 000 余头；拥有 3 个乳品生产加工基地，生产基地均按照国际乳制品加工的先进工艺，采用密闭管道化连续生产，设有中央控制系统，可自动监测和控制加工全过程，保证质量可追溯，关键工序实现在线自动监控；此外，风行乳业自建冷链网络已覆盖广东多个城市，可实现全程恒温 2～6℃冷链物流配送，在每天早晨 7 点前从工厂配送学生奶到学校，保证产品新鲜安全。

周恩来总理曾说过：“只有身体好才能学习好工作好，才能均衡地发展。”多年来，风行乳业持续关注儿童健康，用优质的奶源、优质的产品、优质的服务为千千万万家庭的希望和祖国的未来保驾护航。

风行乳业将秉承初心，坚守新鲜战略，着力打造安全、健康、营养、美味的学生奶饮用环境，为改善国民膳食健康作出应有的贡献，助力“一杯奶强壮一个民族”伟大梦想的实现。推动牛奶助学公益，给孩子健康成长的条件，让大家在未来的路上发光发热，是我们百年国企风行乳业义不容辞的责任。

◎ 儿童发展营养先行！和蒙牛学生奶一起改善学生营养健康——蒙牛

儿童的营养健康不仅关系个人终身成长发展，更关系到国家和民族的未来。在乡村振兴战略全面实施的时代背景下，我国中西部地区乡村小学营养健康工作对于社会发展的基础性地位更加重要，有效改善中西部农村少年儿童营养不足问题，成为党、国家和社会关注的重点。

2008 年前后，营养与食品安全领域专家胡小琪曾到广西天等县、云南福贡县、贵州紫云县等地区做“农村寄宿制学校学生膳食营养状况”调研。

“不是我们不想重视营养健康（教育），而是这方面的代价特别大，我们农村小规模学校好艰难，实在没有钱。”“在我们农村偏远地区，教师的意识非常淡薄，也缺乏营养健康专业知识的相关培训。”这些来自一线乡村教师最肺腑、最质朴的话语，足以洞见乡村营养教育最初的模样。

10 多年过去了，随着国家一系列政策实施和社会经济的不断发展，我国农村地区的营养健康工作已得到很大改善。据中国疾病预防控制中心跟踪监测数据，2019 年，营养改善计划试点地区男、女生各年龄段平均身高比 2012 年分别提高 1.54 厘米和 1.69 厘米，平均体重分别增加 1.06 千克和 1.18 千克，高于全国乡村学生平均增长速度。

2021 年，要把学校发的鸡腿带回家给妈妈吃的“鸡腿姑娘”感动全网，正是她的火爆，再次把全社会更多的目光吸引到乡村孩子的用餐现状上：是否所有乡村小学都实现了这样的用餐境况？乡村营养健康教育是否已然无忧？

为了解乡村小学营养健康教育的现状与需求，2022 年初，蒙牛学生奶开启“敲铃人·村小校长赋能计划”，从专业角度对村小校长营养健康管理理念和方法进行赋能，改善村小学生健康饮食习惯，潜移默化地推动村小营养健康教育发展。

在调研过程中，一位村小校长感慨，“以前最害怕的就是孩子们吃不饱，现在这么多年过去了……孩子们都吃上了可口的饭菜，为孩子们也为自己感到高兴”。

千里之行不易，中国乡村学校营养健康教育几乎从零起步，从“有心无力”到“摸着石头过河”，再到如今的儿童营养健康水平不断提升，可谓筚路蓝缕。长期以来，国家始终高度重视我国儿童青少年营养与健康发展，出台了一系列政策进行顶层设计。社会各界也积极参与，为儿童营养健康事业发展添砖加瓦。

2000 年，我国第一个由中央政府批准并组织实施的全国性中小学生营养干预计划国家“学生饮用奶计划”启动。作为中国乳业生力军，蒙牛与国家政策同频共振，积极践行企业社会责任，坚持营养普惠的初心，在营养赋能、教育赋能少年儿童成长方面主动担起中国乳业国家队的责任，持续呵护中国学生健康成长。

2002 年，蒙牛成为首批获得“国家学生饮用奶定点生产资质”的乳企，并积极开展牛奶助学活动，让营养惠及欠发达地区的孩子。2017 年起，“蒙牛营养普惠计划”展开，并于 2021 年 7 月将其升级为“蒙牛营养普惠工程”。2022 年，发布《“蒙牛营养普惠工程”三年公益规划（2023—2025）》中，又进一步提出未来 3 年将向全国青少年捐赠 3 000 万元学生奶。

21 年来“蒙牛营养普惠工程”已累计捐赠 10 亿元，覆盖 28 个省（自治区、直辖市），惠及学生 2 500 万人以上。仅 2023 年，蒙牛学生奶共向 17 个省（自治区、直辖市）累计捐赠 300 万包学生奶，惠及学生 42 万人。

在助力学生营养改善的道路上，蒙牛一直奋力前行。2023 年 4 月，蒙牛学生奶陆续开展“百城千校·中国学生营养健康教育公益行”将健康营养、食育知识传递到 100 座城市，1 000所学校。2023 年 7 月，“2023 希望工程·蒙牛少年足球公益行”“万颗足球百所校园”捐赠计划再次上线，进一步完善青少年足球基础设施建设，营养助力少年儿童身心健康成长。

此外，自 2022 年起至今，蒙牛集团连续 4 次承办中国学生营养与健康发展大会，持续搭建学生营养与健康事业沟通平台，汇聚各方智慧及力量，以学术交流的形式促进我国儿童青少年健康素质和综合水平提升。4 年来，多地政府深入支持、“60+”权威专家云集、“400+”行业精英共济，深耕营养科研、推进食育教育、共促营养普惠，累计惠及学生群体 17.92 万人次，大会也已经成为中国学生营养与健康发展事业的风向标。

为更好地推广实施国家“学生饮用奶计划”，在第四届中国学生营养与健康发展大会上，蒙牛与中国学生营养与健康促进会还共同启动了“学生饮用奶校园应用现状研究项目”，以期通过政策研究和实地调研，了解学生奶应用状况，进而为国家制定相关政策提供有效依据。

从每一个微小处入手，积跬步，至千里。未来，蒙牛学生奶将持续坚持以“营养万千家庭，做少年儿童健康守护者”为使命，以更丰富的产品矩阵、更精准的公益行动，与社会各界同心携手，共同助推儿童营养健康事业高质量发展！

◎健康成长 “元”梦行动——三元

2017 年，农业农村部、中国奶业协会共同启动“中国小康牛奶行动”，将营养干预纳入健康扶贫和公益助学中。为响应国家政策，践行企业社会责任，增强贫困地区青少年身体素质，三元学生奶营养“1+1+1”公益活动应运而生。自 2017 年起，针对贫困地区、学校启动定向捐赠，目前，三元捐赠学生奶累计市场价值已超 400 万元，惠及近 200 所学校。2023 年，活动升级为“三元学生营养公益中国行”，再次整装出发，以捐赠的方式助力贫困地区的孩子们健康成长。

三元于 2023 年 6 月与中国少年儿童基金会合作，共同开展了名为“健康成长，‘元’梦行动——三元学生营养公益中国行”的活动。“元”寓意着三元帮助贫困学生实施圆梦计划，用营养守护孩子们健康成长，助力梦想开花。本次启动仪式在海南定安县举行，定安县政府、教育局、中国儿童少年基金会、北京三元食品股份有限公司等领导出席此次捐赠仪式。

据悉，三元携手中国少年儿童基金会向定安中学捐赠价值 10 万元的学生奶。此外，三元还为孩子们带来了自主研发食育课程，通过寓教于乐的方式向学生们普及牛奶营养知识，增强欠发达区域吃动平衡的科学膳食观念与饮奶的意识。

通过此次启动仪式，中国少年儿童基金会和三元及三元学生奶的服务商将深入开展一系列公益捐赠活动，帮助更多贫困儿童与青少年获得营养支持。健康成长，“元”梦行动，用一箱箱营养丰富的牛奶表达着三元对孩子们健康成长的关注，每一份品质牛奶都寄托着对孩子们美好未来的祝愿。

除了捐助学生奶的公益活动以外，三元还为青少年乳品营养科普投入了大量的资源，充分体现了三元的企业担当。为了提供更好的社会实践授课环境，三元在北京大兴区工业园内建立了以牛奶为主题的博物馆，名为“三元科普体验馆”。该馆总面积约 3 000 平方米，总投资近 1 500 万元。此博物馆也荣获了“全国中小学质量教育社会实践基地”“全国科普教育基地”“北京市爱国主义教育基地”等称号。在这里，专业讲解员向学生及家长们详细介绍了牛奶的生产过程，让他们近距离接触现代食品加工业，亲眼见证牛奶的生产工艺，从而增进对民族乳业的了解。

在学生奶产品方面，为了确保学生们得到优质的营养供应，三元始终坚持“先培训再入校，不培训不入校”的原则。三元确保产品供应到学校之前至少进行两次培训，并安排专业人员对产品的接收、储存、分发、饮用和回收等环节进行全流程的培训。同时，我们还建立了产品留样机制，以确保产品的可追溯性。

关注孩子的健康成长是企业的社会责任，作为国有乳品企业，三元希望能够以优质的产品回馈社会，为学生们的健康保驾护航，为健康中国作出更大的贡献。

◎ 走进课堂——天润

实现儿童健康成长是社会各界共同的目标，新疆天润根据“国家学生饮用奶推广管理办法”指导意见，结合公司资源，践行宣传与体验一体化的健康教育模式，以“企业走进校园，学生走进企业”的互动方式，于2023年联合乌鲁木齐市教育局开展“‘天润学堂’天然营养，助力健康成长”及“笔端生芳华，润物谢师恩”教师节主题活动。

“天润学堂”天然营养，助力健康成长！

2023年2月14日，这是一个不寻常的开学日，乌云已散去，阳光照进来，照在冰雪还未消融的操场上，洒在刚刚擦去浮灰的课桌上，乌鲁木齐的中小学生结束了3年的网课和封闭式管理，自由的求学时光重新按下启动键！新疆天润联合乌鲁木齐市教育局开展“‘天润学堂’天然营养，助力健康成长！”走进校园主题活动。

首次“天润学堂”开学季培训在乌鲁木齐市第33中学开讲。课堂上，天润学生奶团队成员为学生们宣传“国家学生饮用奶计划”、普及饮奶小常识，品尝天润学生奶的同时开展学生奶知识问答和互动。

活动期间，为激发学生创造力，还带领同学们将升级后的天润学生奶箱体趣味互动区的七巧板画面裁出，一起拼出猫咪、飞机、海豚、坦克等图形。以趣味互动的方式加深了同学们对学生奶的了解。

笔端生芳华，润物谢师恩！

2023年9月10日，又是一年教师节，在这个平凡又伟大的节日，新疆天润在丝路云端牧场开展“笔端生芳华，润物谢师恩”第39届教师节主题活动，邀请了乌鲁木齐市26所学校的教师和学生走进企业，沉浸式体验一头奶牛、一滴牛奶、一盒天润学生奶的故事。

活动期间，学生们在天润导览员和老师的带领下，亲身体验喂养小奶牛，乘坐“天润号”小火车，游览牛牛五星级别墅，和牛牛拍照留念，了解了小奶牛的一天；在研学专用场地体验挤牛奶、在观光大转盘观看全自动挤奶，知道了一滴奶是如何诞生的；在牛奶DIY，牛奶小课堂了解到天润学生奶是如何生产的。

多年来，新疆天润乳业发扬兵团精神，持续关注儿童健康，用优质的奶源、优质的产品、优质的服务为千千万万家庭的希望和祖国的未来保驾护航。我们坚持，让每个孩子的健康都能得到关注，我们坚信，每一滴学生奶都有它的意义！

◎ 宁洛帮扶　牛奶支持——南京卫岗

南京市和商洛市是东西部帮扶的对接市，南京卫岗乳业在 2023 年 2 月和洛南县达成帮扶投资合作，成立卫洛乳业有限公司。洛南县地处秦岭东段南麓，陕西省东南部，为商洛市下辖的一个县。距省会西安 158 千米。面积 2 823 平方千米，46 万人。南京卫岗计划在商洛市洛南县建设牧场和加工厂，投资 3.35 亿元，总占地 500 亩，建设一座 3 000 头奶牛现代化标准生态观光牧场和一座智能化乳制品加工厂，预计 2026 年建成。建成后预计实现年产值 2.4 亿元，为当地提供 300 个就业岗位，增加当地政府的财政收入，带动增收群众 3 000 余户，同时也为当地山村的孩子送去卫岗学生奶。

今年 5 月开始，卫岗乳业和洛南县政府开始对接贫困山区孩子的喝奶事宜，县政府要求教育局：在本学期 9 月开学喝上卫岗学生奶。6—7 月，卫岗外围学生奶部门与洛南县政府和教育局进行了对接，8 月县教育局书记带队对南京卫岗乳业有限公司进行了考察，并进行了学生奶推广的沟通，座谈中对卫岗学生奶的营业指标等方面进行了考察和验收，有力推动了 9 月新学期开始 3 万山区孩子饮用上卫岗学生奶相关工作的开展。

9 月开学初，按照教育局的要求，卫岗乳业准时准量地把学生奶送到了 3 万个孩子手里面。县政府同时下发全面推广学生奶计划的要求并召开中心学校和公立幼儿园学生奶推广启动会议。由县政府领导提出具体推广要求。有效改善了幼儿园喝奶品牌乱、产品不规范的情况，采用了带学字标的学生奶。

卫岗乳业在做好全县学生奶推广的同时，不忘进行公益宣传，对洛源镇中心小学和寺耳镇中心小学贫苦学生进行为期一年的学生奶捐赠活动，得到家长和学校老师的一致好评。

随着卫洛乳业建设的进行，在不久的将来，商洛市以及周边区域学生一定能喝上洛南人民自己养殖的牛生产的牛奶。此外，卫洛乳业的发展也将填补商洛市鲜牛奶市场的空白，让商洛人真正喝上家门口的牛奶。

◎ 活力新学期　伊起迎亚运——伊利

少年强则中国强，体育强则中国强。青少年作为肩负时代重任的接班人，承载着国家体育强盛、民族振兴的希望。在第 19 届杭州亚运会即将开幕之际，QQ 星联合公益组织打造的长线公益项目——“QQ 星萌芽成长计划”第二站，到达浙江省杭州市淳安县枫树岭镇中心小学，于 9 月 12 日举办主题为「活力新学期伊起迎亚运」的 QQ 星小小运动会暨伊利学生奶公益活动。

关注儿童体魄强健，以营养守护中国儿童健康成长

体育运动是孕育坚韧、自信、奋力拼搏精神的土壤。在本次 QQ 星小小运动会暨伊利学生奶公益活动上，伊利集团浙江分公司总经理张溯、枫树岭镇镇长徐高鹏、枫树岭镇中

心小学校长姜军建出席公益活动；伊利集团浙江分公司总经理张溯代表伊利集团及 QQ 星品牌向浙江省杭州市淳安县枫树岭镇中心小学捐助伊利学生饮用奶亚运主题装产品及体育器材，希望在新学期的开始，以营养全面守护山区儿童健康成长。

在谈到本次捐赠的伊利学生饮用奶亚运主题装产品时，张溯表示，2002 年伊利集团被国家认证为首批“学生饮用奶定点生产企业”，持续深耕学生饮用奶领域 20 余年，足迹已遍布全国 31 个省（直辖市、自治区），每天为全国 740 余万中小学及幼儿园学生提供营养保障。他还讲道，伊利作为中国乳业品牌的领军者，多年来，始终坚持以守护中国儿童健康成长为己任，本次「QQ 星小小运动会暨伊利学生奶公益活动」是在“伊利营养 2030”公益项目的框架下打造的长线公益项目“QQ 星萌芽成长计划”的第二站。“伊利营养 2030”是伊利集团的战略性平台型公益项目，旨在通过营养物资捐赠、健康知识科普、梦想关爱三大行动，持续关注欠发达地区儿童和青少年的营养健康。“QQ 星萌芽成长计划”在践行“伊利营养 2030”公益项目的基础上，通过不断完善乡村学校的体育建设，让更多的孩子能够感受到体育运动带来的快乐，感悟中国体育精神蕴含的坚定自信、奋力拼搏的态度。

枫树岭镇镇长徐高鹏对“QQ 星小小运动会暨伊利学生奶公益活动”的举办给予了肯定与支持：“感谢爱心企业伊利 QQ 星对枫树岭中心小学全体学生的支持与守护，希望学生们以昂扬向上的亚运体育精神，在新时代青少年奋斗征程中焕发更加强大的生机活力。”

“QQ 星小小运动会”开启活力新学期，伊起迎亚运

新学期不仅迎来了新生欢快的脚步，还迎来了举国关注的亚运盛会。大家对运动健儿在赛场上拼搏进取、永不言弃的魅力与风采都充满期待。在本次公益活动上，各位领导将充满着祝福与期望的体育器材送到了枫树岭镇中心小学的学生手中，同时共同开启“QQ 星小小运动会”的序幕，将亚运精神带进校园，让新学期在体育竞技的感染下，更加朝气蓬勃，携风起航。

乒乓球、羽毛球、篮球等比赛都是亚运会的热门项目，这次“QQ 星小小运动会”让学生们提前感受亚运热潮，在体力与技巧的比拼中选拔出最优秀的运动战士，当象征荣誉的“QQ 星萌芽成长计划”奖牌佩戴在每个孩子胸前时，永不磨灭的体育精神又一次悄然在枫树岭镇中心小学每一个学生心间生根发芽，为他们点燃新的希冀与梦想。

品质守护万千青少年饮奶健康，校园公益燃动亚运体育梦

QQ 星将品牌价值与公益初心完美结合，“QQ 星萌芽成长计划”通过多方面营养助力与公益筑梦，帮助更多山区儿童实现梦想。未来还会以多种形式的公益活动，为儿童的身心健康和成长提供更多支持和帮助，助力更多孩子朝着梦想努力奔跑，书写人生华章。

于风浪中搏击，于激流中勇进。在国家建设体育强国、健康中国的政策指导下，伊利集团积极履行社会责任，持续关注乡村青少年身心健康，用体育助力振兴，用爱心浇灌希望。一如既往地以“积跬步致千里，积小流成江海”的信念书写着属于伊利自己有温度、有力量、有情怀的企业答卷。QQ 星也将始终以守护中国儿童健康成长为己任，从安全陪伴到营养守护，从知识科普到助力梦想，伊利在关爱青少年健康成长方面始终笃行不怠、戮力前行。

第四部分

媒体报道

◎ 两会之声

政府工作报告

——2023 年 3 月 5 日在第十四届全国人民代表大会第一次会议上

过去 5 年极不寻常、极不平凡。在以习近平同志为核心的党中央坚强领导下，我们经受了世界变局加快演变、新冠疫情冲击、国内经济下行等多重考验，如期打赢脱贫攻坚战，如期全面建成小康社会，实现第一个百年奋斗目标，开启向第二个百年奋斗目标进军新征程。各地区各部门坚持以习近平新时代中国特色社会主义思想为指导，深刻领悟"两个确立"的决定性意义，增强"四个意识"、坚定"四个自信"、做到"两个维护"，全面贯彻党的十九大和十九届历次全会精神，深入贯彻党的二十大精神，坚持稳中求进工作总基调，完整、准确、全面贯彻新发展理念，构建新发展格局，推动高质量发展，统筹发展和安全，我国经济社会发展取得举世瞩目的重大成就①。

5 年来，我们深入贯彻以习近平同志为核心的党中央决策部署，主要做了以下工作。

（一）创新宏观调控，保持经济运行在合理区间。

（二）如期打赢脱贫攻坚战，巩固拓展脱贫攻坚成果。

（三）聚焦重点领域和关键环节深化改革，更大激发市场活力和社会创造力。

（四）深入实施创新驱动发展战略，推动产业结构优化升级。

（五）扩大国内有效需求，推进区域协调发展和新型城镇化。

（六）保障国家粮食安全，大力实施乡村振兴战略。

（七）坚定扩大对外开放，深化互利共赢的国际经贸合作。

（八）加强生态环境保护，促进绿色低碳发展。

（九）切实保障和改善民生，加快社会事业发展。贯彻以人民为中心的发展思想，持续增加民生投入，着力保基本、兜底线、促公平，提升公共服务水平，推进基本公共服务均等化，在发展中不断增进民生福祉。

促进教育公平和质量提升。百年大计，教育为本。财政性教育经费占国内生产总值比例每年都保持在 4%以上，学生人均经费投入大幅增加。持续加强农村义务教育薄弱环节建设，基本消除城镇大班额，推动解决进城务工人员子女入学问题，义务教育巩固率由 93.8%提高到 95.5%。坚持义务教育由国家统一实施，引导规范民办教育发展。减轻义务教育阶段学生负担。提升青少年健康水平。持续实施营养改善计划，每年惠及 3 700 多万学生。保障教师特别是乡村教师工资待遇。多渠道增加幼儿园供给。高中阶段教育毛入学率提高到 90%以上。职业教育适应性增强，职业院校办学条件持续改善。积极稳妥推进高考综合改革，高等教育毛入学率从 45.7%提高到 59.6%，高校招生持续加大对中西部

① 李克强．政府工作报告——2023 年 3 月 5 日在第十四届全国人民代表大会第一次会议上［EB/OL］．(2023-03-05)［2023-9-28］．https：//www.gov.cn/zhuanti/2023lhzfgzbg/index.htm.

地区和农村地区倾斜力度。大幅提高经济困难高校学生国家助学贷款额度。深入实施“强基计划”和基础学科拔尖人才培养计划，建设288个基础学科拔尖学生培养基地，接续推进世界一流大学和一流学科建设，不断夯实发展的人才基础。

全国人大代表史玉东：加强儿童青少年营养保障

为提升儿童青少年营养健康水平，我国先后启动实施了国家“学生饮用奶计划”“农村义务教育学生营养改善计划”等项目，并出台了相关政策文件。多年来，儿童青少年营养健康工作成果斐然：儿童青少年生长迟缓和消瘦情况有了明显改善，生长迟缓检出率从8.1%下降到2.4%，消瘦检出率从7.5%下降到4.1%，青少年平均身高增高了7厘米，城乡营养状况差距逐渐减小。但目前，我国仍然面临儿童青少年营养缺乏和营养过剩共存、营养干预手段方法亟须提高等问题①。

对此，史玉东建议，一是加强儿童青少年食育教育，推动构建食育课程体系，引导全社会重视科学合理膳食，进一步树立合理膳食观念。二是健全儿童青少年营养法规体系，充分关注儿童青少年群体，将儿童青少年营养健康管理纳入基本公共服务范畴，扎实推进学生营养教育和干预工作。三是强化儿童青少年营养干预各项措施，加强行业指导和政策宣介，严格把关校园食物的质量和标准，着力提升各项营养干预计划的覆盖率等。

政协委员王蜀黔：加强中小学健康教育护航青少年身心健康

“近年来，尽管各级政府、各类学校不断加强和重视学校健康教育，但是具体实践中还是存在很多不足，导致学校健康教育效果与要求存在显著差距。”全国政协委员、民革贵州省委会副主委、贵阳学院副院长王蜀黔在全国政协十四届一次会议上表示②。

王蜀黔指出，健康教育作为一门独立的学科，涉及的内容包括生理学、营养学、疾病预防、教育学、心理学、行为学等学科，这就决定健康教育具有很高的综合性、社会性。她在调研中发现，当前中小学的健康教育课程大多由体育教师担任，没有专业的师资队伍。体育教师作为主要授课者，受专业和继续教育等各方面因素的影响，在健康教育、公共卫生防疫教育方面能力明显不足，发挥不了预期的教育效果。

针对目前学校健康教育存在的不足，王蜀黔建议，要提升体育教师健康教育授课能力。增加健康教育教法课为必修课程。要在高等学校体育教育专业人才培养方案中，把健康教育教法课作为必修课程，从源头上提高体育教师在健康教育方面的知识和技能；同时，设立专项体育教师国培项目。打造一套为培育现有体育教师成为合格的健康教育教师的双师型继续教育课程，为提高现有体育教师健康教育方面的知识和技能提供有效途径。

---

① 中国食品报．史玉东代表：加强儿童青少年营养保障［EB/OL］.（2023-03-13）［2023-9-28］. http：//www.cnfood.cn/article？id=1635098584503390209.

② 民革中央．政协委员王蜀黔：加强中小学健康教育护航青少年身心健康［EB/OL］.（2023-03-11）［2023-9-28］. http：//www.minge.gov.cn/n1/2023/0311/c415707-32641654.html.

王蜀黔还建议，国家教育主管部门加大对各省健康教育的督导检查。督促各地建立专门的健康教育师资队伍。在 3~5 年时间内，督促各级政府部门为中小学校配齐配足健康教育师资，建立专门的心理健康辅导中心，让专业的人开展心理健康教育、心理辅导与咨询，推动我国中小学健康教育高质量发展。

◎ 地方两会之声

河南省人大代表积极建言献策：加强国家“学生饮用奶计划”安全管理优选知名品牌

近日，河南省第十四届人民代表大会第一次会议在省人民大会堂开幕。河南省人大代表赵安波提交建议案，建议省教育厅在做好国家“学生饮用奶计划”推广时，规范校内安全管理，以保障广大学生饮奶质量安全，使此项工作在我省稳健、积极开展①。

赵安波在建议中提到，实施推广国家“学生饮用奶计划”充分体现了党中央、国务院对儿童青少年营养健康的高度重视和关心。近年来，我省多数县（市、区）均已开展国家“学生饮用奶计划”，让学生家长切实感受到此项工作是一项功在当代、利在千秋的德政工程、惠民工程、民心工程，也是推进我省奶源基地建设、加快建设奶业强省、构建经济双循环格局的重大举措。

2022 年 5 月颁布施行的《国家“学生饮用奶计划”推广管理办法》要求，学生奶不准在市场上销售，包装盒上必须印制“中国学生饮用奶”专用标志，严禁非“学”字标牛奶进入校园。“在调研过程中，我们了解到我省存在一些非‘学’字标牛奶、乳饮料借国家‘学生饮用奶计划’或通过自动售奶机名目进入校园的现状。”赵安波说，“学生作为特殊的消费群体，要严格准入机制，让优质奶、健康奶占领学校阵地，这样才能更好地为学生补充营养、提高免疫力，确保学习效率。”他建议省教育厅出台学生奶《安全管理指南》，进一步加强安全质量监督，规范校园安全管理操作流程，切实做好学生饮用奶的查验、贮藏、分发、领取、饮用、回收、应急等环节管理，确保学生饮奶安全。

党的二十大报告明确提出：推进“健康中国”建设，把保障人民健康放在优先发展的战略位置。国家“学生饮用奶计划”是以改善中小学生营养状况、提高中小学生身体素质、培养中小学生健康意识为目的，在中小学校实施的学生营养改善专项计划，是落实“健康中国”战略的具体举措。在此之前，国务院〔2018〕43 号文件提出：大力推广国家“学生饮用奶计划”，扩大覆盖范围。同年 12 月，河南省人民政府〔2018〕77 号文件明确要求：拓展国家“学生饮用奶计划”实施范围，积极开展牛奶进校园行动，推介产品优质、美誉度高的品牌。2022 年 9 月，河南省教育厅〔2022〕309 号文件明确要求：

① 河南日报．河南省人大代表积极建言献策：加强国家“学生饮用奶计划”安全管理优选知名品牌［EB/OL］.（2023-01-28）［2023-9-28］. https：//baijiahao. baidu. com/s? id = 1756200254021853390&wfr = spider&for = pc.

坚持安全第一、严格准入机制。切实增强学生每日上、下午科学饮奶的自觉性，共同培养学生养成在校“定时、定点、集中”的饮奶习惯。为确保安全质量，应优先选用产品优质、信誉度高的品牌。各地各学校要有效提升国家“学生饮用奶计划”覆盖范围，并逐步向基础教育各学段延伸。

据悉，我省郑州、焦作、漯河、信阳、驻马店、周口等地在开展国家“学生饮用奶计划”方面已取得显著成效，不仅有效地提高了我省中小学生的营养和健康水平，也积极推动了我省奶源基地建设、加快建设奶业强省和经济社会发展。

湖北省人大代表建言：加强国家“学生奶计划”安全管理选用一线品牌

近日，湖北省第十四届人民代表大会第一次会议在武汉召开，来自湖北省各地、各行各业的代表们纷纷建言献策，发出参政议政“好声音”，回应人民群众对美好生活的需求和向往①。

湖北省人大代表杨晶建议省教育厅进一步加强国家“学生饮用奶计划”安全管理，让更多孩子喝上放心奶、健康奶、优质奶，将好事办好，让学生家长满意。

杨晶在调研中发现，国家“学生饮用奶计划”在湖北省实施以来，该省部分地方存在城市与农村、公办与民办学校推广不均衡的现象，主要原因是部分农村学校学生家长缺乏营养健康意识；贫困学生存在经济压力；部分民办学校不愿配合“学生奶进校园”工作。她建议将学生科学饮奶纳入学校后勤和德育常态化管理，在农村学校加强“食育”教育，提高学生家长的健康意识和饮奶自觉性；将民办学校的学生奶推广工作纳入当地教育主管部门统一管理，规范有序地推进学生奶进校园，让更多的孩子受益此项计划。

杨晶表示，国家“学生饮用奶计划”是一项“功在当代，利在千秋”的民心工程和德政工程，事关广大中小学生健康成长，关系着千家万户，安全规范推进此项工作，为加快建设“健康湖北”、促进我省经济社会发展起到至关重要的作用。

据了解，去年 6 月，湖北省教育厅下发了《关于进一步做好国家“学生饮用奶计划”推广工作的通知》文件，要求坚持“统一部署、安全第一、质量第一、严格准入”的原则，优先选用行业龙头、国家一线乳业品牌；在每学期开学前，要召开专题会议，逐步向高中阶段学校延伸；凡进入校园的牛奶包装盒上必须印制有“中国学生饮用奶”专用标志，严禁非“学”字标牛奶进入校园；对有令不行、有禁不止、失职渎职、擅自订购的违规行为，要严格追责问责。

长期以来，党和政府一直高度重视儿童青少年的健康成长，先后出台了一系列政策和行动计划。中共中央、国务院《“健康中国 2030”规划纲要》《国民营养计划（2017—2030 年）》等多个文件要求，要努力培养学生健康生活方式，提高学生健康素养。

2018 年，国务院国办发〔2018〕43 号文件提出：大力推广国家“学生饮用奶计划”，扩大覆盖范围。2022 年，党的二十大报告中明确提出：推进“健康中国”建设，把保障

---

① 搜狐网楚天传媒．省人大代表建言：加强国家“学生奶计划”安全管理选用一线品牌［EB/OL］.（2023-01-28）［2023-9-28］. http：//news. sohu. com/a/634781677_120070546.

人民健康放在优先发展的战略位置。2022 年 5 月，《国家“学生饮用奶计划”推广管理办法》（修订版）对原奶质量、生产工艺、入校规范操作等提出新要求。

国家“学生饮用奶计划”是落实“健康中国”战略和国民营养计划的具体举措。近年来，湖北省委、省政府高度重视国家“学生饮用奶计划”推广工作。湖北省政府连续 3 年将国家“学生饮用奶计划”纳入《政府工作报告》，武汉、襄阳、宜昌、黄冈、孝感、随州、荆门、鄂州等市也相继列入《政府工作报告》，并出台相关文件，在湖北省范围内形成推广国家“学生饮用奶计划”的良好政策环境，在建设“健康湖北”探索出一条具有湖北特色的新路子。

截至目前，蒙牛集团、伊利集团均在湖北省投资建设多个工厂，为支持省委、省政府重点招商引资企业，确保安全、质量，让学生家长认可，湖北省教育厅发文要求，要严格准入机制，优先选用行业龙头、国家一线品牌企业——蒙牛集团、伊利集团，增强学生每日上、下午饮奶的自觉性。

湖北省各市（州）均已开展国家“学生饮用奶计划”推广工作，已逾 200 万学子受益，极大地提高了湖北省中小学生的营养和健康水平。杨晶建议湖北省教育厅出台有关学生奶安全管理操作指南，以便各地进一步规范安全质量监管，确保学生饮奶安全。

广东省人大代表林淑菁：建议落实推进“学生饮用奶计划”

“早晨到中午是最佳营养吸收时段，此时为学生提供一盒牛奶，能达到及时补充体能、维持良好学习状态的效果。”

广州市人大代表、广东穗恒律师事务所林淑菁提交建议，建议落实推行广州市“学生奶饮用奶计划”，在政府有关部门的统一协调指导下，通过公开招标的方式，依法依规、积极稳妥地推进“学生饮用奶计划”①。

建议提到，新版《中国居民营养健康膳食指南（2022 版）》强调“食物多样，合理搭配”“吃动平衡、健康体重”以及“多吃蔬果、奶类、全谷、大豆”等健康理念，并建议每天摄入奶及奶制品 300~500 克。

2022 年 5 月，《国家“学生饮用奶计划”推广管理办法》（修订版）发布，对原奶质量、生产工艺、入校规范操作等提出新要求。据中国奶业协会数据，截至 2021 年底，全国有 2 600 多万名学生在校每天饮用学生饮用奶。

林淑菁表示，早晨到中午是人体最佳的营养吸收时段，此时为学生提供一盒牛奶，能达到及时补充体能、维持良好学习状态的效果。同时，学校集中饮奶的氛围，还可以有效培养学生坚持饮奶的意识和习惯。

据 2021 年广东省教育事业发展统计公报显示，截至 2021 年，广东省在校（包括幼儿园、中小学）学生数为 2 299.7 万人，饮奶学生数大约 200 万人/每天，覆盖率仅为 8.7%。

“我在调研中，分别和几所高中、中学、小学校方了解学生饮用奶的进校情况，校方

① 广州日报．人大代表林淑菁：建议落实推进“学生饮用奶计划”［EB/OL］．（2023-01-09）［2023-9-28］．https：//baijiahao. baidu. com/s？ id=1754532956334240686&wfr=spider&for=pc.

反馈因没有得到上级教育部门指引，故校（园）方只能通过配餐公司食谱进行饮用牛奶，且选用的牛奶也覆盖多品类。”林淑菁说，校（园）方本身工作忙，并没有把饮用牛奶纳入工作范围，如果由校（园）方单独采购，又担心产生其他问题，因此校（园）方对学生饮奶工作并不重视。

她建议，落实推行广州市“学生奶饮用奶计划”。根据国家的相关规定，进一步强化“学生饮用奶计划”的实施力度，全市各类学校、幼儿园在政府有关部门的统一协调指导下，通过公开招标的方式，依法依规、积极稳妥地推进“学生饮用奶计划”。

同时，学生饮用奶指定企业应配合学校做好“学生饮用奶计划”实施，比如解决部分在校贫困生的饮奶问题、开展食育教育公益课堂、牧工实践游等科普教育活动等，通过校企双方紧密联动，确保广州市“学生饮用奶计划”得到进一步实施，不断增强广大学生、幼儿的体质。

梅州市政协委员郑选花建议：市政府层面制定下发规范学生饮用奶校内安全管理文件，确保安全保障；大力提升国家“学生饮用奶计划”覆盖面，护佑梅州少年强；建立“政府引导、社会参与”的推广模式，保障困难学生也能喝上学生饮用奶；将学生饮用奶推广工作纳入常态化管理，解决好推广“学生饮用奶”计划不均衡问题。

◎政府责任

联合国世界粮食计划署发布《2022 年全球学校供餐状况》

联合国世界粮食计划署今天发布的《2022 年全球学校供餐状况》报告显示，全球有 3.45 亿人面临危机级别的饥饿，其中包括 1.53 亿儿童和年轻人。目前，学校供餐已惠及 4.2 亿儿童，成为脆弱群体至关重要的安全网①。

报告指出，投资于学校供餐计划的近 500 亿美元资金将为全世界儿童的未来提供保障。目前已有 75 个国家政府加入了“全球学校营养餐联盟”，致力于实现到 2030 年为全球所有儿童提供学校获得营养餐的愿景。

各国政府为恢复受新冠疫情影响而中断的免费校餐做出了积极努力，目前接受学校供餐的儿童人数相比 2020 年增加了 3 000 万人，占在校儿童总数的 41%。

世界粮食计划署全球学校供餐计划司司长卡门·布巴诺（Carmen Burbano）表示，“令人欣慰的是各国政府正在优先关注儿童福祉，并对其未来进行投资。全球粮食危机威胁着数百万儿童的未来，学校供餐在应对危机中将起到至关重要的作用。在我们开展工作的许多国家，学校供餐可能是当地儿童一天中唯一的一顿饭。”

由政府主导的全球供餐联盟为应对 2020 年新冠疫情而建立，是信息交流与传播的重要平台，助力全球复苏。

---

①　中国日报．半数校园儿童获得学校供餐，但全球粮食危机仍威胁脆弱群体［EB/OL］．（2023-03-21）［2023-10-12］．http：//cn.chinadaily.com.cn/a/202303/21/WS6419830fa3102ada8b2349a4.html.

同时该报告也强调，富裕国家有 60%的在校儿童获得营养餐，然而在低收入国家这一数字仅为 18%。虽然大多数国家的经济迅速复苏，但低收入国家接受学校供餐的儿童人数仍比疫情前少 4%，其中非洲国家的下降幅度最大。尽管自 2020 年以来，这些国家投入于学校供餐的资金相比 2020 年增加了 15%，但情况并未得到改善。

一些低收入国家亟须帮助以恢复其国家项目。在 8 个非洲国家，仅有不到 10%的校园儿童能够获得免费或补贴的餐食。

布巴诺提到，“儿童最需要学校供餐的国家却只能投入最少的资金。我们需要帮助这些国家寻求更可持续的方法获得项目资金，这需要捐助国的支持和它们本国的投资。”

全球学校供餐计划帮助更多的儿童（尤其是女童）保持良好的健康状况，让他们更好地投入学习。同时报告指出，将健康与教育相结合为低收入国家的儿童提供了摆脱贫困与营养不良的最佳解决方案。

研究表明，该计划可以使入学率提升 9%、出勤率提升 8%。此外，每向学校供餐计划投入 1 美元，将带来 9 美元的回报，从而对农业、教育、健康营养以及社会保障产生积极影响。

对小农而言，学校供餐计划有助于当地经济发展、并建立可持续的粮食系统。每通过该计划向 10 万名儿童供餐，即新增约 1 400 个工作岗位，这将在 85 个国家创造约 400 万个就业机会。

专访世界粮食计划署全球学校供餐计划司司长 | 改善全球儿童健康福祉

据联合国世界粮食计划署发布的《2022 年全球学校供餐状况报告》显示，目前已有 76 个国家加入全球学校营养餐联盟，为学校供餐计划提供了大量投资，该计划已惠及全球近 4.2 亿儿童，成为弱势儿童的重要安全网，同时也为不同国家的农业、商业、科技等领域的产业注入了强大的发展动力①。

世界粮食计划署全球学校供餐计划司司长布巴诺女士表示：疫情的暴发对儿童造成的影响，以及现在各国政府亟须解决的发生在儿童身上的粮食危机问题。因此，为了儿童的福祉，进行了前所未有的动员，这也促成了学校供餐联盟的形成。所以，这篇报告的首要信息之一就是包括中国在内的学校供餐联盟的创立和启动，这充分表明，世界各地认识到了儿童福祉的重要性，他们的健康和营养对国家的未来至关重要，世界各国领导人已将此视为优先事项。

全世界有 4.18 亿儿童正受益于学校供餐。得益于此次的政治动员，所有这些在疫情期间被搁置的项目现在都已恢复常态，这是一个巨人的进步。

从全球视角来看，像欧洲国家或中国、印度这样的大国，在这些大型项目中受益颇

① 联合国粮食计划署. 专访世界粮食计划署全球学校供餐计划司司长 | 改善全球儿童健康福祉[EB/OL].（2023-06-06）[2023-10-12]. https://mp.weixin.qq.com/s?src=11&timestamp=1698288595&ver=4857&signature=lAHbksgJyU*FZcmgePLVEvA5SH-Jj1chYs7nOxKx9h*RenZlrquneazbUyJVpzBzydiOpuUfL6c5-SVdkY*E3cqZKZQtFg0vOlKwtvyLpLK26ZMR7GnDBe7q7R-uuN5M&new=1.

多，而对于那些在过去几年里经历艰难时期的低收入国家，我们能够发现这些国家的投资同样有所增加。数据显示，低收入国家的供餐项目大约获得4亿美元的国内投资，这是一个令人难以置信的进步。这些国家政府也增加了此项目的国内融资，份额从30%上升到45%，这是一个非常重要的数据。

中国在计划中发挥巨大作用。在中国，供餐计划使近4 000万儿童受益，这是一个了不起的成就。中国建立了高效的监管系统，能够实时监管项目进展。对于孩子们在计划中得到了什么，学校的营养餐质量是否达标等问题提供了合理的反馈机制。如果计划进展不顺利，该机制能够很快调整并迅速解决问题。

布巴诺女士指出，已经看到中国发挥着非常重要的作用，中国作出的努力为世界提供了一个榜样，我希望中国也能为其他国家提供技术支持，支持他们正在为之努力的事情。在过去10年中，中国在学校供餐计划的实施中学到了很多东西。正如我一开始提到的，我见证了这一惊人的进步，但我们希望未来看到更多与中国的合作，比如技术援助、南南合作计划，以及引领国家间交流。我们希望中国继续发挥这些作用。

布巴诺女士提到，希望看到中国在一些重大议题上承担领导角色，在债务互换计划中发挥重要作用，参与可持续融资对话，进而商讨如何帮助低收入国家投入这些项目。

布巴诺女士还表示：创新也是我想提的一点，中国有很多值得我们学习的创新技术，包括强化食品、科技合理使用、数字化监管以及在实时监管方面所做的工作等。因此，我们希望在技术方面有所创新，得到中国更多的支持。

世界牛奶日丨“乳”有神助！

每天，全世界数十亿人都依靠奶和乳制品获得必要的营养。上至老人下至婴孩，奶类有助于人类保持健康和活力。得益于其丰富的营养成分，奶类是第三大蛋白质来源和第五大热量来源，有助于改善全球营养状况，增强人类健康①。

当前，农业粮食体系面临重大挑战。要生产更多粮食以养活不断增长的世界人口仅仅是挑战的一个方面。真正的需求是要确保人人都能获得必要、足够的营养。2021年，全球仍有7.02亿~8.28亿人在遭受饥饿，奶和乳制品可以为“零饥饿”世界作出重大贡献。

全球奶产量的增长主要是由消费需求推动的，这对乳业体系的可持续性造成了影响。粮农组织与全球乳制品平台正在展开合作，促进乳业生产的可持续性，加强乳业对“更好的农业粮食体系”的贡献。

乳业可以从以下5个方面造福人类，打造健康的农业粮食体系：①实现粮食安全与营养；②提供生计，刺激经济增长；③促进“同一个健康”；④有助于生物多样性与遗传资源的保护；⑤降低温室气体排放。

---

① 中国网．世界牛奶日丨“乳”有神助！[EB/OL].（2023-06-02）[2023-10-12]. http://guoqing.china.com.cn/2023-06/02/content_86108212.htm.

《中国奶业质量报告（2023）》正式发布

“2022 年，中国奶业生产继续增长，产业素质稳步提升，规模化养殖比例进一步提高，乳品质量持续保持较高水平，国产品牌美誉度和国际竞争力逐步增强。”在 7 月 19—21 日举行的第十四届中国奶业大会、2023 中国奶业 D20 峰会暨 2023 中国奶业展览会上，《中国奶业质量报告（2023）》（以下简称《报告》）正式发布①。

农业农村部副部长马有祥在会上指出，2022 年我国奶类产量首次突破 4 000 万吨大关，位居全球第四位，奶牛单产 9.2 吨，是 2008 年的 2 倍，规模牧场奶牛单产超过欧盟平均水平。

“经过多年的发展，我国奶业素质显著提升，面貌焕然一新，不仅有高产优质的奶源基地、世界一流的加工企业、配套齐全的产业体系，产能、质量、竞争力也都取得了巨大进步，奶业振兴的基础更加深厚。”马有祥表示。

《报告》显示，2022 年全国奶类产量 4 026.5 万吨，同比增长 6.6%；乳制品产量突破 3 117.7 万吨，同比增长 2.0%。全国生鲜乳抽检合格率 100%，乳制品总体抽检合格率 99.88%，生乳中乳蛋白、乳脂肪、菌落总数抽检平均值达到欧美奶业发达国家水平，体细胞抽检平均值优于欧盟标准，三聚氰胺等重点监控违禁添加物抽检合格率连续 14 年保持 100%。

《报告》指出，我国民族奶业竞争力正在持续增强。2022 年，国产奶与进口奶比较评估显示，巴氏杀菌奶、超高温灭菌奶和婴幼儿配方奶粉的安全指标均符合中国、美国及欧盟限量标准。其中，国产奶的乳铁蛋白、β-乳球蛋白和糠氨酸等指标均优于进口同类产品。

国家市场监督管理总局食品生产监管司市场稽查专员毕玉安指出，奶业质量安全是食品安全的风向标。他建议，乳业企业要进一步提高质量安全保障能力、增强产业链供应能力、提升乳制品研发创新能力，整合资源，对准薄弱环节加大研发力度，加强产品创新、生产工艺创新，为人民群众生产出更多品种、更高质量、更加营养的乳制品。要主动适应碳达峰、碳中和的要求，推动资源环境利用，开展清洁标签行动，准确清晰标注产品的企业名称、生产日期、保质期到期日等关键信息，避免过度包装，走绿色可持续发展道路。

此外，《报告》还指出我国乳制品消费的增长趋势趋于平衡。《报告》显示，2022 年我国规模以上乳制品加工企业主营业务收入 4 717.3 亿元，同比增长 1.1%，增速降低 10.6 个百分点；人均乳制品消费量 42 千克，比上一年减少 0.6 千克；奶业主产省生乳收购平均价 4.16 元/千克，4 年来出现首次下降。

工业和信息化部消费品工业司二级巡视员谢立安在会上表示，未来将着力从 3 个方面推动乳制品行业健康发展。一是继续大力实施“三品”专项行动，积极发展配方乳粉、奶酪、奶油等产品，丰富乳制品种类，保障乳制品供应链稳定，完善质量安全追溯体系。二是努力推动乳制品行业创新发展、绿色发展。三是加大对特色乳制品产业的培育力度，

---

① 消费日报网．我国民族奶业竞争力持续增强［EB/OL］．（2023-07-24）［2023-10-12］．http：//dzb.xfrb.com.cn/Html/2023-07-24/54836.html.

营造百花齐放的乳制品行业竞争格局。

值得一提的是，中国奶业协会还在会上发布了《中国奶业高质量发展核心指标体系》《中国乳制品消费扩容提质指导意见》《中国奶牛种业战略发展意见》等一系列促进我国奶业全面振兴和奶业高质量发展的措施。其中，《中国奶业高质量发展核心指标体系》设置了“研发经费投入占比”“新产品产值率”“人均乳制品年消费量”“原料奶总产量增长率”“乳制品总产量增长率”等80个各项关键指标；《中国乳制品消费扩容提质指导意见》提出，优化乳制品消费结构，拓展乳制品消费群体，并提出到2025年和2030年，实现我国人均奶类消费量分别突破45千克和50千克的目标；《中国奶牛种业战略发展意见》则提出，建立现代奶牛自主育种体系，完善自主育种长效运行机制，加快建设国家奶牛遗传评估中心等，到2030年实现年均奶牛品种登记15万头以上、奶牛育种核心群规模5万头以上、奶牛群体平均年单产量在1万千克以上等预期目标。

据悉，本届大会以“启航现代化建设新征程，点亮高质量发展新赛道”为主题，参展企业500余家，展位面积9万余平方米，展示范围从种植、养殖、繁殖育种、机械设备、动物保健到乳品加工、包装、运输、消费、贸易等，涵盖奶业全产业链的各个环节。大会同期还举办了2023中国奶业发展战略高层论坛、2023中国奶酪发展高峰论坛、奶牛育种技术创新与高质量发展论坛、乳品科技创新与品质提升论坛等17个专题论坛。

教育部发布2022年全国教育事业发展基本情况

学前教育普惠资源进一步增加。2022年，学前教育毛入园率89.7%，比上年提高1.6个百分点。全国共有幼儿园28.92万所，学前教育在园幼儿4 627.55万人。其中，普惠性幼儿园24.57万所；普惠性幼儿园在园幼儿4 144.05万人①。

义务教育办学条件进一步改善。2022年，九年义务教育巩固率95.5%。其中，全国共有普通小学14.91万所。全国在校生1.07亿人。全国共有初中5.25万所，在校生5 120.60万人。

高中阶段教育普及水平进一步提高。2022年，高中阶段毛入学率91.6%，其中，全国共有普通高中学校1.50万所，在校生2 713.87万人。全国中等职业教育（不含人社部门管理的技工学校）共有学校7 201所，在校生1 339.29万人。

美国农业部公布学校膳食新标准

美国农业部部长汤姆·维尔萨克宣布了新的学校膳食营养标准，首次针对麦片、酸奶、调味牛奶和早餐糕点等甜味食品的含糖量进行限制，并表示将在2029年之前大幅降低学生饮食中的钠含量②。

---

① 教育部．教育部发布2022年全国教育事业发展基本情况［EB/OL］.（2023-03-23）［2023-10-12］. http：//www.moe.gov.cn/fbh/live/2023/55167/sfcl/202303/t20230323_1052203.html.

② 生命时报．美国农业部公布学校膳食新标准！营养专家划出4个饮食重点［EB/OL］.（2023-02-07）［2023-10-12］. https：//www.lifetimes.cn/article/4BbM93HE7S3.

美国每天有 1 530 多万孩子在学校吃早餐，2 960 万孩子在学校里吃午餐。根据美国法律，农业部负责为学校膳食计划提供的食品和饮料制定标准；学校营养专家则负责开发符合这些标准，并反映当地口味和偏好的膳食。

限制添加糖。根据该计划，美国将在 2025—2026 学年，对添加糖进行第一次限制，从高糖食物开始，包括加糖谷物、酸奶和调味牛奶等。

逐步降低钠摄入。到 2029 年，学生膳食中的钠摄入须减少 30%。按照计划，9～12 年级学生每顿午餐平均允许摄入的钠，应从现在的 1 280 毫克（3.2 克盐）降低到 935 毫克（2.3 克盐）。

更强调全谷物。新标准要求学校一周内提供的所有谷物食品中，必须有 80% 是全谷物，每周可有一天提供非全谷物食品，如白面面包、玉米饼。

营养改善计划惠及农村学生 3.5 亿人次

截至 2021 年底，农村义务教育学生营养改善计划（以下简称“营养改善计划”）已惠及学生 3.5 亿人次。党的十八大以来，教育部会同财政部、国家发展改革委、国家卫生健康委、国家市场监管总局等有关部门深入推进营养改善计划各项工作，试点地区学生营养健康状况明显改善，身体素质明显提升①。

党的十八大以来，我国两次提高农村义务教育学生营养膳食补助标准，从每生每天 3 元提高到 5 元，逐步实现从“吃得饱”向“吃得好”转变。

营养膳食补助标准提高，供餐质量提升。萝卜牛肉丝、炒冬瓜片、炒花菜、肉末粉丝汤、苹果、牛奶……贵州省铜仁市第十一小学公示栏上，每日的营养午餐食谱一目了然。五年级 4 班学生陈曦很喜欢学校的午餐，她说：“学校的午餐营养丰富，还非常好吃！”据悉，贵州省 2021 年启动营养改善计划“提质行动”，提高食谱科学水平、提升供餐质量标准，让学生不仅能吃饱，更能吃得营养、科学。

就餐条件改善，学校食堂供餐率提高。为进一步改善就餐条件，提高学校食堂供餐率，中央财政安排农村义务教育薄弱学校改造食堂建设专项资金，支持试点地区食堂建设。截至 2021 年底，在实施营养改善计划的地区，实行学校食堂供餐的学校占 76%，其中国家试点县的学校食堂供餐率近 90%。

工作机制建立健全，切实保障食品和资金安全。近年来，教育部指导和督促试点地区以保障食品安全和资金安全为重点，建立健全供餐准入、退出机制，完善大宗食材及原辅材料集中统一采购制度、配送制度、陪餐制度等，各级教育行政部门定期组织专项督导、专项整治、绩效评估。此外，各地开展多种形式的营养科学知识普及活动，培养师生科学的营养观念和饮食习惯。

学生营养状况明显改善，身体素质明显提升。根据中国疾病预防控制中心监测数据，从 2012 年到 2021 年，营养改善计划实施地区男、女生平均身高累计增量为 4.2 厘米和 4.1 厘米，平均体重累计增量为 3.5 千克和 3.3 千克，均高于全国农村学生平均增长速

① 人民日报. 营养改善计划惠及农村学生 3.5 亿人次［EB/OL］.（2022-10-09）［2023-10-13］. http://paper.people.com.cn/rmrb/html/2022-10/09/nw.D110000renmrb_20221009_2-01.htm.

度。2021年中西部农村学生的生长迟缓率为2.5%，比2012年下降了5.5个百分点。

营养改善计划的实施有效改善了学生的营养健康状况，在实施过程中，各地采取就近采购食材、建设生产配送基地等方式，推动了学校农产品需求与农村产业发展精准对接，并提供了大量工作岗位，有力带动了当地经济发展和农民增收。营养改善计划也获得了国际赞誉。世界粮食计划署对169个国家的调查结果显示，我国是全球少数同时在中学、小学阶段提供营养餐的国家，学校供餐规模位居前列。

“营养改善计划的实施为促进教育公平、推进脱贫攻坚、实施乡村振兴战略注入了强劲动力，为提高民族素质、建设教育强国和健康中国奠定了坚实基础。”教育部相关负责人表示。

国家“学生饮用奶计划”为青少年营养健康护航

2022年10月16日，党的二十大报告中提出：推进“健康中国”建设，把保障人民健康放在优先发展的战略位置①。

青少年是祖国的希望，民族的未来。青少年的营养和健康状况关系到国家的人口素质、发展水平和国际竞争力，是“健康中国”战略的重要组成部分。长久以来，党中央、国务院一直高度重视青少年儿童的健康成长，出台了一系列政策和行动计划。2016年国务院发布《“健康中国2030”规划纲要》，要求加强对学校的营养健康工作指导；2019年启动的《健康中国行动（2019—2030年）》中的健康知识普及行动、合理膳食行动、中小学健康促进行动，都密切关注青少年儿童，强调多部门联合、多层次多方面综合改善中小学生营养健康。

国家“学生饮用奶计划”是我国第一个由中央政府批准，并组织实施的全国性中小学生营养干预计划。此计划通过在课间向在校中小学生提供一份优质牛奶，以提高他们的身体素质并培养他们合理的膳食习惯。国家“学生饮用奶计划”是落实“健康中国”战略的重要举措，也是落实“国民营养计划”的具体行动。

2018年，国务院办公厅印发〔2018〕43号文件，明确要求“大力推广国家‘学生饮用奶计划’，扩大覆盖范围”。2022年5月，新发布的《国家“学生饮用奶计划”推广管理办法》（修订版），对原奶质量、生产工艺、入校规范操作等提出新要求。截至目前，国家“学生饮用奶计划”已惠及31个省（直辖市、自治区）的7万多所学校中小学生。

2022年7月，教育部召开新闻发布会指出，健康中国行动实施3年来，学生健康作为国家战略之一取得重要进展，学生健康素养和健康水平得到进一步提高，各部门联合推动中国特色的青少年学生健康促进体系框架基本形成。2022年10月，全国农村义务教育学生营养改善计划领导小组办公室会同中国疾病预防控制中心营养与健康所，对2012年以来的农村学生营养健康状况监测情况进行对比分析，结果显示：营养改善计划实施10年来，农村学生营养状况得到明显改善，各年龄段男女生的平均身高和体重水平逐年升高；同时，生长迟缓或贫血的儿童逐步减少。

① 河南省人民政府．国家“学生饮用奶计划”为青少年营养健康护航［EB/OL］.（2022-11-02）［2023-10-13］. https://www.henan.gov.cn/2022/11-02/2632945.html.

据介绍，郑州市认真贯彻落实《国务院办公厅关于推进奶业振兴保障乳品质量安全的意见》，严格准入机制，要求具有国际影响力、竞争力和郑州本土乳品企业选用优质可靠、美誉度高的品牌产品，通过“课间一杯奶”的方式，为青少年营养助力，健康护航，为扩大国家“学生饮用奶计划”覆盖范围奠定基础。

《国家“学生饮用奶计划”推广规划（2021—2025 年）》中提到，力争到 2025 年，国家“学生饮用奶计划”日均供应量达到 3 200 万份，饮奶学生数量达到 3 600 万人，社会影响力进一步提升，学生身体素质和营养健康水平得到有效提高和改善。少年强，则国强。国家“学生饮用奶计划”是一项“功在当代，利在千秋”的民心工程、德政工程。坚持儿童优先发展，培养全面发展的时代新人，是中国儿童健康事业发展的重要任务。未来，在党的二十大精神的指引下，国家“学生饮用奶计划”将一如既往地紧握时代脉搏，贯彻落实党中央决策部署，以万千青少年及家庭的营养健康需求为支撑，在新时代新征程上踔厉奋发、勇毅前行，为助力“健康中国”战略落地做出新的更大贡献！

农村学生平均身高逐年增长

近日，全国农村义务教育学生营养改善计划领导小组办公室会同中国疾病预防控制中心营养与健康所，对 2012 年以来的农村学生营养健康状况监测情况进行对比分析，并对营养改善计划实施效果等开展综合评价。监测结果显示，营养改善计划实施以来，农村学生营养状况得到明显改善，平均身高、体重逐步上升；同时，生长迟缓或贫血的儿童逐步减少。农村学校食堂供餐率不断提高，软硬件设施逐步完善，在一定程度上为促进均衡膳食奠定了良好基础①。

2012 年 5 月，农村义务教育学生营养改善计划（以下简称“营养改善计划”）试点地区学生营养健康状况的监测评估工作正式启动。10 年来，在各级卫生健康和教育部门的大力支持下，中国疾病预防控制中心营养与健康所同各级疾控中心通力合作，开展了较为全面、系统、科学的营养健康监测评估。

从公布的具体数据来看，身高和体重是反映学生生长发育和营养状况的基础指标。10 年来，各年龄段男女生的平均身高和体重水平逐年升高。其中，13 岁男生的平均身高和体重增量最多，分别达到 7.5 厘米和 6.6 千克；女生为 12 岁增量最多，身高和体重增量分别达到 6.3 厘米和 5.8 千克，增长速度均高于同年龄段全国农村学生的平均水平。

学生的生长迟缓率通常作为反映长期膳食营养摄入不足的主要指标。2021 年监测数据显示：监测地区 6~15 岁学生生长迟缓率为 2.3%，比 2012 年的 8.0%下降了 5.7 个百分点。监测地区 6~15 岁学生消瘦率为 9.8%。同时，监测地区中小学生也存在超重、肥胖现象。

随着营养改善计划的逐步推进，农村中小学生贫血率总体呈下降趋势。2021 年，监测地区学生贫血率为 12.0%，比 2012 年的 16.7%下降了 4.7 个百分点。其中，西部地区学生贫血率的下降幅度达到 6.0 个百分点。

---

① 中国教育网．农村学生平均身高逐年增长［EB/OL］．（2022-10-18）［2023-10-13］．http：//paper.jyb.cn/zgjyb/html/2022-10/18/content_615177.htm？div=-1.

值得关注的是，10年来，农村学生膳食摄入更加丰富。2021年，监测地区50.3%的中小学生吃畜禽鱼等肉类（包括猪肉、牛肉、羊肉、鸡肉、鱼虾等）的频率达到每周5次以上。33.3%的中小学生每天吃3种及以上新鲜蔬菜；30.8%的中小学生可以做到每天吃水果。

同时，10年来健康教育更加普及。2021年，在11 776所监测学校中，97.6%的学校组织了健康教育相关课程或活动。

防控近视须培养良好饮食习惯

近年来，随着儿童青少年近视率不断递增，近视日益成为社会关注的公共卫生问题。国家卫健委最新数据显示，2020年我国儿童青少年总体近视率高达53.6%，其中小学生为35.6%，初中生为71.1%①。

中国疾病预防控制中心营养与健康所与中国教育科学研究院、温州医科大学从2021年12月到2022年6月，合作开展了“中小学饮食与近视关系研究”，初步分析的结果显示，在2 533名参与调查的中小学生中，总体视力不良率为57.3%，女生为61.7%，高于男生的53.3%。他们的总体近视率达到了42.9%，县城学生的近视率（49.6%）明显高于农村学生（36.0%）。

研究者发现，新鲜蔬菜水果中富含多种有益于视力健康的植物化合物，如羽衣甘蓝、菠菜、西兰花、生菜、豌豆等绿叶蔬菜中的叶黄素，越橘、黑果枸杞、蓝莓、黑加仑等深色植物中的花青素，藏红花、栀子、密蒙花等植物中的藏红花素。国外开展的一些基础性研究显示，这些物质能减缓眼轴延长、抑制屈光度增加，从而缓解近视的发生和发展。此外，食物油（如豆油和菜籽油）、新鲜的深海鱼和鱼油中富含的Ω-3多不饱和脂肪酸，对眼部健康也有一定的保护作用。

因此，在防控儿童青少年近视发生发展的过程中，营养膳食习惯的培养非常重要。要注重矫正儿童青少年的不良饮食习惯，减少含糖食品的摄入，增加深色蔬菜水果和奶制品的摄入比例，适量增加深海鱼的摄入。

增加户外时间和眼肌调节对于预防近视举足轻重，我们还要增加儿童青少年的户外活动。合理膳食和户外活动相结合，能有效预防和控制儿童近视。

中国学生营养与健康促进会印发《关于开展2023年“5·20”中国学生营养日活动的通知》

贯彻落实《健康中国行动（2019—2030年）》《全民科学素质规划纲要（2021—2035年）》和《国民营养计划（2017—2030年）》，深入推进合理膳食行动、学生营养改善专项行动，以“5·20”中国学生营养日为契机，大力开展学生营养与健康科普宣教活动，带动宣教活动常态化，由中国学生营养与健康促进会牵头，在全国组织开展营养健

① 中国教育网．防控近视须培养良好饮食习惯［EB/OL］.（2022-10-18）［2023-10-13］. http://paper.jyb.cn/zgjyb/html/2022-10/18/content_615193.htm? div=-1.

康主题宣传活动。活动时间：2023 年 5 月 14—20 日。中国学生营养日活动主题：科学食养助力儿童健康成长①。

2023 全民营养周暨“5・20”中国学生营养日主场活动在赣州举行

5 月 12 日，2023 全民营养周暨“5・20”中国学生营养日主场活动在赣州举行。国家卫生健康委党组成员、副主任雷海潮，国家食物与营养咨询委员会主任陈萌山，副省长史可出席主场活动并致辞。国家卫生健康委食品司司长刘金峰主持现场活动。省政府副秘书长王海涛，省卫生健康委党组书记、主任龚建平出席活动，省卫生健康委党组成员、副主任朱烈滨，省卫生健康委二级巡视员聂冬平参加活动②。

雷海潮指出，当前正处于全面推动我国营养健康工作迈向高质量发展的重要节点。今年全民营养周以倡导科学食养，推行减油、减盐、减糖为核心内容，是适应新时代群众健康需要，传承发扬传统食养文化，中西医结合实施慢性病综合防治的生动实践，具有重要的现实意义。雷海潮强调，要切实用好高血压、高血脂、糖尿病等食养指南，加强专业人员指导和在学校餐厅等的推广应用，带动社区居民和患者掌握食养健康知识。要抓好日常科普教育，提高群众营养素养，围绕群众关切，增强宣传针对性、增加宣传广度和深度，注重宣传实效。

史可表示，江西深入贯彻习近平总书记关于卫生健康工作重要指示批示精神，把维护人民健康摆在更加突出的位置，以推进健康中国战略为引领，秉承“健康中国，营养先行”理念，持续深入推进合理膳食和学生营养改善行动，始终致力于提升全民营养健康的质量水平，在全国率先成立食育教学科普培训基地——江西省国民营养健康教育研究中心，率先制定发布《医疗机构、中小学校营养食堂建设规范》，将营养健康食堂创建活动作为重要民生实事，将营养指导员培训覆盖全部基层医疗机构。把营养健康创新转化赋能革命老区高质量发展，赣州市成功获批建设国家食品安全与营养健康综合试验区，示范引领全省食品营养健康产业高质量发展，进一步增进老区人民健康福祉，持续提高全民健康水平，助力健康江西建设。

今年全民营养周的传播主题是“合理膳食食养是良医”，“5・20”中国学生营养日的传播主题是“科学食养　助力儿童健康成长”。雷海潮、陈萌山、史可、王海涛、龚建平，江西省赣州市委常委、副市长窦良坦，中国营养学会理事长杨月欣，中国学生营养与健康促进会会长陈永祥，共同启动 2023 全民营养周和“5・20”中国学生营养日主场活动。

主场活动现场视频连线山东威海、湖北恩施等同步举办营养健康科普宣教活动地区，展示了地方参与全民营养周的积极性，充分体现了全民营养周的全国联动效应。杨月欣、陈永祥、中国工程院院士朱蓓薇、中国工程院院士单杨、国家食品安全风险评估中心主任李宁、中国疾病预防控制中心营养与健康所所长丁钢强，江南大学党委常委、副校长顾正

① 中国学生营养与健康促进会．关于开展 2023 年“5・20”中国学生营养日活动的通知［EB/OL］．（2023-03-22）［2023-10-13］．http：//www.casnhp.org.cn/news/153.html.

② 江西省人民政府．2023 全民营养周暨“5・20”中国学生营养日主场活动在赣州举行［EB/OL］．（2023-05-19）［2023-10-13］．http：//www.jiangxi.gov.cn/art/2023/5/19/art_16144_4465984.html.

彪共同宣读了“食养是良医”行动倡议。在专题报告环节，四项食养指南的主要编写专家作了专题解读，指导大家科学食养。主场活动后，与会人员先后在赣州市医疗机构、学校等地开展食品安全和营养健康工作现场调研。

2023 全民营养周将会以四个食养指南的解读和宣贯为基础，通过组织系列活动，包括“食养是良医”专题科普会议、多次开放性学术会议、第五届科普大会、全民营养话题互动、抖音线上科普、518 中国营养节等特色活动，预防减少我国人群慢性病发生发展，助力健康中国建设。

国民营养健康指导委员会成员单位代表，省卫生健康委，赣州市有关部门、单位，学术机构、行业学（协）会、新闻媒体、社会公众，有关部门等代表 350 余人参加活动。

2023 中国学生营养与健康发展大会隆重举行

由呼和浩特市人民政府、中国学生营养与健康促进会共同主办，蒙牛集团承办的“2023 中国学生营养与健康发展大会”在内蒙古自治区呼和浩特市成功举办①。

教育部体育卫生与艺术教育司副司长、一级巡视员刘培俊，国家卫生健康委食品安全标准与监测评估司一级巡视员李泰然、农业农村部原党组成员、原中纪委驻农业部纪检组组长宋建朝，内蒙古自治区党委教育工委委员、教育厅党组成员、总督学朱宝江、呼和浩特市人民政府副市长付金在、中国学生营养与健康促进会会长陈永祥、中国奶业协会副秘书长张智山，中国青少年发展基金会副秘书长张华伟等嘉宾出席会议。

近年来，我国学生营养与健康状况持续改善，但营养不良及营养过剩问题不容忽视；加上成长环境的不断变化，学生心理健康问题也不断凸显。促进学生身心健康、全面发展，已成为党中央关心、人民群众关切、社会关注的重大课题。本次大会邀请来自北京、呼和浩特等多个省市地区、不同领域的行业专家开展学术研讨，围绕新时代背景下的科学食养、运动与营养、青少年心理健康等前沿主题进行深度交流。

大会启动了“学生饮用奶校园应用现状研究项目”。该项目由中国学生营养与健康促进会和蒙牛集团共同发起，将通过政策研究和实地调研，了解学生饮用奶应用状况，为更好地推广实施国家“学生饮用奶计划”提供建设性意见，同时为国家制定相关政策提供有效依据。

中国儿童青少年营养与健康指导指南 2023 发布

党和国家一直把保障儿童青少年健康成长作为一项战略性、基础性工作，坚持儿童优先原则，大力发展儿童事业，逐步完善儿童营养健康相关的法律法规和政策体系。日前，中国学生营养与健康促进会编著的《中国儿童青少年营养与健康指导指南 2023：优化学

① 中国食品安全报 . 2023 中国学生营养与健康发展大会举行［EB/OL］.（2023-08-19）［2023-10-13］. http：//paper. cfsn. cn/content/2023-08/19/content_143621. htm.

校供餐　呵护儿童成长》（以下简称《指南》）发布①。

《指南》指出，近年来，我国中小学学校供餐比例不断提高，供餐方式不断完善，政府投资规模和覆盖范围进一步扩大，软硬件设施逐步完善，科学化、信息化使学校供餐更加安全高效，为促进学生均衡膳食奠定了良好基础。学校供餐不仅解决了孩子吃饭的问题，也为提高我国中小学生身体素质、促进学生德智体美劳全面发展、推动教育公平、促进社会经济发展等作出重要贡献。

值得关注的是，《指南》结合国外有益经验和我国现阶段特点提出针对性建议：我国学校供餐应逐步向管理规范、营养均衡的方向发展，呼吁健全相关法律法规、监督检查机制，以政府部门为主导，多部门共同参与，建立合作机制。政府、学校、家庭和社会四位一体协同形成合力，利用信息化手段及工具，提高学校营养配餐和科学管理能力，完善营养与健康学校建设，保证学生不仅吃得饱，更能吃得营养又健康，实现学校供餐的转型升级。

乡村振兴背景下，营养改善计划如何做“加法”？

在乡村振兴的大背景下，我国虽即将步入高收入国家行列，但收入分配不平等现象仍然显著，低收入阶层代际收入一致性高，农村人口相对贫困问题凸显②。

当前，营养改善计划面临新的挑战。一是随着城镇化和少子化现象加剧，农村户籍学生在县城就读的情况越来越普遍，营养改善计划受益群体不断变化；二是部分地区对营养改善计划进行市场化运作，采取整体外包、企业统一供餐、企业配送加餐等方式开展，造成挤出效应，导致政策无法实现预期效果；三是尽管营养改善计划鼓励做“加法”，但家庭收费标准应充分考虑农村低收入群体的负担能力；四是营养餐质量需要继续提升，油盐过重等现象急需改善。

为应对挑战，地方政府和学校应深刻认识学生营养的基础性地位，既要量力而行，更要尽力而为，把学生当作自己的孩子，保障欠发达地区农村学生营养健康。建议要持续提高食堂工作人员能力和服务水平，加大培训力度，制定科学食谱，控制油盐摄入，提高营养餐质量，注重食品安全和卫生，培养学生良好的饮食习惯，推动营养改善计划从“吃得好”向“吃得营养”转变。要改善营养餐的口味，对孩子进行节约教育，减少食物浪费。同时，也要继续加强、巩固食堂供午餐模式，减少市场化运行，确保每分钱都“吃”到孩子嘴里。

第23年！国家“学生饮用奶计划”在全国各地有序推进

金秋九月，全国各地进入“开学”模式，各级学校新一轮的学习装备和健康装备也

① 中国教育新闻网．中国儿童青少年营养与健康指导指南2023发布［EB/OL］．（2023-05-16）［2023-10-13］．http：//www.jyb.cn/rmtzcg/xwy/wzxw/202305/t20230516_2111041844.html.

② 中国发展研究基金会．乡村振兴背景下，营养改善计划如何做“加法”？［EB/OL］．（2023-05-13）［2023-10-13］．https：//www.cdrf.org.cn/jjhdt/6646.htm.

已就位，等待同学们共同开启校园生活。其中，“学生饮用奶”作为一项惠及全体学生的校园健康装备，备受家校及社会关注①。

今年是国家“学生饮用奶计划”推广实施第23年。据中国奶业协会统计，该计划从2000年的5个试点城市生根发芽，迄今为止已经惠及31个省（直辖市、自治区）、660个城市、77 000多所学校的3 200万名中小学生，饮奶覆盖率、社会影响力逐年提升，学生营养健康状况和身体素质得到有效改善。

政府工作报告着重强调，学生营养工作有序推进少年强则国强。儿童青少年的营养与健康，不仅关乎个体的成长和发展，也关乎国家和民族昌盛的百年大计。为此，党和政府高度重视学生营养健康工作，相继出台多项政策法规和标准指南。2000年，原农业部、教育部等国务院七部门联合推出国家“学生饮用奶计划”，并将其列入《中国儿童发展纲要》。2007年，国家“学生饮用奶计划”被写进国务院31号文件，有近200个城市教委下发了相关开展文件，支持学生饮用奶计划的推广工作。

如今，多地政府工作报告更是将国家“学生饮用奶计划”纳入重点工作范畴，明确并细化巩固、提升国家“学生饮用奶计划”覆盖率的具体任务，强化学生饮用奶质量安全管理。以湖北省为例，计划落地任务被拆分渗透到各个地市，引导学校开展学生饮用奶工作的同时，发挥本地产业优势，积极引进蒙牛等学生饮用奶定点生产企业，建立蒙牛学生饮用奶（华中）推广中心、核心学生饮用奶生产基地等，持续为广大中国学生的成长助力。山东、河北等多个省市也已出台了国家“学生饮用奶计划”的省级推广政策，加速该计划在本地深扎根、广赋能。

2023年政府工作报告也肯定了包括国家“学生饮用奶计划”在内的多项营养改善计划实施成果。5年来，国家持续实施营养改善计划，每年惠及3 200多万学生；农村学生体质健康合格率从2012年的70.3%提高至2021年的86.7%，与全国学生体质健康合格率相比缩小至5个百分点。

持续推行23年！国家“学生饮用奶计划”为儿童青少年筑起免疫屏障

让儿童和青少年多喝牛奶，是通行世界的改善学生营养健康之道。据联合国粮农组织统计，目前，包括我国在内，世界上有70多个国家开展了各有特色的学生饮奶计划，超过1.6亿儿童青少年受益。有将学生饮用奶列入学校供餐计划之中两者密切结合的，如美国、日本等；有单独实施学生饮用奶计划的，如泰国、澳大利亚、捷克和肯尼亚等。总之，越来越多的国家把儿童喝奶同改善营养、提高国家与民族竞争力联系在一起②。

---

① 齐鲁壹点．第23年！国家“学生饮用奶计划”在全国各地有序推进［EB/OL］.（2023-08-30）［2023-10-13］. https：//www.ql1d.com/general/22062896.html.

② 河南日报客户端．持续推行23年！国家“学生饮用奶计划”为儿童青少年筑起免疫屏障［EB/OL］.（2023-02-07）［2023-10-16］. https：//baijiahao.baidu.com/s? id=1757101266882866451&wfr=spider&for=pc.

专家介绍，少年儿童坚持饮用高质量的学生饮用奶，在增强免疫力、促进骨骼发育、控制体重上，作用尤为明显。上海新华医院临床营养中心通过对上海 10 所学校的 3 000 多名学生的调查发现，随着钙摄入量的增加，学生肥胖的发生率减少，饮用学生饮用奶的学生体重超标的几率较低。中国著名营养学家于若木曾多次强调饮奶的重要性，更倡议我国中小学生“每天至少喝一杯牛奶”。

长久以来，党中央、国务院高度重视和关怀儿童青少年的营养健康状况。2000 年经国务院批准，原农业部、教育部等国务院七部门联合启动实施了国家“学生饮用奶计划”，并将其列入《中国儿童发展纲要》。这是首个由中央政府批准并组织实施的全国性中小学生营养改善专项计划，旨在通过向在校学生提供一份优质牛奶，以提高儿童青少年营养健康水平，同时养成良好的膳食习惯。

近年来，随着《“健康中国 2030”规划纲要》《国民营养计划（2017—2030 年）》等政策文件的相继出台，《健康中国行动（2019—2030 年）》中，合理膳食行动与中小学健康促进行动的先后启动，国家“学生饮用奶计划”推广力度逐渐加大。2018 年，国务院办公厅国办发〔2018〕43 号文件明确要求：“大力推广国家‘学生饮用奶计划’，扩大覆盖范围，强化正面引导。”

2022 年 10 月，习近平总书记在党的二十大报告中提出，推进“健康中国”建设，把保障人民健康放在优先发展的战略位置。国家“学生饮用奶计划”是落实“健康中国”战略的重要内容，也是落实“国民营养计划”的具体措施。

截至目前，国家“学生饮用奶计划”从最初的 5 个城市试点、50 万份起步，已发展到覆盖 31 个省（自治区、直辖市）、660 个城市、77 000多所学校，惠及 3 200 万中小学生，饮奶覆盖率、社会影响力逐年提升，学生营养健康状况和身体素质得到有效改善。

在国家“学生饮用奶计划”实施的 23 年来，各地政府积极响应，持续将该计划的推广与成果巩固纳入政府工作。河南省委、省政府，郑州市委、市政府对国家“学生饮用奶计划”的推广工作给予了高度关注和大力支持。省人民政府办公厅《关于印发河南省奶业振兴行动计划的通知》（豫政办〔2018〕77 号）、省教育厅《关于切实做好国家“学生饮用奶计划”推广规范管理工作的通知》（教办体卫艺〔2022〕309 号）、郑州市教育局《关于切实做好国家“学生饮用奶计划”推广规范管理工作的通知》（郑教体卫艺函〔2022〕751 号）等文件均明确要求：加大国家“学生饮用奶计划”的推广力度，扩大覆盖范围。

据介绍，为了赢得家长和学生对国家“学生饮用奶计划”的认可支持，多年来，郑州市教育部门、学生饮用奶生产企业和推广团队，将学生饮用奶工作纳入学校健康教育工作计划，通过举办饮奶知识讲座、主题班会、家长开放日等形式，多渠道、全方位地坚持开展学生营养知识的宣传教育和引导，积极宣传学生饮用奶的重要性，有效提高了郑州市中小学生的免疫力。

推广“学生饮用奶计划”，要坚持以自愿原则扩大覆盖面

国家“学生饮用奶计划”是以改善中小学生营养状况、逐步培养健康意识、提高中小学生体质为目的，在中小学校实施的学生营养改善专项计划。据统计，经过 20 年的推

广发展，国家“学生饮用奶计划”已惠及31个省（自治区、直辖市）、660个城市、7万多所学校的3 000多万名中小学生。《国家“学生饮用奶计划”推广规划（2021—2025年）》中提到，力争到2025年，国家“学生饮用奶计划”日均供应量达到3 200万份，饮奶学生数量达到3 600万人①。

这项营养改善专项计划与“农村义务教育学生营养改善计划”不同，在实施时坚持“政府倡导、社会支持、学生（家长）自愿”的原则。所谓“家长自愿，学生自愿”原则，即要提倡喝“学生饮用奶”，由学生家长、学生自愿选择，相应地也要承担“学生饮用奶”的费用。坚持自愿原则对推进“学生饮用奶计划”来说十分重要，应立足自愿原则，通过加强健康教育，提高学生和家长的健康意识，以及建立针对农村学校、经济困难学生的补贴制度，扩大“学生饮用奶计划”的覆盖面。

推进“学生饮用奶计划”，需要处理好三大关系。一是扩大“学生饮用奶计划”覆盖面与尊重学生选择的关系，不能出现为扩大覆盖面而强制要求学生的问题；二是学校统一订购与学生自主选择的关系，要避免供应学生饮用奶的商家与学校发生利益输送关系，学校允许非学生饮用奶进校销售的问题；三是鼓励学生喝“学生饮用奶”与经济困难学生无力负担“学生饮用奶”的关系，要对这类学生实施学生饮用奶补助。

此外，虽然学生饮用奶计划明确凡进入校园的牛奶包装盒上必须印制有“中国学生饮用奶”专用标志，但还是有一些非“学”字标牛奶、乳饮料借国家“学生饮用奶计划”或通过自动售奶机名目进入校园，这说明地方教育部门、学校没有严格坚持准入标准。对于这类违规操作，要依法追究学校有关人员的责任，追查这背后是否存在利益输送。各省在实施计划时，对有令不行、有禁不止、失职渎职、擅自订购的违规行为，要严格追责问责。

2023版儿童青少年生长迟缓食养指南发布9款食养方，帮助孩子快快长

近日，国家卫生健康委发布《儿童青少年生长迟缓食养指南（2023年版）》（以下简称《指南》）。《指南》根据儿童青少年生长迟缓的特点，给出了食养原则和建议，在附录中详细描述了生长迟缓儿童青少年的食物选择和食养方举例、不同证型食药物质推荐，以及不同地区、不同季节的食谱示例和常见食物交换表等工具。其中，每个地区至少列举了3天的食谱（含食药物质）②。

《指南》建议，生长迟缓儿童青少年食物选择应全面、均衡、多样，保证一日三餐、定时定量、饮食规律，能量和营养素摄入充足。每餐的膳食应包括谷薯类、蔬菜水果、畜禽鱼蛋、奶和大豆等食物中的3类及以上；每天食物种类达到12种以上，每周达到25种

---

① 光明网．推广“学生饮用奶计划”，要坚持以自愿原则扩大覆盖面［EB/OL］．（2023-01-28）［2023-10-16］．https：//guancha. gmw. cn/2023-01/28/content_36325628. htm.

② 扬子晚报．2023版儿童青少年生长迟缓食养指南发布9款食养方，帮助孩子快快长［EB/OL］．（2023-02-02）［2023-10-16］．https：//baijiahao. baidu. com/s？ id=1756685236706539658&wfr=spider&for=pc.

以上，尤其应重视选择高营养素密度食物。鱼虾类食物的优质蛋白质、维生素 D、B 族维生素、矿物质等营养素密度较高；深绿色叶菜的矿物质、维生素等营养素密度较高；蛋黄是多种营养素的重要来源，如维生素 A、维生素 D、维生素 E、磷、铁、胆碱等，也是营养素密度较高的食物之一。同时，在合理膳食的基础上，可针对不同证型选用食药物质。

《指南》食养方中选用的食药物质为国家卫生健康委公布的既是食品又是药品的物品。儿童生机蓬勃、生长发育迅速，一旦患病，则正气易虚而邪气易实。可在医师或营养指导人员的建议下，根据儿童青少年具体情况选择具有健脾、开胃、消滞、益肾等作用的食药物质，如麦芽、山楂、莲子、芡实、山药等，以及相应的食养方。

促进更多农村学生健康成长

习近平总书记在党的二十大报告中强调：“坚持以人民为中心发展教育”“完善人民健康促进政策”。不久前，教育部等七部门联合印发《农村义务教育学生营养改善计划实施办法》（以下简称《办法》），为进一步加强和改进农村义务教育学生营养改善计划工作提供了有力政策保障①。

农村义务教育学生营养改善计划（以下简称“营养改善计划”），是助力学生健康成长、阻断贫困代际传递、促进教育公平发展的重要举措。自 2011 年启动实施以来，各地推动工作机制不断健全、覆盖范围不断扩展、供餐质量不断提高，使农村学生营养状况明显改善、身体素质明显提升。统计数据显示，从 2012 年到 2021 年，营养改善计划实施地区男、女生平均身高累计增量和平均体重累计增量均高于全国农村学生平均增长速度。看得见的变化，印证着营养改善计划取得的良好效果。

小小一餐饭，惠及大民生。党的十八大以来，我国两次提高农村义务教育学生营养膳食补助标准，学生营养改善逐步实现从“吃得饱”向“吃得好”转变。截至 2021 年底，营养改善计划已惠及学生 3.5 亿人次。农村学校食堂供餐率不断提高，软硬件设施逐步完善，为促进学生均衡膳食奠定了良好基础。但也要看到，一些地方还存在食品安全管理不严格、资金使用管理不规范、供餐质量和水平不高等问题。对此，《办法》指出要明确各级营养改善计划工作管理部门，安排专人从事日常管理工作，加强条件保障，确保工作落实到位，并在供餐管理、资金使用与管理、采购管理等方面提出一系列要求，必将有助于持续巩固营养改善计划成果，不断促进农村教育事业发展和教育公平。

少儿乳品消费，如何补上健康营养短板？

乳品是儿童全生命周期必不可少的食物。国际上许多国家把发展奶业作为提高儿童身体素质的重要途径。作为常量营养素、微量营养素和生物活性因子的最佳来源，牛奶在儿童青少年生长发育中发挥着重要作用。科学饮奶，可以保障婴幼儿生长发育正常、减少儿

---

① 人民日报．促进更多农村学生健康成长［EB/OL］.（2023-02-02）［2023-10-16］. http://paper.people.com.cn/rmrb/html/2022-11/30/nw.D110000renmrb_20221130_3-05.htm.

童营养不良、预防慢性疾病发生、提高人均预期寿命①。

《中国居民营养与慢性病状况报告（2020年）》监测数据显示，3~5岁、6~11岁、12~17岁人群平均乳品摄入量分别为56克/天、71克/天、75克/天，仅为《中国居民膳食指南（2022）》推荐摄入量的1/7左右。

健康营养不足是突出短板。据统计，我国城市3~5岁、6~11岁、12~17岁儿童平均乳品摄入量分别是农村相应年龄儿童的2倍、2.1倍和1.5倍。《中国初中生和高中生牛奶和牛奶制品消费量（2016—2017年）》显示，农村仅有11.5%的中学生达到了推荐量，低于城镇中学生的22.7%。

当前儿童乳品消费不足的主要制约因素有四：一是乳品市场价格偏高，二是家长及儿童对乳品认知水平不足，三是尚未形成健康导向的乳品消费习惯，四是促进儿童乳品消费提升的政策环境尚未健全。

据2020年FAO、IDF调研，全球已有70多个国家推广实施学生饮用奶，目标人群为学龄前儿童和中小学生，平均覆盖率超过50%，覆盖1.6亿儿童。据中国奶业协会统计，中国学生饮用奶覆盖率只有17%，与世界相比仍有很大差距。

“目前我们正处于推进健康中国建设的重要战略机遇期，提升全民健康水平，必须从儿童抓起，从供给侧和消费端统筹发力，着力破解儿童乳品消费与健康需求不匹配的矛盾，打造儿童健康饮食模式，为中华民族伟大复兴奠定坚实的人力资源基础。”陈萌山说。

儿童健康是国之大者。据国际食物政策研究所测算，在营养方面，每1元钱的投资可以得到30元的回报，儿童早期的营养投入回报则更大。需要全社会齐发力，共同关注儿童营养健康与发展，补上乳品理性消费这一课。

确保儿童有机会在校获取健康膳食

随着经济和科技的快速发展，各国对高质量人力资本的需求与日俱增。良好的营养状况是儿童有效接受教育的基本前提，更是为经济社会发展提供高质量劳动力的必要条件②。

21世纪初，部分国家开始尝试实施大规模的学校供餐计划，从而对学生的营养健康状况进行干预。实践证明，这一举措产生了多重积极效应，如提高了学生接受教育的机会，有效改善了学生及其家庭成员的营养状况，为家庭带来更多附加值，快速有效形成社会安全网等。随着认识的不断深化，部分国家和地区正在探索将农民及社区纳入学校供餐计划的受益群体。世界粮食计划署的研究显示，合理规划并有效执行的学校供餐计划还可带来显著的经济效益，每投入1美元用于学校供餐计划，将会产生平均3~7美元的经济收入。目前，几乎所有的高收入国家和部分中等收入国家实施了学校供餐计划。

---

① 农民日报．少儿乳品消费，如何补上健康营养短板？[EB/OL]．(2022-11-07)[2023-10-16]．https：//szb.farmer.com.cn/2022/20221107/20221107_006/20221107_006_4.htm.

② 中国教育报．确保儿童有机会在校获取健康膳食[EB/OL]．(2022-11-10)[2023-10-16]．http：//m.jyb.cn/rmtzgjyb/202211/t20221110_2110968435_wap.html.

美国起步较早，积累了一定经验，形成一个相对完整的儿童营养计划体系。该体系由学校早餐计划、学校午餐计划、学生饮用奶计划、暑期供餐计划、儿童及成人保健食品计划、营养教育及社区食品计划 6 个子项目构成，确保学生在一年中的任何时间都能获得他们需要的营养餐食。

各国还重视在紧急情况下采取多种措施为学生提供健康餐食。如新冠疫情期间，多个国家积极响应，第一时间强化社会保障，在保证安全社交距离的前提下，为最弱势儿童群体提供营养餐食供给。美国、英国、加拿大、芬兰等国拨付学生营养保障专项资金给学校及社区，用于设置营养配餐发放点，学生可根据自身情况选择来学校就餐，或由家长免费乘车至指定配餐点领取；部分无法组织到校用餐的学校则开放网络订餐，将精心搭配的餐食及强化点心快递至学生家中。还有一些中低收入国家在相关国际组织资助下，发放食品券给学生家庭。

学校供餐计划需要跨层级、跨部门推动，这要求加强政府内部组织、流程、技术和机制等方面创新，实现中央和地方、同级各部门以及政府和社会在供餐工作上的合作。

中央和地方之间的密切合作有利于理顺供餐工作的机制，实现自上而下的纵向推进。一些高收入国家制定法律法规，对中央政府和地方政府的供餐工作制定了统一明晰的实施框架，对资金保障进行了明确规定，并在实际中严格执行。部分中低收入国家在国际组织支持下，也通过出台政策文件等形式对各级政府的工作职责进行了界定。

同级各部门之间的紧密合作有利于提高供餐工作的横向效率。一些高收入国家的地方政府在理顺本地区供餐工作协同机制的基础上，格外重视同其他地区的经验交流，定期举办研讨及互访活动。一些国家和地区还逐步建立了政府各部门协同行动的推进策略，避免出现职责重复或互相推诿的现象。

政府和社会的全方位合作有利于强化供餐工作在人财物等方面的资源保障。高收入国家十分重视社会力量在学生营养健康保障中的作用，以美国为例，任何满足条件的公益组织、专业机构、私营企业等均可申请参与供餐工作。这些组织通过政府审批后接受统一培训，按照政策要求进行服务点运营并定期接受政府监督和评估。美国在暑期供餐计划推行过程中，为提高成效，成立了技术辅助团队，协助各州及学区更好开展工作；广泛号召社会公益组织及个人积极参与到项目中，制定规范的管理和参与流程，确保食品安全及资金的使用效率；每年举办供餐服务大赛，对提供最优质食物的组织或个人进行奖励，并编写优秀案例集，为其他地区开展相关活动提供参考。

保证儿童的营养供给，其意义不仅在于儿童个人的健康成长和幸福生活，还会对民族素质带来深远影响。全球超过半数国家都将学生营养改善工作视为一项增进公平、缩小社会差距、促进共同富裕的重要举措。我国从 2011 年起，启动实施农村义务教育学生营养改善计划。该计划是助力学生健康成长、阻断贫困代际传递、促进教育公平发展的重要举措，对于全面提高国民素质、建设教育强国和人才强国具有重大的现实意义和深远影响。多年来，该计划大范围铺开、高质量实施，使众多学生和农村家庭受益，促进了儿童身体素质的提升，同时促进了我国农村经济的发展，获得了国际社会的赞誉。但是该计划仍存在实施精准度不高等问题。

联合国 2030 年可持续发展议程将消除贫困、消除饥饿、确保健康的生活方式、确保包容和公平的优质教育等作为可持续发展的重要目标。2021 年联合国粮食系统峰会上，各国政府推动成立了“全球学校营养餐联盟”，以确保每个儿童都有机会在学校获取健康膳食。2022 年，中国签署了《承诺宣言》，宣布加入全球学校营养餐联盟并支持学校营养餐计划，成为 60 多个全球学校营养餐联盟成员国之一。我国不同地区可结合自身实际，探索学校营养餐的新方式，吸引利益相关者参与营养改善计划，运用大数据提升精准实施能力，使营养改善计划惠及更多学生、发挥更大作用。

暖心实事惠教育民生

为确保孩子吃得营养又安全，河北提出新增“省级食品安全标准化学校食堂”500 家以上，总量达到 1 000 家。四川计划投入 41.5 亿元为符合条件的义务教育阶段学生提供生活费补助和营养膳食补助。山西提出城区小学生“放心午餐”实现全覆盖，让学生开心、家长安心①。

全民营养周关注科学食养，一杯学生饮用奶共筑健康梦想

五月第三周进入全民营养周，“5·20 中国学生营养日”也如约而至。大众对健康的关注体现着国人营养健康观念的进步，在各类群体中，未来祖国的希望——中国学生的营养健康状况尤其受到各界关注。《中国儿童青少年营养与健康指导指南（2022）》《中国居民膳食指南科学研究报告（2021）》中显示，我国 6~17 岁儿童青少年总体膳食质量有所改善，但蔬菜、水果、蛋类、奶及奶制品、大豆及其制品摄入不足，烹调油盐摄入量高于膳食指南推荐标准②。

《中国学龄儿童膳食指南（2022）》中，已将奶及奶制品的推荐摄入量由每天 300 克调整为每天 300~500 克。众所周知，牛奶富含优质蛋白以及钙、乳糖、铁、叶酸、锌等多种微量元素，且容易被人体吸收，是一种古老且优秀的“天然健康食品”，对于少年儿童的成长发育有着一定的积极作用。尤其是奶中丰富的钙元素，能促进儿童的骨骼生长发育，应该位列青少年儿童的餐单 C 位。联合国儿童基金会驻华办事处营养专家常素英认为，食物的供应、定价、促销和营销以及相关的食物规范等都影响着儿童的食物选择。丰富并创造更多的场景，让更多优质食物走上青少年儿童的餐桌上，不失为合理膳食的方法。青少年儿童日常大部分时间都在校园中度过，课间一杯奶，不仅适时补充了孩子们发育所需的营养及能量，更能在集中饮奶的氛围中培养他们长期饮奶的好习惯，一举两得。

我国超 10 亿人尚未养成喝奶习惯

近几年全国牛奶产量持续增长，2021 年中国牛奶产量达到 3 683 万吨，全国居民人均乳制品消费量逐年升高，需求量已由 2017 年的 4 510 万吨增至 2021 年的 5 912.7 万吨，

---

① 中国教育报．暖心实事惠教育民生［EB/OL］.（2023-02-07）［2023-10-16］. http：//paper. jyb. cn/zgjyb/html/2023-02/07/content_619734. htm？ div=-1

② 齐鲁晚报-齐鲁壹点．全民营养周关注科学食养，一杯学生饮用奶共筑健康梦想［EB/OL］.（2023-05-15）［2023-10-16］. https：//www. ql1d. com/general/21317948. html.

增长 31. 1%①。

但是，有调查显示，我国尚有 10 亿以上的人群尚未养成喝奶习惯，人均乳制品消费仅占推荐量的 1/3。业内专家表示，有必要进一步加大科普宣传力度，提升消费者对奶业、乳制品的认识，扩大乳制品消费需求。

在我国，青少年是较早接触牛奶的群体，他们的学习能力、创新思维能力都比较强，所以加强对青少年群体的科普宣传是至关重要的。我们可以抓住其好奇心强、热情度高的特点，以实践为手段，通过亲历考察、试验、写作以及动手操作等一系列环节，让青少年深入了解牛奶相关知识，对奶业有所了解、提高兴趣，从小培养青少年喝奶的习惯。针对儿童青少年群体，需要加大推广国家学生饮用奶计划的宣传力度，扩大“学生饮用奶”覆盖人群，例如农村低收入地区、幼儿园低龄人口等，提高学生饮用奶普及率，同时优化学生饮用奶供给结构，实现牛奶多元化消费。

亚洲开发银行呼吁扩大亚洲学校营养餐计划

学校营养餐计划如今已使全世界 3. 88 亿儿童受益。亚洲开发银行指出，把公共资金用于学生餐食是一项合理的投资，不仅对学生健康有直接的益处，还有助于提升教育成效，助力当地农业发展②。

学校营养餐计划是为儿童提供营养食品的重要平台，能够为儿童健康成长和未来生产生活做好准备。学校营养餐计划的形式因国家而异。有些国家提供普遍的免费餐食，如印度和韩国；有些国家仅面向低收入家庭学生提供餐食，如马来西亚。有些国家提供全部免费的营养餐食，而另一些国家则提供减价的餐食。有些国家提供一日多餐，而一些国家只提供午餐。例如，在不丹，许多学校会提供一日三餐，因为学生寄宿的情况很普遍，在这个人口稀少的国家，许多学生家庭住址离学校较远，通勤不便。

在很多国家，学校营养餐计划已被证实有助于学生的健康、入学和出勤。为了将这些重要的餐食提供给需要它们的学生，资源有限的政府可以与私营部门或非政府组织合作提供餐食，还可以创新使用人工智能来创建学校菜单，在预算限制下实现餐食营养价值的最大化。

随着世界逐渐从疫情阴霾中走出，亚洲开发银行建议，亚洲各国政府应制定实施社会经济复苏计划，确保学校营养餐计划的覆盖面不断扩大，使更多学生能够享受到更加有营养的餐食。

---

① 农民日报．我国超十亿人尚未养成喝奶习惯［EB/OL］.（2023－04－10）［2023－10－16］. https：//szb. farmer. com. cn/2023/20230410/20230410_006/20230410_006_6. htm.

② 中国教育报．亚洲开发银行呼吁扩大亚洲学校营养餐计划［EB/OL］.（2023-03-23）［2023-10-16］. http：//paper. jyb. cn/zgjyb/html/2023-03/23/content_621619. htm？ div=-1.

习近平在北京育英学校考察时强调争当德智体美劳全面发展的新时代好儿童

在“六一”国际儿童节到来之际，中共中央总书记、国家主席、中央军委主席习近平5月31日上午来到北京育英学校，看望慰问师生，向全国广大少年儿童祝贺节日。习近平强调，少年儿童是祖国的未来，是中华民族的希望。新时代中国儿童应该是有志向、有梦想，爱学习、爱劳动，懂感恩、懂友善，敢创新、敢奋斗，德智体美劳全面发展的好儿童①。

习近平指出，提高人的健康素质，青少年是黄金期。这个阶段，长身体是第一位的，身体好了，才能为今后一生的学习工作打好基础。体育锻炼是增强少年儿童体质最有效的手段。现在生活条件好了，孩子们不是要吃得胖胖的，而是要长得壮壮的、练得棒棒的。体育锻炼要从小抓起，体育锻炼多一些，“小胖墩”“小眼镜”就少一些。学校要把体育老师配齐配好，家庭、学校、社会等各方面都要为少年儿童增强体魄创造条件。

提升儿童营养健康素养第二届中国学生营养教育论坛举行

营养教育作为学校健康教育的一项重要组成部分，正不断融入教育的各项政策中。12月24—25日，2022第二届中国学生营养教育论坛在京举行。论坛以“营养教育赋能儿童发展”为主题，旨在以营养教育为出发点，继续凝聚共识，落实行动，助力中国儿童健康成长。论坛由中国学生营养与健康促进会学生健康教育分会、中国学生营养与健康促进会河南代表处共同主办②。

国家食物与营养咨询委员会主任陈萌山在致辞中表示，当前全面推进食育工作的现实需求十分迫切，要以校园食育为重点，坚持目标导向和问题导向，从娃娃抓起，推动立法建设、建立协调机制、提升食育人才队伍水平，形成多方参与、覆盖面广、协同能力强、教育效果好的食物营养教育体系，为全面提升城乡居民健康素养夯实基础。

教育部体卫艺司副司长刘培俊认为，健康教育的开展是立德树人的一项长期、重要任务。营养教育要和德智体美劳紧密结合起来，实现内容的融合和形式的创新，要利用大数据、云平台积极探索营养教育的数字化路径，不断吸纳新的传播手段方法，丰富营养教育的形式，吸引孩子们想学、爱学、会学，让营养知识入脑、入心。与此同时，营养教育要兼顾不同地区经济、文化水平，确保每个地区的营养教育的均衡发展。

中国学生营养与健康促进会会长陈永祥就中国学生营养与健康促进会在践行社会责任

---

① 央视网．习近平在北京育英学校考察时强调争当德智体美劳全面发展的新时代好儿童［EB/OL］．（2023－05－31）［2023－10－16］．https：//news. cctv. com/2023/05/31/ARTILhvnQsfdjuuUOwtrt72p230531. shtml.

② 新华网．提升儿童营养健康素养第二届中国学生营养教育论坛举行［EB/OL］．（2022－12－26）［2023－10－16］．http：//www. xinhuanet. com. cn/health/20221226/12ac7f11cd3c4dbb9d4c9e55c7355824/c. html.

方面开展的工作进行了梳理，并表示希望通过论坛的举行，紧密联系社会各界学生营养健康教育研究机构，加强区域经验交流与问题研讨，合力打造学生营养健康教育智库，推进学生营养教育协同创新，共建课程平台，资源共享、成果互惠。

中国疾控中心营养与健康所所长丁钢强结合营养教育如何赋能儿童发展和与会人员进行了交流，他说，营养教育是多学科体系的集合，要充分挖掘各学科的潜能，为行业赋能，在实践中打造适合中国学生的营养教育知识体系、方式方法并进行科学的评估、评价。要整合家校力量，将营养习惯形成的主动权回归家庭，为家庭赋能。要汇聚最广泛的力量，全社会共担育人责任。

在各方见证下，由中国疾控中心营养与健康所、中国学生营养与健康促进会等多方共同发起的“‘食’刻守护 ‘育’见未来——食育中国行活动（2022—2025）”正式启动。该项活动将围绕打造食育师资、丰富食育资源、开展食育进万校、食育大赛、创建食育示范基地等内容，联合全国各省（市）卫生和教育部门、社会团体和爱心企业，共同打造全方位立体化的新时代食育格局，提升儿童营养健康素养，促进健康成长，落实立德树人的根本任务。由此，2022 年新时代食育作品征集活动也正式拉开帷幕。主办方将在 2022 年 12 月至 2023 年 4 月向全社会开展“知、行、德、礼”四方面内容的作品征集，活动具体要求请关注“中国学生健康”微信公众号。

论坛期间，来自国家卫生健康委、教育部、北京大学、北京师范大学、中国传媒大学、首都医科大学、重庆医科大学、北京教育出版社幼教研发中心、洛阳理工学院、河南省食品检验研究院、浙江疾控中心、北京市十八中集团校、北京景山学校、中国学生营养与健康促进会、中国发展基金会、江西省食育学会等机构以及食品企业的专家、学者围绕营养教育政策、食物营养教育、营养教育与传播、儿童行为改变、营养安全监管、食育教育实践等领域的工作进展在线上进行了主旨发言和深入研讨。针对本次论坛发起的两项活动，论坛主办方之一中国学生营养与健康促进会河南代表处主任委员杜松明表示，将发挥“主力军”作用，动员各方力量积极参与，合力共建、协同促进食育活动的落地。

中国学生营养与健康促进会学生健康教育分会主任委员刘爱玲总结指出，进一步改善儿童营养健康状况仍是新时期营养健康工作的重要内容，通过营养教育来改善儿童营养健康状况，是儿童营养健康工作的基础和核心，是关系到儿童个人、家庭和社会发展的系统工作。希望借助本次论坛，全社会合力助推构建“制度化、系统化、常态化、全覆盖”的学生营养教育工作局面。

河北省农垦局召开中国学生饮用奶推广管理工作培训会

农垦局一级调研员杜亚周对新版《国家“学生饮用奶计划”推广管理办法》（修订版）进行了解读。新修订的《办法》及配套的 3 项学生饮用奶系列团体标准，为进一步健全推广管理制度、开创推广工作新局面提供了有力保障，为国家“学生饮用奶计划”推广工作提供了制度依据和保障，使推广工作有制可行、有章可循、有规可依。省农垦局梁湛泉主任讲解《学生饮用奶奶源基地认证信息管理系统》操作说明和《学生饮用奶奶源基地认证申请材料要求（试行）》的相关工作要点，明确了学生饮用奶企业在申请奶源基地认证、申请材料筹备过程中的操作方法及使用要点①。

省农垦局一级巡视员李颖对大会进行了重要总结发言，并对学生饮用奶推广工作提出了四点要求：一是加强奶源基地建设，提升原料奶质量安全。各奶源基地要紧紧围绕这一系列标准化规范，强化落实，提高奶源基地标准化水平。二是优选加工企业，生产放心产品。学生饮用奶生产企业要优先选用最新、最先进的生产线生产学生饮用奶，实施危害分析，确定关键控制点，实现产品质量全程可控。三是规范配运流程，降低风险隐患。为确保学生饮用奶运输环节质量安全，保证学生饮用奶计划的高效实施。四是强化质量监管，确保学生饮用奶安全。制定方案、狠抓落实，加强配合、完善制度，组织高频次的风险监测和监督检查，严防各类风险漏洞，确保学生饮用奶计划“零事故”。

河北秦皇岛推进教育民生工程

为切实改善全省农村小学生营养状况，提高农村学生健康水平，从2019年秋季学期开始，秦皇岛市针对农村小学生的“营养餐”民生工程全面推开，继青龙满族自治县实施国家营养改善计划后，秦皇岛市昌黎、卢龙、抚宁三个县（区）都采取课间加餐模式，每天为学生提供一盒学生饮用牛奶、一个鸡蛋。市教育局刘红军介绍说，实施营养改善计划要切实以增强学生营养为出发点，要树立安全第一的意识，秦皇岛市为此建立县、乡、校三级责任体系，确保课间加餐安全、营养、方便、价廉②。

秦皇岛市抚宁区政府教育督导室副科级督学王振国介绍说，全区目前实现了81所农村小学（含教学点）课间加餐模式全覆盖，年均受益学生1万余名。

科学食养助力儿童健康成长——沧州运河区疾控开展“5·20中国学生营养日”宣传

为引导学生树立健康饮食观念，养成良好的饮食习惯，提高学生营养健康水平，促进广大学生健康成长，运河区疾控中心于2023年5月22日在颐和中学餐厅对在校学生和学校餐厅的餐饮服务人员进行了“科学食养　助力儿童健康成长”为主题的大型宣传活动③。

此次宣传活动以广泛宣传食品卫生知识和规范食堂的加工为重点进行宣传，并告诉孩子们一日三餐要定时定量、不漏餐、一定要每天吃早餐，规律进餐，不暴饮暴食、不偏食挑食、足量饮水、少量多次，要餐餐有蔬菜，天天吃水果及护眼明目的果蔬的食补知识，鼓励适当进行高强度有氧运动，每天最少不低于6 000步的运动，每天尽量在阳光下活动

---

① 君乐宝学生奶．河北省农垦局召开中国学生饮用奶推广管理工作培训会［EB/OL］.（2023-05-16）［2023-10-13］. https：//mp. weixin. qq. com/s/yN0lmuFulOjE5fWw83q8Hg.

② 秦皇岛日报．推进教育民生工程［EB/OL］.（2023－05－08）［2023－10－16］. http：//www. qhdnews. com/home/details？code＝&pcode＝&id＝81714.

③ 沧州市疾控．科学食养助力儿童健康成长——沧州运河区疾控开展“5. 20中国学生营养日”宣传［EB/OL］.（2023-05-25）［2023-10-17］. https：//www. hebeicdc. cn/sxjkgz/45457. jhtml.

2 个小时以上。活动现场，学生反响热烈，纷纷进行各种提问、咨询，并表示通过活动意识到健康饮食的重要性，增强了自身的营养健康知识和科学素养。

本次活动共发放宣传彩页 3 000 张，宣传画 100 张，膳食宝塔纸抽 500 包。膳食宝塔兜子 500 个，围裙 30 条，活动取得圆满成功。

河北省开展“师生健康　中国健康”主题健康教育公益活动

7 月 4 日，由河北省教育厅、河北省教育基金会组织开展的 2023 年“师生健康　中国健康”主题健康教育公益活动在石家庄启动，旨在牢固树立健康第一的教育理念，培养师生健康意识、观念和生活方式，提高师生健康素养，进一步把国家颁布的《“健康中国 2030”规划纲要》落到实处①。

在 2023 年“师生健康　中国健康”主题健康教育公益活动启动仪式上，河北省教育基金会理事长袁彦昭表示，要通过开展主题健康教育公益活动，让健康知识、行为和能力成为师生普遍具备的素质，并运用到教育实际工作中去，全方位全周期保障师生健康。启动仪式后，进行了主题健康教育活动首场宣讲，石家庄市教育局、爱心单位、健康教育专家代表、教师代表参加，爱心单位君乐宝乳业集团为此次活动提供了大力支持。

2023 年“师生健康　中国健康”主题健康教育公益活动，主要内容分为加强学生卫生健康服务、综合防控儿童青少年近视、深入开展学校急救教育三个方面，结合学生年龄特点，通过健康教育课、主题班会、专题讲座、设立卫生宣传栏等多种形式，并采取线下教学、观摩及操作、线上同步直播等方式，方便师生及家庭观摩学习。计划于今年 7—10 月在全省各地巡回集中开展 15 场宣教活动，覆盖全省广大师生。同时，为促进中小学健康教育工作开展，在全省中小学校开展健康教育优质课评选活动，奖励为师生健康工作作出突出贡献的优秀教师，并形成标杆示范效应。

为确保 2023 年“师生健康　中国健康”主题健康教育公益活动开展，河北省教育厅、河北省教育基金会分别从全省乃至全国遴选青少年健康卫生等方面的 30 名专业人员组成专家团，形成了 15 名专家组成的宣讲团队。

此次 2023 年“师生健康　中国健康”主题健康教育公益活动首场宣讲报告会，石家庄市共有 6 000 多名师生在现场和线上参加。

河北省大名县 7.5 万名农村中小学生按日保质享受“一蛋一奶”

为改善学生营养状况，提高农村学生健康水平，自 2017 年秋季学期起，河北省大名县开始实施农村义务教育学生营养改善计划政策，到目前，全县每年有 290 余所农村中小学约 7.5 万名在校生按日保质享受“一蛋一奶”营养餐②。

① 中工网 . 河北省开展“师生健康　中国健康”主题健康教育公益活动［EB/OL］.（2023-07-05）［2023-10-17］. https：//www. workercn. cn/c/2023-07-05/7898246. shtml.

② 中国食品安全报 . 大名县 7.5 万名农村学生按日保质享受“一蛋一奶”［EB/OL］.（2022-08-06）［2023-10-18］. http：//paper. cfsn. cn/content/2022-08/06/content_123747. htm.

大名县财政局严格执行相关标准和政策，按照河北省财政厅、省教育厅发布的《关于深入推进农村义务教育学生营养改善计划的通知》，足额安排营养改善计划资金，确保每个学生都能享受到该项补助。在食品采购方面，该局严格把控采购模式，对学生饮用奶、鸡蛋实行“四统一”（即统一招标、统一采购、统一分配、统一运送）政府采购模式，实行企业直供，减少中间环节，降低采购成本，确保采购质量，从源头和过程上做好食品安全监管，全力为学生提供“等值优质”食品。此外，为确保专款专用，教育部门具体负责对供餐企业每月供餐数量与学生人数进行核实，核实无误后，直接将所需资金拨付至供餐企业，避免截留和挪用现象的发生。

为孩子的健康注入有营养的“白色血液”——“学生饮用奶计划”让孩子定时定点喝上优质奶

又是一年开学季。海港区建设路小学学生奶专用奶屋干净整洁，窗明几净，奶架上整齐有序地摆放着装有学生奶的置物筐，上面标有班级名称、配送数量，旁边还有留样箱和零包箱，奶屋管理制度等全部上墙……带着孩子来报名的家长范女士说，看到管理如此规范严格，她对孩子喝的“学生饮用奶”放心了①。

学生在校的营养健康一直是社会各界关注的焦点之一。今年6月，河北省人民政府办公厅发出《关于进一步强化奶业振兴支持政策的通知》，明确提出：支持“学生饮用奶计划”实施范围拓展，让更多的中小学生喝上优质奶。

石家庄鹿泉区实施推广国家“学生饮用奶计划”工作启动会在君乐宝召开

近日，石家庄市鹿泉区实施推广国家“学生饮用奶计划”工作启动会在君乐宝科学营养研究院召开②。

启动会上，君乐宝相关负责人介绍了君乐宝全力筹备校园奶屋建设、积极推广国家“学生饮用奶计划”的相关情况。君乐宝学校奶屋将于秋季学期正式进驻校园，帮助学生建立营养健康意识和良好的膳食习惯，为学生在校期间的营养补充提供全面呵护。

今年年初，君乐宝正式启动科学战略，以科学布局全产业链，加码升级“六个世界级”模式，以科学营养为全年龄段人群提供精准的健康升级解决方案，让莘莘学子喝上优质好奶是君乐宝执行“学生饮用奶计划”的坚守。下一步，君乐宝将继续坚定支持国家“学生饮用奶计划”的推广，为更多少年儿童带来更营养、更健康、更安心的身心呵护。

---

① 秦皇岛新闻网．为孩子的健康注入有营养的“白色血液”——“学生饮用奶计划”让孩子定时定点喝上优质奶［EB/OL］.（2022-09-20）［2023-10-18］. https：//rmh. pdnews. cn/Pc/ArtInfoApi/article? id=31344138.

② 河北新闻网．石家庄鹿泉区实施推广国家“学生饮用奶计划”工作启动会在君乐宝召开［EB/OL］.（2023-08-30）［2023-10-18］. https：//m. hebnews. cn/gongyi/content_9061687. htm.

2022 中国学生营养与健康发展大会在呼和浩特市成功召开

7 月 23 日，由中国学生营养与健康促进会、呼和浩特市人民政府共同主办，蒙牛集团承办的“2022 中国学生营养与健康发展大会”在内蒙古自治区呼和浩特市成功召开①。

此次大会以“点滴营养，绽放每个未来；呵护少年，共筑健康中国”为主题，旨在汇聚各方智慧，动员各方力量，践行营养健康理念，全面落实《国民营养计划（2017—2030 年）》，助推少年儿童营养健康成长。会议围绕“学生营养健康及健康中国战略”主题开展交流与研讨，解读食品安全、营养健康相关政策法规，探讨牛奶营养与学生体质健康关系，分享国家“学生饮用奶计划”推广成果及青少年视力保护方法，探索新时期学生营养健康的发展前景，促进学生营养与健康事业科学发展。

发挥乳制品营养改善作用

在 3 月 27 日召开的第十六届内蒙古乳业博览会暨高峰论坛“学生饮用奶营养”专场，来自中国疾病预防控制中心营养与健康所学生营养室副主任张倩、伊利集团液奶销售部学生饮用奶经理郭继业和蒙牛乳业学生饮用奶品牌公益总监孔相合分别以《中国中小学生营养健康状况》《一盒牛奶温暖孩子的求学之路》《营养普惠工程，营养万千家庭》等议题围绕守护少年儿童营养健康做了精彩分享②。

“奶及奶制品是膳食钙的最好来源，我们要鼓励孩子每天充足地饮奶。《中国居民膳食指南》就指出，成人或者儿童每天的饮奶量应该达到 300 克及以上。但是调研数据显示，城市的学龄儿童有 60%～70%的孩子每天都能喝到奶，但是对于农村孩子而言，有不到 50%的孩子能够做到每天都喝奶，还有 10%左右的孩子是喝不上奶的，这部分工作是需要我们去努力做的。”张倩说。

张倩建议，要采取综合措施，改善学生营养。如推广学校营养供餐，改善学生营养状况；开展学生营养教育，培养健康饮食行为；呼吁社会多方参与，创建良好饮食环境；加强学生营养监测，掌握学生营养动向；推进学生营养立法，持续保障营养健康。

郭继业谈到，“伊利营养 2020”是伊利集团联合中国红十字基金会等公益机构推出的精准扶贫项目；通过营养调研、健康教育与公益捐赠等多种形式全面聚焦贫困地区人口的营养与健康改善，持续开展“D20 中国小康 牛奶行动”“国民营养行动计划”“金领冠母爱计划”“伊心为你——贫困先心病患儿救助行动”等活动。截至 2020 年底，“伊利营养 2020”已覆盖全国 25 个省（直辖市、自治区），累计投入 8 400 余万元，60 余万儿童从中受益。

孔相合表示，从国家“学生饮用奶计划”延续 22 年的实施，到《农村义务教育学生

---

① 中国政务 . 2022 中国学生营养与健康发展大会在呼和浩特市成功召开［EB/OL］.（2023-07-27）［2023-10-18］. http：//zw. china. com. cn/2022-07/27/content_78343438. html.

② 经济日报 . 发挥乳制品营养改善作用［EB/OL］.（2023-06-14）［2023-10-18］. http：//paper. ce. cn/pc/content/202306/14/content_275731. html.

营养改善计划实施细则》等5个配套文件的不断完善补强，“奶”这一食品大类持续被重视和提及，为中国学生群体的成长发育关键期拼上一块重要的营养拼图。作为乳业国家队，蒙牛乳业高举公益大旗，从2002年一直到2022年，积极履行企业社会责任。例如，自2020年起，蒙牛集团持续开展“牛奶助学行动”；2007年开始“中国牛奶爱心行动”，2017年，蒙牛将“牛奶爱心行动”升级为蒙牛“营养普惠计划”，包括青椒计划等等；2022年，蒙牛集团携手中国青少年发展基金会联合发起蒙牛“营养普惠工程”。“蒙牛的使命就是营养普惠，守护未来，同时，通过蒙牛营养普惠基金联合青少年发展基金会，撬动更多的社会群体参与到农村儿童营养的改善。”

安徽省五河县政府专题部署中小学学生饮用奶、营养餐及校服规范服务工作会

为进一步做好全县中小学校饮用奶、营养餐及校服规范服务工作，保证服务质量，8月15日，副县长陈成主持召开全县中小学学生饮用奶、营养餐、校服规范服务专题会。县人大常委会副主任杨艳、县政协副主席张茂飞出席会议①。

会议强调，中小学校饮用奶、营养餐及校服规范服务工作对提高中小学生营养健康水平、促进青少年儿童健康成长具有十分重要的意义，要认真贯彻落实蚌埠市人民政府办公室《关于做好全市中小学校饮用奶、营养餐及校服规范服务工作的通知》及相关要求，全面规范采购和使用管理，把好入口关、服务关、质量关。学校要成立饮用奶、营养餐及校服规范服务工作领导小组，指定专人负责，依规建立健全各项管理制度，加强各项工作的日常管理和自查工作，确保师生健康及校园安全。

会议要求，县直有关部门要密切配合，强化监管，建立联合督查机制。教育、市场监管及卫生健康等部门要按照职能分工，定期对学校饮用奶、营养餐的价格、质量、流通管理、食品安全等各环节及校服规范服务等进行常规检查；农业部门要加强对奶源的监管，全面杜绝安全隐患。要实施校服“双送检”制度，履行检查验收和记录义务，验明并留存产品出厂检验报告，确认产品标识符合国家规定要求，全面保障校服质量。

践行“健康中国”战略“学生饮用奶计划”工作座谈会在天长召开

10月13日，天长市人民政府与君乐宝集团举行国家“学生饮用奶计划”工作座谈会，天长市委常委、副市长吕传华出席并主持会议，天长市委教体工委委员凌心忠，天长市经济协作中心主任蒋跃、副主任汪小磊出席②。

---

① 五河县人民政府．县政府专题部署中小学学生饮用奶、营养餐及校服规范服务工作会［EB/OL］．（2023-08-18）［2023-10-18］．https：//www.wuhe.gov.cn/xwzx/bdyw/81255818.html.

② 楚天全媒体．践行“健康中国”战略“学生饮用奶计划”工作座谈会在天长召开［EB/OL］．（2022-10-18）［2023-10-18］．https：//baijiahao.baidu.com/s?id=1746987331877788164&wfr=spider&for=pc.

吕传华代表天长市人民政府对君乐宝集团一行的到来表示欢迎。他说，在天长市推广国家“学生饮用奶计划”有很大空间，对启动实施此项工作表示大力支持。他指出，要积极学习借鉴外地的经验、做法，结合天长市实际情况，尽快启动国家“学生饮用奶计划”在天长市的试点和全面推广工作。

凌心忠代表天长市教育体育局向君乐宝集团对广大学生健康和营养的关心关爱表示感谢。他说，将积极贯彻落实市委、市政府的工作要求，支持市委、市政府重点招商引资的企业，全力推动国家“学生饮用奶计划”在天长的实施。

安徽省宣城市市场监管局扎实开展学生饮用奶专项检查

宣城市市场监管局联合宣州区局及教体部门对辖区内幼儿园、中小学学生订购饮用奶开展专项检查，进一步规范企业经营行为，守护“小”舌尖上的安全①。

一是“查”“改”衔接。经摸底，全市无学生饮用奶生产企业，仅有 5 家学生饮用奶配送单位，分布在宣州区及经开区。针对配送单位，执法人员围绕经营单位主体资格、学生饮用奶进销货台账、产品标签标识、贮存条件、留样、是否销售过期和非定点企业生产学生饮用奶等方面开展检查。针对配送环节，联合教体部门将饮用奶安全纳入校园食品安全重点检查内容，严查饮用奶从配送到学校环节易出现的风险点。专项检查期间已完成 5 家学生饮用奶配送单位及 98 所次学校检查，未发现早产奶、超期奶、假冒奶、劣质奶等违法犯罪行为。对检查发现问题，督促配送单位及学校按时按要求完成整改。

二是“督”“帮”并举。围绕食品安全“两个责任”落实，将监督和协助一体推进，指导学生饮用奶配送单位开展自查，制定风险管控清单，按要求落实“三类人”“三件事”“三本账”管控；检查属地责任落实情况，包保人员是否开展包保督导、包保数据是否录入平台、督导发现问题是否转接市场监管部门等，点对点指导确保“两个责任”走深走实。

三是“宣”“教”结合。以培训促提升，联合教体部门开展食品从业人员培训，要求饮用奶配送单位负责人、学校责任人深刻认识校园食品安全的重要性，严格落实食品安全主体责任，营造校园食品安全“社会共治”良好氛围。以服务促监管，建立辖区监管微信群，宣传食品安全知识，推广好的做法，实时解答问题，进一步规范学生饮用奶配送单位的经营行为和供应秩序，保障学生饮用奶的质量安全。

江西省九江护航校园食品安全

为进一步强化校园食品安全监管，深入排查校园食品安全风险隐患，确保全市校园食品安全。江西省九江市市场监管局日前召开全市市场监管系统校园食品安全监管工作会，

① 宣城市市场监督管理局．市市场监管局扎实开展学生饮用奶专项检查［EB/OL］.（2023-05-15）［2023-10-18］. https：//amr. xuancheng. gov. cn/News/show/1469365. html.

传达省、市有关领导指示精神，部署安排下一步工作①。

会议指出，校园食品安全事关师生身体健康，事关千万家庭幸福。全市市场监管部门要深刻认识做好校园食品安全工作的重要性，切实把思想和行动统一到省委、省政府和市委、市政府的决策部署上来，不断增强责任感、紧迫感，开展全面排查整治，全力保障全市校园食品安全形势稳中向好。

会议要求，要全面压实责任，以务实举措切实消除校园食品安全隐患。

要把责任压得更实。严格压实党委政府属地管理责任、主管部门主管责任、监管部门监管责任和学校主体责任，切实做到部门联动、齐抓共管，全面筑牢学校食品安全防线。

要把工作做得更细。要聚焦校园食堂、校外供餐企业及周边重点场所，强化全环节重点监管，对问题隐患强化闭环管理，确实做到整改销号不留死角。

要让监管执法更严。持续加大执法力度，加强全链条办案，进一步推进行刑衔接，加强线索移交转办，强化联合打击力度，有力提升校园食品安全治理成效。

会议强调，要加强监测预判，妥善引导处置，严防各类食品安全舆情发生；要强化社会宣传，普及食安常识，营造浓厚社会监督氛围；要严格落实核查处置机制，第一时间转办校园食品安全投诉举报，督促辖区监管部门核查处置到位，坚决把苗头性问题遏制在萌芽状态。全力以赴把校园食品安全工作做细、做实、做好，切实守护好师生们“舌尖上的安全”。

会议还就受理投诉举报和查办案件等工作做了部署安排。各县（市、区）市场监管局食品安全分管负责人、市场监管局校园食品安全治理提升专项行动工作领导小组成员单位负责人，以及工作专班全体人员等参加会议。

山东省沂源：免费午餐营养“升级”可口可心

萝卜牛肉丝、炒冬瓜片、肉末粉丝汤、苹果、牛奶……学校公示栏上，每日的营养午餐食谱一目了然。政府“加餐”，让学生吃饱更吃好。为进一步改善沂源县农村中小学生营养状况，提高义务教育阶段学生身体健康水平，全县在原有的午餐标准和菜品基础上，按照每餐每人加 3 元的标准，全面落实农村义务教育学校学生午餐补贴，并结合学生体质状况、饮食习惯和物产特点，给学生增配了水果、点心、牛奶等，力求做到合理搭配、营养均衡，切实提高学生饮食营养水平，真正让在校就餐学生吃饱更吃好②。

在沂源县教育和体育局的指导下，悦庄镇各中小学按照“一校一案”原则，制定具体实施方案，严把入校食品安全关，各中小学校成立由主要负责人任组长，分管负责人任副组长，相关科室负责人和班主任为成员的学校学生午餐补贴工作领导小组，明确职责，扎实推进各项工作，确保餐食发放到位，为学生每日健康饮食保驾护航。

---

① 中国食品报．江西九江护航校园食品安全［EB/OL］．（2023-07-07）［2023-10-18］．http：//www.cnfood.cn/article?id=1676955857672310786.

② 淄博日报．沂源：免费午餐营养“升级”可口可心［EB/OL］．（2022-10-17）［2023-10-18］．http：//paper.zbnews.net/zbrb/pc/content/202210/17/content_63636.html.

山东省青岛：护航开学校园餐　做好学生“食”事

2 月 6 日是青岛市 120 万名中小学春季开学的日子，落实好学生自身健康成为头等大事。连日来，青岛市各中小学、幼儿园把学生午餐营养及安全等，作为开学季要做好的“食”事，严格遵守“三规范三提升”护航学生开学①。

该市“三规范”保障师生饮食安全是：规范风险隐患排查，即食品安全风险隐患排查、学校生活饮用水安全排查，对学校饮水机和二次供水的蓄水池进行全面清洗消毒，对饮用水、食堂末梢端取水开展检测；规范食堂管理，即持续开展中小学规范化食堂、星级食堂、营养与健康学校和营养健康食堂试点单位的建设，并实行动态管理，定期开展自查，发现问题及时整改；规范食堂财务管理，即严格落实省、市学校食堂财务管理的意见，严格出入库管理，加强成本控制，规范会计核算；坚持公益属性，确保学校食堂财务管理规范，成本核算合理。“三提升”保障供餐工作质效是：提升智慧监管能力，即持续推进学校食堂和校外配餐单位“互联网+明厨亮灶”“大宗食品采购监管平台”等智慧管理模式，应用信息化技术加强精细化管理，积极探索利用信息技术、物联网、人工智能和现代食堂管理等实现“智慧监管”，打造节约型智慧食堂；提升典范引领覆盖面，即发挥“省星级食堂”“营养健康学校”“营养健康食堂”的典范引领作用，发挥“竖起一个点，带动一大片”的效应；提升管理人员专业素养，即定期开展食品安全和营养健康管理人员培训，使管理人员在食品安全管控、营养配餐、食堂运营管理等专业素养得到进一步提升。

山东省青岛莱西：4 211 名高三学生喝上免费奶

从 2 月 16 日起，青岛莱西市为全市 6 所学校的 4 211 名高三学生每天免费提供一盒饮用奶，用营养注入能量，提高学习效率，助力高三学子备战高考②。

作为莱西市政府 2023 年要落实的 14 项实事之一，“免费奶”的发放将更好地推动全市教育高质量发展。据了解，学生饮用奶是专供学生在校集中饮用的“特别牛奶”，相比普通牛奶，有着更加严苛的品质安全要求，根据“安全、营养、方便”的原则，确保每一名学生都能喝到健康营养的高品质牛奶。喝到了热乎乎的暖心奶，莱西市实验学校高三（11）班学生孙小乔说：“我们同学都非常开心，非常满意，我们会更加努力地学习，考上理想的大学，不辜负政府和老师对我们的殷切期望。”

---

① 中国教育报．青岛：护航开学校园餐　做好学生“食”事［EB/OL］.（2023-02-07）［2023-10-18］. http：//www. jyb. cn/rmtzcg/xwy/wzxw/202302/t20230207_2110998143. html.

② 中国教育报．青岛莱西：4 211 名高三学生喝上免费奶［EB/OL］.（2023-02-21）［2023-10-18］. http：//www. jyb. cn/rmtzcg/xwy/wzxw/202302/t20230221_2111002555. html.

河南省推进国家“学生饮用奶计划”成效显著

国家“学生饮用奶计划”在河南省推广实施10多年来，省委、省政府对此项工作一直给予高度关注和大力支持，持续将该计划的扩面与提升纳入政府重点工作。2018年12月，河南省人民政府办公厅（豫政办〔2018〕77号）提出：“拓展‘学生饮用奶计划’实施范围，积极开展牛奶进校园行动”。2020年、2022年、2023年，河南省教育厅三次下文，持续推动国家“学生饮用奶计划”落细和落实①。

在构建新发展格局、推动奶业振兴的工作中，省委、省政府以国家“学生饮用奶计划”推广实施工作为抓手，加快推进河南奶业强省建设。2022年3月，省委书记楼阳生赴蒙牛（焦作）工厂就蒙牛在河南的发展布局、奶源基地建设、百亿产业集群、学生饮用奶推广等进行调研，并强调：要加大政策支持力度，推动奶业全链条发展，加快实现奶业振兴。

2021年4月，省长王凯前往蒙牛（焦作）工厂调研。希望大力发展奶源建设，加快学生饮用奶布局，在豫高质量发展，助推中原经济发展。

政府与政策的支持，得到企业积极响应。蒙牛、伊利、君乐宝等知名奶企，纷纷入驻河南，2020年10月12日，驻马店市·伊利集团高端乳产业集群示范项目暨10万头奶牛生态养殖示范基地项目在西平县正式开工兴建。2023年4月26日，蒙牛乳制品百亿产业集群项目——淮滨县现代化智慧牧场建设项目正式破土动工。2023年5月6日，由君乐宝集团投资10亿元的二期项目在驻马店市正阳县正式投产。

河南省驻马店市推广国家“学生饮用奶计划”工作现场会召开

驻马店市推广国家“学生饮用奶计划”工作现场会在正阳县召开。市政府副市长宋庆林、副秘书长贾守峰，市教育局局长牛清泉，正阳县委书记刘磊、县人民政府副县长孙道怀、君乐宝集团副总裁仲岩等出席会议。会议由贾守峰主持②。

刘磊作为东道主向出席会议的各位领导和来宾表示欢迎，他说，正阳县凭借深厚的农业根基和优越的营商环境吸引君乐宝乳业集团进驻，将正阳奶业发展为豫南地区最大的奶源生产基地和牛奶加工基地，为正阳县率先开展国家“学生饮用奶计划”试点工作提供了坚实的产业支撑。试点工作成效显著，2023年春季学期全县征订人数破10万，征订率达70.35%。

孙道怀分享正阳县推广学生饮用奶工作经验。他说，根据驻马店市在石家庄农产品加工业专题招商考察时与君乐宝集团达成的洽谈意见，正阳县以“六个坚持”全力做好学生饮用奶推广工作，即“高位推动、学习先行、统一协调、宣传引导、自愿原则、服务

---

① 大河报．河南省推进国家“学生饮用奶计划”成效显著［EB/OL］．(2023-05-22)［2023-10-18］．http：//www.dahebao.cn/detail.html？newsid=1882465.

② 河南省人民政府．驻马店市推广国家“学生饮用奶计划”工作现场会在正阳县召开［EB/OL］．(2023-08-17)［2023-10-18］．https：//www.henan.gov.cn/2023/08/17/2798183.html.

至上”。

牛清泉对正阳县委、县政府和君乐宝集团提供的观摩学习机会表示感谢，并对全市各地教育系统和学校推广国家“学生饮用奶计划”工作提出三点要求：一是要抓好落实，不折不扣认真贯彻市政府工作部署。认真履行教育部门的职责，以勇于担当的精神，务实有效的工作措施，持续提升学生饮用奶的覆盖率，如期完成市政府的重要指示。二是要用情服务，切实加强学生饮用奶的宣传引导。要做好政策宣传、教师认识、家校沟通和后勤保障，让全社会认识到推广此项工作的意义和重要性。三是要守住底线，夯实学生饮用奶推广基础。要积极协同纪检监察、市场监管等部门，共同严把安全关，加强对学生饮用奶的质量监管以及推广过程中的廉政风险管控。

最后，宋庆林讲话。他指出，国家“学生饮用奶计划”是提高国民身体素质的一项重要举措，全市各级教育部门要提升思想认识、明确重大意义，把此项工作抓紧抓好、抓出成效。针对政策环境、统筹协调、责任落实和社会认可度等方面存在的问题，他对症开方地提出四点要求：一是明确推广目标任务，力争 2023 年秋季学期全市征订率不低于 50%；未来一个学年，不低于 70%。二是营造良好政策环境，各县、区政府要与纪检部门加强协同，明确学校劳务费补助采取专款专用的形式进行发放，严防廉政风险。三是切实加强宣传引导，各地各学校需通过组织召开动员会、举办营养健康知识讲座、开展研学活动等方式，争取社会面更广泛的支持和认可。四是严把产品质量，各地各学校要严把准入关口，支持市委、市政府招商引资企业在驻马店市供应学生饮用奶。

贾守峰就落实好本次会议精神，对各县（区）提出三点要求：一是要及时向县（区）党委、政府主要领导汇报此次的会议精神，特别是宋市长的讲话精神；二是要结合各县（区）实际，认真学习借鉴“正阳经验”，研究制订计划，形成工作方案，及时组织召开学生饮用奶专题会议、校长会、班主任会、家长会等；三是 8 月 25 日前，要将贯彻落实本次会议情况上报市教育局。

驻马店市纪委监委派驻市教育局第九纪检监察组组长，市教育局、市市场监管局分管副局长、市教育局学生发展中心站长，各县（区）分管教育副县（区）长，教育局局长、副局长、体卫艺股股长（营养办主任），各县（区）纪委监委派驻教育局纪检监察组组长，各县（区）市场监管局分管副局长，各县（区）小学、初中、高中各一名校长代表，君乐宝集团相关人员等近 200 人参会。

河南省商丘市部署推广国家“学生饮用奶计划”工作

全市推广国家“学生饮用奶计划”工作会议召开，会议通报了我市推广国家“学生饮用奶计划”工作进展情况，部署下一步工作。副市长高大立出席会议并讲话①。

会议强调，实施国家“学生饮用奶计划”是我国一项重大决策，是推进“健康中国”的具体行动和推进奶业振兴的重要抓手，各级各有关部门一定要充分认识推广学生饮用奶的重要意义，提高政治站位，坚定信心决心，把实施国家“学生饮用奶计划”作为贯彻

① 商丘市人民政府．我市部署推广国家“学生饮用奶计划”工作［EB/OL］.（2023-08-25）［2023-10-18］. https：//www. shangqiu. gov. cn/xw/sqyw/content_199686.

落实党的二十大精神、践行“健康中国”战略的具体行动，切实抓紧抓好、抓出新成效。

会议要求，要强化工作措施，凝聚工作合力，学习借鉴先进经验，明确推广目标，营造宽松环境，加强宣传引导，严把产品质量，扎扎实实将国家“学生饮用奶计划”实施下去、推广开来。要解放思想、创新方法，扩大国家“学生饮用奶计划”在全市的覆盖范围，把这项利国利民的民心工程做好、做实，让越来越多孩子喝上优质牛奶，切实改善提高学生体质健康水平。

以均衡营养科学锻炼护佑学生健康

湖北省孝感市孝昌县实验小学牢固树立“健康第一”教育理念，把学生健康成长作为一切工作的出发点，在均衡营养搭配和合理安排科学体育活动时间方面发力，让学生度过健康快乐的小学时光①。

学校共有 3 800 多名师生，膳食营养保障压力大。为了让学生早餐吃得卫生、健康、有营养，学校从早餐品种选择、食材选购、膳食搭配等环节认真研究，学校根据小学生年龄特点，结合饮食习惯，聘请了专业师傅做面食，学生到校后就能吃到新鲜可口的面包、包子等主食，并保证每天的早餐品种不重样。

为做好学生营养与健康工作，学校一直坚持推广国家“学生饮用奶计划”。每学期邀请专业人员开展青少年健康知识讲座，组织学生观看科学饮用牛奶科教片，让学生了解牛奶对青少年成长的重要性；组织学生开展饮奶知识竞赛，让学生对什么时间饮奶、饮奶应该注意什么问题等有深入了解和认识。

学校认真落实学生“每天锻炼一小时”要求，配足专业体育教师，开齐体育与健康课程。

湖北：国家“学生饮用奶计划”惠及万千学子

2022 年，湖北省教育厅专门下发《关于进一步做好国家“学生饮用奶计划”推广管理工作的通知》，要求各级教育行政部门在加大幼儿园、义务教育阶段国家“学生饮用奶计划”推广力度的基础上，逐步向高中阶段学校延伸，让更多的学生从此项计划中受益②。

政府重视，形成推广“学生饮用奶计划”浓厚氛围。一直以来，湖北省委、省政府对国家“学生饮用奶计划”推广给予大力支持。自 2008 年起，省政府先后出台《关于促进奶业快速健康发展的通知》《湖北省国民营养计划（2018—2030 年）实施方案》等文件，要求加大国家“学生饮用奶计划”推广力度。2020 年至 2022 年，省政府连续 3 年将国家“学生饮用奶计划”推广写进省政府工作报告，武汉、襄阳、宜昌、黄冈、孝感、

---

①　中国教育报．以均衡营养科学锻炼护佑学生健康［EB/OL］.（2022-11-29）［2023-10-18］. http：//paper. jyb. cn/zgjyb/html/2022-11/29/content_617121. htm？ div=-1.

②　中国教育报．湖北：国家“学生饮用奶计划”惠及万千学子［EB/OL］.（2023-03-21）［2023-10-18］. http：//www. jyb. cn/rmtzgjyb/202303/t20230321_2111017120. html.

随州、荆门、鄂州等市积极响应，出台了系列政策。武汉市教育局及市辖 15 个区密集出台政策，启动实施“学生饮用奶计划”“三年提升计划”。

产销互促，建设学生饮用奶重要生产基地。近年来，随着国家“学生饮用奶计划”在湖北的迅速推广，国家龙头乳企在过去布局的基础上，纷纷在湖北追加投资、提升产能，将产业布局的重点不断从原料端走向消费端，使湖北在全国奶业发展格局中的重要性不断提升。

在黄冈市，伊利集团已建成旗下最大的单体工厂和亚洲最先进的酸奶工厂。伊利自 2007 年入驻黄冈以来，持续推进企业技术改造、产品升级，积极推动黄冈革命老区经济社会高质量发展，为湖北省的乳业振兴和国家“学生饮用奶计划”推广作出了重大贡献。2021 年 5 月，蒙牛武汉低温酸奶工厂顺利竣工投产，成为蒙牛集团全国最大的学生饮用奶生产基地。至此，湖北省成为中国两大龙头乳企的学生饮用奶核心产能基地。蒙牛（武汉）工厂的产品辐射全国 20 个省份。设计产能 9.4 万吨/年，可供应和覆盖湖北省以及华中、华南地区学生群体。

规范操作，确保学生饮用奶质量安全。推广实施国家“学生饮用奶计划”是一项系统工程，涉及千家万户，涉及多个系统和部门，政策性强、关注度高、责任重大。规范运作、把好事做好，是湖北省“学生饮用奶计划”推广不断取得进步的关键。多年来，湖北省将“学生饮用奶计划”工作纳入学校健康教育工作计划，通过举办饮奶知识讲座、主题班会、家长开放日活动以及组织实地参观学生饮用奶生产工厂等形式，开展学生营养知识宣传教育，让学生及家长认识到国家“学生饮用奶计划”的重要性。

湖北省随州市市场监管局与随县教育局开展学校食品及学生饮用奶安全操作培训

为进一步加强学生饮用奶校内规范操作和安全监管，提高师生食品安全意识，3 月 15 日至 16 日，随州市市场监督管理局与随州市随县教育局联合召开“学校食品及学生饮用奶饮用安全操作”培训会议①。

会议上，国家一级公共营养师与学生饮用奶校内安全规范操作讲师为在场学校、幼儿园分管校长与学生饮用奶专管员进行相关培训。随州市市场监管局、随县教育局相关负责人为参会人员详细普及了食品安全科普知识、日常饮食注意事项与学生饮用奶产品标识规范，同时讲解了假冒伪劣食品的危害及其辨别的方法，促进食品安全知识深入人心。

湖北省校园连锁配送企业协会重点工作推进会召开

湖北省校园连锁配送企业协会在中国地质大学迎宾楼召开协会 2022 年总结暨 2023 年重点工作推进会。来自湖北省教育厅、湖北省市场监督管理局、湖北省民政厅等单位的相

① 随州市人民政府．随州市市场监管局与随县教育局开展学校食品及学生饮用奶安全操作培训［EB/OL］．（2023-03-21）［2023-10-18］．http：//www.suizhou.gov.cn/xwdt/bmdt/202303/t20230321_1087658.shtml.

关部门负责人出席会议并讲话。湖北省校园连锁配送企业协会负责人、会员企业代表参加会议①。

根据各会员单位自查上报情况和各地教育行政管理部门综合评价意见以及省协会全面考核，协会评选出孝感天宇印务有限公司、湖北高峡教育印务有限责任公司等 40 家 2022 年湖北省学校后勤服务“信得过”企业和谭德魁、熊杨等 40 名 2022 年湖北省学校后勤服务企业优秀工作者并进行了现场表彰。

优秀工作者代表熊杨在经验交流发言中指出，学生饮用奶由于是中小学生在学校集体、集中饮用，具有群体特殊性和场合特殊性的特点，对质量安全提出了极高的要求。要确保学生饮用奶产品质量安全，因为一旦发生质量安全事件，所有工作将毁于一旦。把“牛奶送到学生手中”最后这一个环节服务好，要始终遵循有关法律法规和食品安全标准。同时将“国家学生饮用奶计划”与健康中国战略和实施乡村振兴战略相融合，坚持学生饮用奶自愿的原则，同时关注低收入家庭和贫困家庭孩子的饮奶，确保让更多孩子喝上优质国产奶。

践行健康中国战略　肇庆市国家“学生饮用奶计划”启动会召开

由中国青少年发展基金会、蒙牛集团、南方周末及深圳市二十一世纪教育研究院合作发起的“中西部地区乡村小学营养健康教育调查研究”指出：“整体看来全国儿童营养健康水平不断提升，但是偏远地区乡村儿童的营养与健康水平仍与发达地区之间存在差距，在营养健康教育与服务方面的关注度尚不充足。针对乡村儿童的营养与健康方面的教育尚有很大建设空间。”其实早在 2001 年，国务院办公厅便印发了《中国食物与营养发展纲要（2001—2010 年）》，提出要建立贫困地区少年儿童营养保障制度，解决农村儿童营养不足等问题。之后的二十余年，又从国家层面相继颁布了《国家中长期教育改革和发展规划纲要（2010—2020 年）》《中国食物与营养发展纲要（2014—2020 年）》《国民营养计划（2017—2030 年）》《“健康中国 2030”规划纲要》等一系列有关政策。2022 年 11 月 11 日，中华人民共和国教育部等七部门印发《农村义务教育学生营养改善计划实施办法》，详细说明了学校供餐基本条件，并提出改善学校食堂就餐条件、加强营养健康教育等要求②。

对此，报告将我国不断完善的营养与健康政策体系总结为“从防治营养不良，到强调提升青少年健康水平，再到构建健康教育完整体系”。据中国疾病预防控制中心跟踪监测数据，2019 年，营养改善计划试点地区男、女生各年龄段平均身高比 2012 年分别提高 1.54 厘米和 1.69 厘米，平均体重分别增加 1.06 千克和 1.18 千克，高于全国乡村学生平均增长速度。

报告调研结果显示，在资金上，虽然乡村小学营养健康教育呈现出外部资源投入丰富

---

①　楚天都市报极目新闻．湖北省校园连锁配送企业协会重点工作推进会召开［EB/OL］.（2023-04-18）［2023-10-18］. http：//www.ctdsb.net/c1676_202304/1724156.html.

②　今日湖北．践行健康中国战略　肇庆市国家学生饮用奶计划启动会在温氏乳业召开［EB/OL］.（2022-12-16）［2023-10-18］. http：//www.hubeitoday.com.cn/post/5/155867.

的向好局面，但乡村学校在学生营养健康教育方面，仍存在食堂软硬件建设不达标等经费投入不足导致的问题。从数据上来看，近四成学校在营养健康教育方面没有资金投入，仅有三成左右学校有专门预算。

报告提出了四点建议：

首要基础便是提高乡村教育工作者、学生和家长的观念意识，针对性开展多种形式的营养教育、培训和宣传活动。

此外，还需要在家校社协作之下，构建适宜的、体系化的营养健康教育体系。报告建议将乡村学生营养健康教育与目前营养餐推广工作有效结合，通过多元主体的参与、对话、沟通、协商，形成政府主导、学校为本、社会力量参与的、因地制宜的营养健康教育服务体系。

作为政府，要加大重视和支持力度，与社会力量共建渠道；作为学校，充分打开思路，与家庭、村落和社会紧密协作；作为社会力量，升级项目思路、迭代服务设计。

最后基于面向世界范围进行的比较研究，报告认为：“我国营养立法工作相对滞后。营养相关法律的长期缺位，导致我国营养改善工作缺少制度保障”。

广东省奶业协会会长颜远义：“学生饮用奶计划”为青少年健康护航

近日，广州市人大代表调研团来到位于增城区石滩镇的风行乳业石滩基地，就如何深入推进“学生饮用奶计划”进行调研。广东省奶业协会会长颜远义在发言中表示，近年来，推广普及国家“学生饮用奶计划”受到越来越广泛的重视，让孩子们每天坚持饮奶，已经成为国家战略和社会共识。广东“学生饮用奶计划”的推广也取得重大突破①。

如今，国家“学生饮用奶计划”经过 20 多年的实施推广，通过宣传饮奶营养知识、开展饮奶与健康教育，规范校内操作流程，加强学生饮用奶生产的监督管理、提升奶源质量安全水平等一系列措施，使国家“学生饮用奶计划”发展从无到有、规模从小到大，实施范围从城市到乡村、从发达地区到贫困地区，对改善提高中小学生的健康水平发挥了重要作用。目前在广东省已扩大至清远、韶关、湛江、茂名、中山等多个城市，不少城市还将这项计划写入《政府工作报告》当中。为确保学生饮奶安全，多个地市均下发文件要求，优先选用拥有“国家学生饮用奶定点生产资质”资质的国家级特大型龙头骨干企业供应学生饮用奶。

广东省奶业协会也积极发挥桥梁和纽带作用，积极协助奶业行业配合国家“学生饮用奶计划”的推广，在广大中小学校园中进行健康教育和科学饮奶教育。他表示，“学生饮用奶计划”的推进需要社会各方共同努力，才能达到预期的效果。

① 广州日报．广东省奶业协会会长颜远义：“学生饮用奶计划”为青少年健康护航［EB/OL］．(2022-12-14)［2023-10-18］. https://www.gzdaily.cn/amucsite/web/index.html#/detail/1954986.

广东省江门市政府召开国家“学生饮用奶计划”座谈会

4 月 25 日，江门召开国家“学生饮用奶计划”工作座谈会，计划推广学生饮用奶项目，由教育部门牵好头，确保项目尽快落地见效①。

君乐宝集团全国学生饮用奶总监杨光华介绍了国家“学生饮用奶计划”。学生饮用奶是“健康中国”战略和国民营养计划的重要举措，国家与广东省政府均出台文件均明确推广国家“学生饮用奶计划”，扩大覆盖范围。多年来，君乐宝始终以高度的社会责任感和使命感，严格遵守“安全、营养、方便、价廉”的基本要求，从生产、检验到运输全程进行严格管控，确保孩子们每天喝到健康、营养的学生饮用奶。君乐宝集团将全力配合学生饮用奶工作在江门的落地实施。

据了解，在 4 月 24 日，江门市人民政府、蓬江区人民政府已与君乐宝集团签署《投资战略合作协议》，计划投资 30 亿元，围绕生产、奶源、研发、科普、销售、工业旅游、研学实践教育等内容，多维度打造华南液态奶基地。该项目计划在 7 月动工，2024 年底投产，主要生产学生饮用奶、鲜奶、酸奶等产品，其学生饮用奶产能将供应广东、广西、湖南、江西、福建、海南等 6 个省份。

广西靖西市教育局召开推广全市中小学生及幼儿园“学生饮用奶”工作布置会

近日，靖西市教育局召开推广全市中小学生及幼儿园“学生饮用奶”工作布置会，做到早部署、早落实，积极推动国家“学生饮用奶计划”在全市稳步开展②。

会议深入学习了《“健康中国 2030”规划纲要》《国民营养计划（2017—2030 年）》《广西国民营养计划（2017—2030 年）实施方案》，以及《关于推进奶业振兴打造南方奶业强区的实施意见》等国家、自治区、百色市有关文件精神，使大家全面了解国家推广“学生饮用奶计划”的重要性和迫切性。

会议指出，推广国家“学生饮用奶计划”是教育部门的重要职责，也是学生健康的迫切需求。各学校和幼儿园一定要认清形势、密切配合、精心组织、各司其职，提高教师、学生、家长对其重要性的认识，确保国家“学生饮用奶计划”顺利推广；要深刻理解政策，做好组织、宣传、征订工作，积极引导学生养成饮奶的好习惯。

为确保食品安全，靖西市教育局要求，各中小学及幼儿园要密切配合，加强管理，选择安全可靠且家长和学生认可的大品牌学生奶，优先选择国家级龙头企业生产的学生饮用奶。

---

① 信息时报．江门市政府召开国家“学生饮用奶计划”座谈会［EB/OL］．（2023-04-27）［2023-10-18］．https：//www.xxsb.com/content/2023-04/27/content_209567.html.

② 广西百色靖西市人民政府．靖西：推广“学生饮用奶计划”助力中国少年强［EB/OL］．（2022-08-31）［2023-10-19］．http：//www.jingxi.gov.cn/xxgk/fdzdgkmr/jcxxgk/zwdt/zwyw/t13015728.shtml.

海南省海口将于 4 月实现主城区中小学校内午餐午休全覆盖

海口把“为中小学生提供校内午餐午休服务”列为今年教育“一号工程”，将按“因地制宜、一校一案”原则分四大类有序推进，今年 4 月实现全市主城区学校全覆盖，切实为家长减轻负担①。

据介绍，海口市现有义务教育阶段中小学 259 所，在校学生 33.7 万人。2023 年春季学期开学前，海口市教育局组织各学校进行第一轮排查。调查显示，该市有校内午餐午休服务需求的学生约占总人数的 25.5%。目前，已在校内实现午餐午休的学生约有 6.7 万人。

海口将按照“因地制宜、一校一案”的原则，分四大类有序推进：第一类为有学生宿舍和学生食堂并已开展午餐午休的学校，将继续加大内部空间挖潜，提升午餐午休供给能力，满足更多学生需求；第二类为基本配有学生宿舍、学生食堂等场所，但尚未开展午餐午休的学校，将对午餐午休设备、场所进行改造完善，迅速启动校内午餐午休服务。其中，校内午餐午休食堂设施设备添置建设需要时间较长的学校，可采取暂时集中配餐的过渡形式予以保障；第三类为有部分可利用空间，经添加午休设备可基本满足午餐午休的学校，将由海口市教育局统一采购配置简易午休设备，在教室、图书馆、功能室、体育馆等场所进行午休，实现“一室多用”，采用集体配餐方式解决午餐供给；第四类为农村小规模学校，将根据学生午餐午休需求情况，通过“一校一案”的办法予以解决，满足学生需求。

贵州省锦屏县：“5+X”助力学生营养改善计划再提质

锦屏县通过多部门联合制定了《锦屏县农村义务教育学生营养改善计划提质行动实施方案》，完善相关监督机制，明确工作职责，齐抓共管，共同监督，从源头上保证学生从“吃得饱”向“吃得好”“吃得营养、科学、均衡”转变，让膳食补助的每一分钱都“吃进学生肚子里”。锦屏县学生资助中心负责人龙显东介绍，2022 年秋季学期起，锦屏县全面推进“5+X”学生营养餐提质行动：国家拨款 5 元，家长自筹 X（1 元、2 元、3 元）。实行政府和家长共同承担，每天三菜一汤（一荤两素），每周向学生提供三次专用牛奶，并保证学生每日有水果、鸡蛋②。

2022 年锦屏县实施农村义务教育学生营养改善计划学校共 92 所，实施义教营养餐资金 2 253 万元，覆盖在校学生 22 530 人。

---

① 海南特区报．海口推行主城区义务教育学校校内午餐午休服务 4 月底前全覆盖［EB/OL］．(2023-02-16)［2023-10-19］．https：//www.hntqb.com/html/2023-02/16/content_3037_7330764.htm.

② 人民网．锦屏：“5+X”助力学生营养改善计划再提质［EB/OL］．(2022-11-01)［2023-10-19］．http：//gz.people.com.cn/n2/2022/1101/c383899-40177514.html.

云南省农村义务教育学生营养改善计划专题培训举行

4 月 11 日，云南省农村义务教育学生营养改善计划专题培训在昆明举行。全国学生资助管理中心副主任马建斌、省教育厅副厅长曾继贤出席会议并讲话①。

马建斌指出，云南省对营养改善计划高度重视，项目实施 10 余年来，云南学生的身体素质得到明显提高，有力促进了脱贫攻坚和地方经济社会发展。营养改善计划是一项长期的惠民政策，各地要贯彻落实《农村义务教育学生营养改善计划实施办法》，落实县级政府主体责任，大力推行食堂供餐，加强项目监管，确保每一分钱用到学生营养餐。

曾继贤强调，营养改善计划实施 10 余年来，我省共投入各级营养膳食补助资金 449.94 亿元、食堂建设资金 80 多亿元，在实名制管理、供餐模式优化、公示公开制度落实、信息化监管等方面进行了有益探索，全面改善了我省农村义务教育学生营养健康状况，全面助力控辍保学和脱贫攻坚工作，营养改善计划实施取得累累硕果。全省各地要进一步压实县级主体责任，强化部门协同，落实学校实施责任，抓好动员宣传教育，推动全省营养改善计划工作在第二个十年再上新台阶。

◎其他媒体报道清单

潇湘晨报．中国学生饮用奶（阳江）推广中心提升国家“学生饮用奶计划”覆盖率

齐鲁壹点．高度重视！学生喝奶很重要

齐鲁壹点．国家“学生饮用奶计划”推进第 23 年，多地学生受惠成效明显

消费日报．国家“学生饮用奶计划”推进二十三年获得广泛认可

澎湃新闻．我国 6~17 岁学龄儿童主要食物摄入不均衡

上观新闻．新华时论｜校园餐饮必须守好“舌尖安全”

澎湃新闻．2023 年全国农村义务教育学生营养改善计划专题培训班在北京举办

搜狐网．关注少年儿童营养健康，“学生饮用奶营养专题论坛”在乳都召开

新浪财经．鄂尔多斯规范“学生饮用奶”经营

安青网．营养餐怎么吃 “电子营养师”说了算——六安市裕安区试点学生餐管理系统

中原资讯．河南省农村义务教育学生营养改善计划工作推进会在内乡召开

楚天全媒体．三地同心共推国家“学生饮用奶计划”　凝智聚力践行健康中国战略

新浪海南．海南省健康促进公益项目签约仪式在海口举行

澎湃新闻．贵州省关岭举行健康校园行动计划“学生奶助学”项目启动大会暨捐赠仪式

---

① 云南省教育厅．云南省农村义务教育学生营养改善计划专题培训举行［EB/OL］．（2023-04-12）［2023-10-19］．https：//jyt. yn. gov. cn/article/2147447263.

第五部分

论文摘要

推进“牛奶+”成长再赋能

凯歌而行，不以山海为远；乘势而上，不以日月为限①。

党的二十大提出，人民健康是民族昌盛和国家强盛的重要标志。要大力推进健康中国建设，把保障人民健康放在优先发展的战略位置。今年六一儿童节前，习近平总书记考察北京育英学校时指出，提高人的健康素质，青少年是黄金期。这个阶段长身体是第一位的，只有身体好了，才能为今后一生的学习工作打好基础。

在今年 8 月举行的 2023 中国学生营养与健康发展大会上，众多专家指出，近年来，我国学生营养与健康状况持续改善，但营养不良及营养过剩等问题不容忽视；促进学生身心健康、全面发展，刻不容缓。会议启动了“学生饮用奶校园应用现状”研究项目，将通过政策研究和实地调研，了解学生奶应用状况，为更好地推广实施国家“学生饮用奶计划”提供有效依据。

点滴营养，绽放每个未来；守护成长，强壮中国少年。即将开启的新学年，是黄冈持续推进教联体建设、加快义务教育优质均衡发展和城乡一体化的一年。在孩子享受“校校都是好学校、生生都有好教师”福祉的同时，专家提醒，请继续为孩子准备一份学生奶，让孩子在新学年里既长智力、也长身体。

践行健康中国战略　大力推广国家“学生饮用奶计划”

金秋时节，全市中小学迎来开学季。在紧张的学习生活中，青少年摄入充足营养是社会关注的主要话题。近年来，我国学生营养和健康状况持续改善，但营养不良及营养过剩问题不容忽视，加上成长环境的不断变化，学生心理健康问题也不断凸显。促进学生身心健康、全面发展，已成为中央关心、人民群众关切、社会关注的重大课题。作为“国民营养计划”具体行动中的国家“学生饮用奶计划”，受到各位家长的关注。养成每日科学饮奶习惯，提高学生营养健康素质，改善学生身体状况，对推动“健康中国”行动具有重要意义②。

营养改善计划对贵州省部分农村中小学生贫血改善效果评价

［目的］分析贵州省学生营养改善计划试点地区中小学生的贫血患病率及其影响因素，评价中小学生营养改善计划实施效果，为制定学生营养相关政策提供科学依据。［方法］采用多阶段分层随机整群抽样法，根据重点监测县德江、普定和册亨在 2012 年、2016 年及 2020 年测定的血红蛋白值，计算贫血率。［结果］2012 年、2016 年、2020 年血红蛋白值差异具有统计学意义（$F = 132.01$，$P < 0.01$）；贫血率逐渐降低（13.8%、

---

① 杨辉．推进“牛奶+”成长再赋能［N］．黄冈日报，2023-09-01（4）．

② 孟磊．践行健康中国战略　大力推广国家“学生饮用奶计划”［N］．信阳日报，2023-09-01（2）．

10.8%、10.3%)，2012 年和 2020 年差异具有统计学意义（$\chi^2=3.97$，$P<0.05$）；不同性别之间，男生贫血率降低，差异有统计学意义（$\chi^2=17.62$，$P<0.05$），女生贫血率差异无统计学意义（$\chi^2=5.21$，$P>0.05$）；不同学段，小学生贫血率的变化差异具有统计学意义（$\chi^2=20.81$，$P<0.01$），初中生贫血率的变化差异无统计学意义（$\chi^2=2.87$，$P>0.05$）。不同监测点，除德江外，其余 2 个县贫血率的改变差异具有统计学意义（$\chi^2=146.61$，34.20，均 $P<0.01$）。[结论] 贵州省“营养改善计划”试点地区中小学生的贫血发病率得到了一定改善，但政府和学校仍应加强对学生和家长的营养宣教①。

人力资本视角下农村学生营养干预效果研究

营养不良是制约相对贫困地区学生身心发展和人力资本积累的重要原因。为提高农村学生营养健康水平，2011 年我国启动了农村义务教育学生营养改善计划进行营养干预。采用中国教育追踪调查（CEPS）数据，使用基于面板数据固定效应模型评估营养改善计划对农村学生人力资本的影响，结果显示：营养改善计划显著改善了农村学生的标准化身高、自信心和认知能力，并降低了辍学率；营养改善计划对经济困难学生、留守儿童、非独生子女的改善作用更明显，主要体现在对未来的信心、认知能力、考试成绩和辍学率方面。营养改善计划的实施减弱了家庭不利因素对相对贫困学生人力资本的负面影响，在一定程度上缩小了因家庭经济社会地位不同造成的受教育机会和人力资本积累等方面的差距②。

饮食指导与家庭支持护理在慢性肾脏病维持性血液透析患者营养改善方面的应用

[目的] 运用饮食指导与家庭支持护理干预慢性肾脏病维持性血液透析患者，并分析其应用效果。[方法] 2022 年 1—12 月，以接受维持性血液透析的慢性肾脏病患者为对象，共计 74 人，分为对照组与观察组，每组 37 人。对照组接受常规护理，观察组接受饮食指导与家庭支持护理，观察两组干预效果。[结果] 干预后，观察组的热量、脂肪供能占比均显著高于对照组，$P<0.05$，碳水化合物供能占比显著低于对照组，$P<0.05$，两组蛋白质对比无差异，$P>0.05$；观察组患者生活质量高于对照组，$P<0.05$；观察组护理满意度高于对照组，$P<0.05$。[结论] 饮食指导与家庭支持护理在慢性肾脏病维持性血液透析患者营养改善方面发挥了重要作用，能改善患者的营养状况，提升患者的生活质量，护理效果满意，值得推广③。

---

① 黄伊彦文，潘月华，刘怡娅，等．营养改善计划对贵州省部分农村中小学生贫血改善效果评价[J]．中国卫生工程学，2023，22（4）：452-455.

② 周磊，王静曦．人力资本视角下农村学生营养干预效果研究［J］．郑州轻工业大学学报（社会科学版），2023，24（4）：50-56.

③ 屈丹．饮食指导与家庭支持护理在慢性肾脏病维持性血液透析患者营养改善方面的应用［J］．食品安全导刊，2023（18）：105-107.

农村学校营养改善项目对学生健康水平的影响——基于中国家庭追踪调查（CFPS）数据的实证

中国城乡教育资源配置长期不均，农村在减少儿童营养摄入不足和发育迟缓上长期落后于城市。为改善农村学生营养状况，中国农村义务教育学生营养改善计划于 2011 年秋季学期启动。基于 2010—2020 年中国家庭追踪调查（CFPS）六轮调查数据，利用该政策在不同地区实施的准实验差异，使用双重差分法（DID）和双重差分倾向得分匹配方法（PSM-DID）评估政策实施后农村学生体质变化。结果显示，该政策对实验组学生身高具有一定的提升作用，但因身高和体重变化幅度并不一致，对 BMI 的影响并不积极。进一步研究发现，该政策对于男生、小学阶段和家庭社会经济地位较低的学生影响更为显著。如何发挥最大政策效果，使学校营养改善项目真正为促进教育公平和经济发展发挥作用，是下一步相关研究和地方政府工作的重点①。

2021 年福州市营养改善计划地区中小学生营养知识与饮食行为调查

［目的］了解福州市营养改善计划地区中小学生营养知识与饮食行为现况，为开展有针对性的营养健康教育和膳食指导提供参考依据。［方法］2022 年在福州市营养改善计划重点监测县抽取小学和初中各 4 所作为调查学校。采用多阶段分层整群随机抽样，最终纳入 1 130 名有效调查对象。采用《农村义务教育学生营养改善计划营养健康状况监测学生调查表》对学生一般情况、营养知识、饮食行为进行调查。统计学分析采用 χ^2 检验。［结果］福州市营养改善计划地区中小学生营养知识平均知晓率为 56.5%，其中知晓率最高的是预防缺铁性贫血，为 80.9%；知晓率最低的是每日食物种类，为 4.3%。学生营养知识合格率为 55.8%，其中中学生合格率高于小学生，差异有统计学意义，$\chi^2=6.045$，$P<0.05$；县城学生合格率高于农村学生，差异有统计学意义，$\chi^2=22.734$，$P<0.05$。学生营养知识获取的主要途径是家人（14.1%）、电视和广播（13.6%）、学校健康教育课（11.8%）。学生饮食行为平均良好率为 49.4%，其中良好率最高的是吃早餐，为 94.0%；良好率较低的是吃豆制品和吃零食，分别为 14.6%、13.1%。学生饮食行为合格率为 38.4%，其中小学生合格率高于初中生，差异有统计学意义，$\chi^2=17.894$，$P<0.05$。［结论］福州市营养改善计划地区中小学生营养知识和饮食行为水平有待提高，应深入开展营养健康教育和膳食指导，营造学校-家庭-社会多层次的营养健康氛围，提高学生营养健康素养，促进其健康成长②。

---

① 李瑜，高波．农村学校营养改善项目对学生健康水平的影响——基于中国家庭追踪调查（CFPS）数据的实证［J］．人口与发展，2023，29（3）：124-136.

② 廖静岚，徐幽琼，江智信，等．2021 年福州市营养改善计划地区中小学生营养知识与饮食行为调查［J］．社区医学杂志，2023，21（11）：562-566.

“六坚持六确保”打造营养改善计划安全营养阳光工程

自2012年3月1日实施营养改善计划以来，玉溪市围绕“安全”和“营养”两大重点，推进政策公开化、操作规范化、管理精细化、监管程序化，打造营养改善计划安全营养阳光工程，确保了资金安全、食品安全和干部安全。10余年来，全市共计227.52万名学生享受政策补助，学生营养健康状况大幅改善，义务教育阶段农村学生实实在在享受到党和国家的关爱，营养改善计划在义务教育均衡发展和脱贫攻坚中的重要作用充分发挥，全市未出现义务教育阶段学生因贫失学、因学返贫现象①。

云南省农村义务教育学生营养改善计划专题培训举行

近日，云南省农村义务教育学生营养改善计划专题培训在昆明举行。全国学生资助管理中心副主任马建斌、省教育厅副厅长曾继贤出席并讲话。马建斌指出，云南省对营养改善计划高度重视，项目实施10余年来，云南学生的身体素质得到明显提高，有力促进了脱贫攻坚和地方经济社会发展。营养改善计划是一项长期的惠民政策，各地要贯彻落实《农村义务教育学生营养改善计划实施办法》，落实县级政府主体责任，大力推行食堂供餐，加强项目监管，确保每一分钱都用到学生营养餐②。

贵州省农村营养改善计划地区中小学生贫血状况分析

［目的］了解贵州省实施“农村义务教育学生营养改善计划”地区中小学生贫血状况及影响因素，为学生营养改善工作提供科学依据。［方法］采用多阶段分层随机整群抽样方法，对2021年贵州省8个重点监测县的11 938名中小学生进行血红蛋白检测和体格检查，并对所在学校进行问卷调查。采用MLwiN2.23拟合两水平logistic回归模型分析贫血的影响因素。［结果］贵州省农村营养改善计划地区中小学生贫血检出率13.29%。零模型结果显示，学生贫血在学校水平存在聚集性（$\chi^2=24.757$，$P<0.01$），采用多水平模型拟合效果更佳。两水平logistic回归分析结果显示，女生（OR=1.50，95%CI：1.34~1.68）、1~3年级学生（OR=1.90，95%CI：1.31~2.76）、营养不足学生（OR=1.53，95%CI：1.28~1.82）的贫血发生风险高；超重肥胖学生（OR=0.74，95%CI：0.62~0.88）、家长额外承担餐费的学生（OR=0.54，95%CI：0.34~0.86）、学校食谱为带量食谱的学生（OR=0.55，95%CI：0.35~0.86）贫血发生风险低。［结论］贵州省农村营养改善计划地区中小学生贫血率偏高。学校应注重学生平衡膳食，加强家长和学校的合作，

---

① 赖朝东，胡贵青．“六坚持六确保”打造营养改善计划安全营养阳光工程［J］．云南教育（视界时政版），2023（4）：30-32.

② 矣勇．云南省农村义务教育学生营养改善计划专题培训举行［J］．云南教育（视界时政版），2023（4）：50.

针对重点人群开展干预，改善中小学生贫血状况①。

学校供餐帮助贫困儿童改善营养不良

联合国世界粮食计划署近日发布《2022 年全球学校供餐状况》报告显示，在国际社会和各国政府的积极努力下，学龄儿童的饥饿问题近年来有所改善。目前学校供餐已惠及全球近 4.2 亿儿童，相比 2020 年增加 3 000 万，占在校儿童总数的 41%。

受多重因素影响，当前全球粮食安全状况不容乐观。根据相关报告，全球约 3.45 亿人面临严重的粮食不安全，其中包括 1.53 亿儿童和青少年。为保障全球粮食安全，联合国大会 2016 年宣布 2016 年至 2025 年为“联合国营养问题行动十年”，并将未成年人的身体和心理成长意义重大：可将学生的入学率和出勤率提高近 10%，并能够有效帮助贫穷国家的儿童摆脱贫困和营养不良。

目前，世界粮食计划署与 100 多个国家合作制定了可持续的国家学校供餐计划，并于 2020 年成立“全球学校营养餐联盟”。目前该联盟共有 75 个成员国，致力于到 2030 年让每个儿童每天都能在学校享用营养餐。在提供学校营养餐的进程中，世界粮食计划署与当地小农企业合作，努力保障膳食安全和供应链顺畅。

报告显示，部分低收入国家的学校供餐计划急需资金援助。低收入国家的学校供餐比例仅有 18%，比疫情前水平低 4%，发达国家这一数字为 61%。在部分非洲国家，仅有不到 10%的在校儿童能够获得免费或受补贴的学校供餐。布巴诺呼吁捐助国尽快提供支持，增加对这些低收入国家的投资。

中国在学校供餐方面为世界各国作出了典范。2011 年，中国启动实施农村义务教育学生营养改善计划，为乡村学校供餐提供资金补助。去年底，教育部等 7 部门联合印发实施办法，进一步强化供餐管理、资金使用管理等。世界粮食计划署对全球 169 个国家的调查结果显示，中国是全球少数同时在中学、小学阶段提供营养餐的国家，学校供餐规模位居前列。此外，中国还与世界粮食计划署合作，在贝宁、利比里亚等国家协助建立学校食堂或捐献食品②。

广东省农村营养改善计划地区中小学生生长迟缓状况分析

［目的］分析 2021 年广东省农村义务教育学生营养改善计划监测地区中小学生生长迟缓状况及相关影响因素。［方法］采用多阶段分层随机整群抽样方法，选取 2021 年广东省农村义务教育学生营养改善计划地区 6~16 岁中小学生为研究对象。依据生长迟缓诊断标准，分析比较不同性别、年龄、地区中小学生的生长迟缓率，采用多因素 logistic 回归模型分析生长迟缓的影响因素。［结果］2021 年广东省农村义务教育学生营养改善计划监测地区调查儿童的总生长迟缓率为 2.5%。女生生长迟缓率低于男生（$\chi^2 = 11.96$,

---

① 石柱，刘怡娅，贺林娟，等．贵州省农村营养改善计划地区中小学生贫血状况分析［J］．中国预防医学杂志，2023，24（6）：538-543.

② 谢亚宏．学校供餐帮助贫困儿童改善营养不良［N］．人民日报，2023-04-12（15）.

$P<0.05$)。各年龄段不同性别学生的生长迟缓率比较，12 岁年龄段男女生的生长迟缓率差异有统计学差异（$\chi^2=3.93$，$P<0.05$）。学生的生长迟缓率从 6 岁到 9 岁呈上升趋势，后随年龄增加而下降，13 岁达到最低点，然后随年龄增加而上升。［结论］广东省 2021 年农村义务教育学生营养改善计划监测地区的农村中小学生生长迟缓率得到进一步改善，学段、性别、学校是否提供牛奶等对于儿童生长迟缓状况都有一定影响①。

"贫困地区儿童营养改善试点项目"对广西贫困地区 5 岁以下儿童生长发育的促进作用

［目的］探讨"贫困地区儿童营养改善试点项目"对广西贫困地区 5 岁以下儿童生长发育的促进作用。［方法］以广西 2018 年新增的 45 个项目县（市、区）及 57 个非项目县（市、区）作为研究对象，统计 2018—2021 年项目实施情况。根据《广西 7 岁以下儿童保健和健康情况年报表》收集 2017—2021 年两个区域 5 岁以下儿童的生长发育指标数据，分析上述指标的变化及差异。［结果］2017—2021 年，项目县（市、区）与非项目县（市、区）的 5 岁以下儿童低体重率、生长迟缓率、消瘦率、贫血率、中重度贫血率总体均呈下降趋势（均 $P<0.05$）。项目县（市、区）上述指标的年均增长率分别为 -7.3%、-13.1%、-3.4%、-22.5%、-24.0%，分别是非项目县（市、区）的 1.2 倍、1.2 倍、1.5 倍、1.1 倍、0.94 倍。2021 年，项目县（市、区）5 岁以下儿童低体重率、消瘦率、贫血率均低于非项目县（市、区）（均 $P<0.05$）。［结论］"贫困地区儿童营养改善试点项目"对广西贫困地区 5 岁以下儿童的生长发育有明显的改善作用②

建设健康锦州　全面推广国家"学生饮用奶计划"

青少年儿童是国家的未来、民族的希望。当代中国青少年儿童既是实现第一个百年奋斗目标的经历者、见证者，更是实现第二个百年奋斗目标、全面建设社会主义现代化强国的主力军。促进青少年儿童健康成长，能够为国家可持续发展提供宝贵资源和不竭动力，是全面建设社会主义现代化强国、实现中华民族伟大复兴中国梦的必然要求。

国家"学生饮用奶计划"是我国第一个由国务院批准并组织实施的全国性中小学生营养改善专项计划。"计划"以青少年儿童健康成长为首要目标，以在校学生为推广主体和重点，通过在课间向在校学生提供优质牛奶的形式开展。长期以来，倡导青少年儿童每天坚持饮用牛奶，促进发育成长，提高健康水平，已成为国家战略和社会共识，而国家"学生饮用奶计划"的推广实施是基于对青少年儿童营养健康需求的深刻体悟，是落实"健康中国"战略的重要举措，也是落实"国民营养计划"的具体行动③。

---

① 李世聪，闻剑，卢玲玲，等. 广东省农村营养改善计划地区中小学生生长迟缓状况分析［J］. 预防医学论坛，2023，29（4）：297-300.

② 雷利志，姚慧，谢小花，等."贫困地区儿童营养改善试点项目"对广西贫困地区 5 岁以下儿童生长发育的促进作用［J］. 广西医学，2023，45（6）：686-689，703.

③ 建设健康锦州　全面推广国家"学生饮用奶计划"［N］. 锦州日报，2023-03-01（B04）.

国家“学生饮用奶计划”推进二十三年获得广泛认可

近日，全国各地中小学正式迎来 2023 年春季新学期，关于学生奶的话题再次引起社会各界的关注。从 2000 年算起，国家“学生饮用奶计划”至今已经走过近 23 年的时间，记者走访发现，越来越多的家长、学生开始认可学生奶，与此同时，让学生喝上安全、放心的学生奶，也是社会各界的共同期盼①。

教育部等七部门印发《农村义务教育学生营养改善计划实施办法》

习近平总书记在党的二十大报告中强调：“坚持以人民为中心发展教育”“完善人民健康促进政策”。持续改善农村学生的营养健康状况事关国家未来和民族希望，事关社会发展和教育公平。为进一步加强和改进农村义务教育学生营养改善计划工作，持续提升农村学生营养状况和身体素质，不断促进农村教育事业发展和教育公平，近日，教育部会同国家发展改革委、财政部、农业农村部、国家卫生健康委、国家市场监管总局、国家疾控局，制定并印发了《农村义务教育学生营养改善计划实施办法》②。

从“一粒粟”到“万颗子”——营养改善计划为农村义务教育带来了什么

少年儿童健康成长是每个家庭最大的愿望和期盼，关系到学生群体的全面发展和国家民族的未来。为进一步加强和改进营养改善工作，持续提升农村学生营养状况和身体素质，2022 年，教育部等七部门印发《农村义务教育学生营养改善计划实施办法》，持续促进农村教育事业发展和教育公平，为农村教育事业高质量发展拓展了广阔的空间③。

改善营养　提升体质

我国将“农村义务教育阶段学生营养改善计划”纳入《国家基本公共服务标准（2021 年版）》，这项计划是世界上规模第三、财政投入第二的校园营养餐计划，惠及近 4 000 万农村学生，这些学生的人数约占全国义务教育阶段学生总数的 1/4。我国在 2011 年秋季就已启动实施“农村义务教育阶段学生营养改善计划”工程，旨在切实改善农村学生营养状况，提高农村学生健康水平，实施 12 年以来成效显著④。

---

① 暴梦川．国家“学生饮用奶计划”推进二十三年获得广泛认可［N］．消费日报，2023-02-15（A01）．

② 教育部等七部门印发《农村义务教育学生营养改善计划实施办法》［J］．山西教育（管理），2023（1）：11-13．

③ 李景．从“一粒粟”到“万颗子”——营养改善计划为农村义务教育带来了什么［J］．中国民族教育，2023（1）：8-10．

④ 刘涛．改善营养　提升体质［J］．中学生数理化（初中版．中考版），2023（Z1）：56-57．

美国儿童营养改善计划概况

［目的］对美国儿童营养改善计划的建立和实施方法进行综述，描述美国常见的几种儿童营养改善计划的目的、内容、方法及应用对象，为我国开展儿童营养改善工作提供参考。［方法］通过关键词、主题词检索相关文献、书籍、报告及网络资料。［结果］美国儿童营养改善计划实施多年，其针对不同儿童需求实施了多项计划，各计划具有不同特点，全方位保障儿童营养健康。［结论］儿童营养改善计划的建立和实施需有目的性、大局观，财力支持及立法保障。我国可借鉴类似经验，结合各地特点发展符合我国国情的儿童营养改善计划①。

青岛市小学高年级学生奶及奶制品知信行现状及需求调查分析

［目的］全面了解青岛市小学生饮奶知识、态度、行为及对奶及奶制品的需求，探索适合小学生的健康宣教模式，提高小学生饮奶量。［方法］采用分层整群随机抽样方法，在青岛 7 个区市分别随机抽取 1 所学校，选 3~5 年级以班级为单位抽取 100 名学生作为研究对象，开展饮奶知信行相关问卷调查。［结果］奶及奶制品知晓率偏低，农村高于城市，牛奶功效知晓率为 22.3%，推荐饮奶量的知晓率为 37.5%，乳糖不耐受条目及牛奶中营养成分知晓率均低于 60%。90.6%的学生愿意学习牛奶相关营养知识，84.8%学生对养成每日饮奶习惯持支持态度。学生每天饮奶量至少 300 毫升的比例为 50.0%，有每天都喝奶习惯的比例为 52.0%，奶及奶制品由父母或家长提供占 80.7%，学校提供占 8.7%，学生最喜欢的饮料排名纯牛奶或酸奶占 28.7%，果汁占 26.1%，碳酸饮料占 18.9%，在牛奶和含乳饮料选择中果味乳饮料占 19.1%，喝牛奶是自己喜欢和营养需要比例分别为 59.5%和 31.3%，选购牛奶经常查看商品标签比例为 32.8%。［结论］小学生奶及奶制品知晓率较低，态度较好，饮奶频率及饮奶量不足，下一步干预应加强奶及奶制品健康教育，培养家庭饮奶氛围，增加学校供奶②。

2019 年中国学生营养改善计划学校带量食谱使用情况

［目的］分析“农村义务教育学生营养改善计划”（以下简称“营养改善计划”）试点地区学校带量食谱使用情况及其影响因素，为进一步提高学生餐供餐质量提供参考。［方法］2019 年在实施营养改善计划的 22 个省 726 个国家试点县抽取 7 808 所学校作为调查对象纳入分析。通过自行设计的问卷调查学校带量食谱使用情况及其相关因素。［结果］有 66.6%的监测学校使用带量食谱，其中中部学校使用带量食谱比例为 69.7%，高

---

① 任志斌，胡小琪，张倩．美国儿童营养改善计划概况［J］．中国食物与营养，2022，28（12）：11-15.

② 付齐齐，吴洁，刘小晖，等．青岛市小学高年级学生奶及奶制品知信行现状及需求调查分析［J］．中国食物与营养，2022，28（12）：16-20.

于西部（65.2%）（$\chi^2=15.13$，$P<0.01$）。中部、县城、食堂培训频次为每学期 1~2 次或每月≥1 次、定期培训营养知识、由其他部门提供食谱、制定食谱主要考虑营养搭配、使用配餐软件、提供地方性膳食补助等因素与学校使用带量食谱呈正相关（OR 值分别为 1.31，0.72，1.44，1.73，1.75，3.20，2.15，2.72，1.17，P 值均<0.05）。［结论］营养改善计划国家试点县中小学校的带量食谱使用比例较低，可能受地区经济水平、食堂培训、食谱来源等因素影响。建议强化专业队伍建设及食堂工作人员培训，鼓励学校使用带量食谱，推动科学配餐促进学生健康成长①。

农村义务教育学生营养改善计划智能化管理实践探究及建议

基于客观实际深入研究营养改善计划实施以来的成效以及可持续发展的制约因素，对智能化管理进行探索与实践。在福建省选取尤溪县等试点县区实行综合改革，探究新时期营养改善计划智能化管理可持续模式，包括健全机构人员、健全管理机制，提出大力推广应用“互联网+”技术实行智能化监管，确保食品和资金安全，提高资金使用效益，管控粮食浪费现象等新时期营养改善计划智能化管理的建议②。

农村小学营养改善计划供餐工作的实践与研究

众所周知，学生的健康发展和身体发育离不开一日三餐。尤其对于正在长身体的中小学生而言，餐饮的营养更是重中之重。尽管农村的条件比城镇要差一些，但也不能忽略学生的营养供餐工作。在营养改善计划背景下，农村小学的餐饮应当做到标准化，并且落实到供餐工作的实践和研究中去。无论是农村的学生还是城市的学生，身体的健康发育都是非常重要的③。

《把握农业：改善营养的机遇》（第三至五章）英译汉翻译实践报告

随着我国社会经济的不断快速发展，人们的生活质量不断提高，人们越来越重视自身的身体健康与生命安全，所以食品营养与安全成为了当下人们关注的一大重要问题。《把握农业：改善营养的机遇》是一部致力于解决农业食品与营养问题的论文集。该文集收纳采用了大量权威研究报告及研究数据。因此，该文本对于解决食品营养安全问题具有参考价值，值得借鉴学习。译者选取了该文集的第三至五章翻译，采用奈达的功能对等理论作为指导，参考连淑能的《英汉差异对比》，进行翻译实践分析。本翻译实践报告共分为

---

① 任志斌，徐培培，杨媞提，等．2019 年中国学生营养改善计划学校带量食谱使用情况［J］．中国学校卫生，2022，43（12）：1791-1795.

② 郑永红，章小曼，黄芳．农村义务教育学生营养改善计划智能化管理实践探究及建议［J］．中国学校卫生，2022，43（12）：1897-1900.

③ 杨雪．农村小学营养改善计划供餐工作的实践与研究［J］．食品界，2022（12）：79-81.

四个版块，包括翻译任务描述，翻译过程描述，案例分析以及总结。第三章案例分析是报告的核心篇章，在本章中，译者在功能对等理论的指导下，努力寻求翻译过程中遇到的重点与难点的解决办法。词汇层面，译者采用了加注，词类转换等处理方法；句型层面，译者采用了拆译，调整语序，语态转换等方法，在保证原文信息表达的基础上，使译文更为流畅自然，符合目的语的表达方式。通过本次翻译实践，译者不仅对农业类文本的翻译策略及方法有了进一步认识与学习，还了解了农业食品安全等相关知识。译者希望本报告可以供同类文本译者借鉴，对我国解决农业食品营养安全问题提供一些价值，略尽绵薄之力①。

四川省雅安市高中生奶类营养认知水平与摄入现状及其影响因素分析

［目的］分析雅安市县级高中生奶类营养认知水平与摄入现状及其奶摄入影响因素，为我国经济欠发达地区制定营养促进政策提供参考依据。［方法］于 2020 年 8—10 月采用随机整群抽样方法抽取雅安市两所县级高中全校 3 288 名高中生作为调查对象，在调查员指导下完成纸质问卷填写。［结果］全校高中生奶类营养认知及格率为 21.64%，学生奶类摄入率为 77.96%，奶类摄入不足率为 88.12%；奶类摄入量中位数为 117.14 克/天。学生不同特征下的奶类营养认知水平及奶摄入量比较均显示城镇高于农村，女生高于男生。且高三年级奶类营养认知水平高于其他年级，高收入家庭高于低收入家庭，差异均具有统计学意义（$P<0.05$）。学生奶类摄入量不足率的多因素 logistic 回归分析显示：学生年龄（OR＝0.894，95%CI：0.810～0.987）、寄宿类型（OR＝0.553，95%CI：0.434～0.706）、母亲文化程度（OR＝1.289，95%CI：1.047～1.587）、奶类营养认知水平（OR＝1.167，95%CI：1.112～1.225）、家庭人均月收入（OR＝1.123，95%CI：1.006～1.253）是其奶类摄入是否充足的影响因素。［结论］该市县级高中生奶类营养认知水平偏低；奶类摄入率虽高，但日平均摄入量明显不足；年龄越大、住校生、奶类营养认知低水平、母亲低文化程度、家庭人均月收入低水平者更容易出现奶类摄入不足的可能。应加强此类学生奶类营养健康宣教，促进学生奶类的合理摄入②。

乡村营养餐折射社会大发展

据媒体报道，截至 2021 年年底，农村义务教育学生营养改善计划已惠及学生 3.5 亿人次。作为近年来覆盖面最广、影响程度最深的社会政策之一，实施 10 年以来，营养改善计划有效改善了农村学生营养健康状况与身体素质。在微观层面，营养改善计划帮助农村学生体质实现“追赶性生长”。营养改善计划的“一餐饭”，不仅改变了农村孩子“冷

① 董亚楠.《把握农业：改善营养的机遇》（第三至五章）英译汉翻译实践报告［D］. 郑州：河南农业大学，2022.

② 高锦凤，黄滟，杜涛，等. 四川省雅安市高中生奶类营养认知水平与摄入现状及其影响因素分析［J］. 中国食品卫生杂志，2022，34（6）：1348-1354.

菜冷饭”“咸菜拌饭”的状况，也是一次行之有效的营养健康教育。根据中国疾病预防控制中心检测数据，从 2012 年到 2021 年，营养改善计划实施地区男女生平均身高累计增量分别为 4.2 厘米和 4.1 厘米，平均体重累计增量分别为 3.5 千克和 3.3 千克，均高于全国农村学生平均增长速度。特别是在欠发达地区，规律、营养的膳食使农村学生的整体面貌有了显著改善①。

复合营养素补充对强化期抗结核治疗的 PTB-DM 患者营养改善及临床效果影响研究

［目的］肺结核-糖尿病（PTB-DM）指集两病于一身的综合病症，易发生营养不良或多种营养素缺乏，可影响机体糖脂代谢、免疫功能，甚至影响抗结核临床治疗效果。本研究拟通过补充多种（复合）营养素，观察并评估其对肺结核合并糖尿病患者营养改善及其对抗结核临床治疗效果的影响。［方法］本研究采用随机双盲对照试验设计，选取潍坊市某医院的确诊为肺结核合并糖尿病的 173 名患者作为研究对象，并随机分为干预组（$n=91$），补充复合营养素；对照组（$n=82$），给予安慰粉剂；连续补充 2 个月，收集一月末和二月末的营养相关指标和临床症状的资料，观察并评估其改善情况。［结果］临床症状分析结果显示：营养干预二月末时，干预组和对照组肺结核相关的临床症状率均较基线时显著下降，干预组的研究对象咳嗽的发生率下降至 12.1%，显著低于对照组的 17.9%（$P=0.046$）；咳痰的发生率下降至 5.8%，显著低于对照组的 13.3%（$P=0.006$）；胸痛的发生率下降至 1.2%，显著低于对照组的 6.4%（$P=0.007$）；干预组和对照组的痰检阳性率无显著差异（11.8%和 20.0%；$P=0.359$），两组的痰检阳性率均较基线时下降。营养相关指标分析结果显示：营养干预一月末时，干预组研究对象的白蛋白水平升高至 43.12 克/L，显著高于对照组的 40.85 克/L（$P=0.007$）；营养干预二月末时，干预组研究对象的血红蛋白水平升高至 143.04 克/L，显著高于对照组的 136.91 克/L（$P=0.020$）；然而如淋巴细胞计数、总蛋白、白蛋白、BMI 等能够反映机体营养状况的其他指标在营养干预二月时未见明显差异。［结论］复合营养素补充可显著提高 PTB-DM 患者的白蛋白和血红蛋白水平，显著改善患者的咳嗽、咳痰和胸痛症状；对促进抗结核治疗及患者康复具有积极作用②。

学生营养改善计划国家试点地区 2019 年家庭分担餐费情况

［目的］分析“农村义务教育学生营养改善计划”国家试点地区的学生家长分担餐费情况及其影响因素，为推动“营养改善计划”合理实施、促进学生健康成长提供科学数据。［方法］在实施“营养改善计划”的中国 22 个省 726 个国家试点县，分别按照食堂

① 章清．乡村营养餐折射社会大发展［J］．云南教育（视界综合版），2022（11）：32.

② 赵宽，杨阳，雷志璇，等．复合营养素补充对强化期抗结核治疗的 PTB-DM 患者营养改善及临床效果影响研究［C］//中国营养学会，中国学生营养与健康促进会．第七届海峡两岸暨港澳营养科学大会摘要集，2022：98-99.

供餐、企业供餐和其他供餐 3 种供餐方式，抽取 8 109 所小学和初中作为调查对象纳入分析。通过问卷调查收集县、学校基本情况和家长分担餐费状况等信息。采用多因素 logistic 回归分析家长分担餐费的相关因素。［结果］2019 年营养改善计划国家试点县，家长分担餐费的学校占全部监测学校的 30.2%。在中、西部地区，家长分担餐费的学校比例分别为 51.5%，20.3%；在家长分担餐费的学校中，无论是小学还是初中，中、西部学校的学生家长分担餐费的金额差异均有统计学意义（χ^2 值分别为 181.78，89.54，P 值均<0.01），中部小学生家长分担餐费≥2 元的比例为 38.7%，西部为 47.5%。多因素 logistic 回归分析显示，中部地区，学段为初中或九年一贯制，供餐模式为食堂供餐或其他供餐，学校规模为大型，营养膳食补助用于午餐，中、高家庭收入水平，中、低监测县投入水平，监测县有其他营养公益项目，监测县工作经费不足的学校家长分担餐费的比例更高（OR 值分别为 3.22，1.51，1.36，1.74，3.74，1.38，11.58，2.40，3.15，1.50，2.12，3.36，1.34，P 值均<0.05）。［结论］营养改善计划地区学校学生家长分担餐费比例较低，可能受经济水平、供餐模式、学校规模等多种因素影响①。

7 部门联合发布《农村义务教育学生营养改善计划实施办法》

近日，教育部会同国家发展改革委、财政部、农业农村部、国家卫生健康委、国家市场监督管理总局以及国家疾控局，制定并印发了《农村义务教育学生营养改善计划实施办法》。自农村义务教育学生营养改善计划启动实施以来，农村学生营养状况明显改善、身体素质明显提升。但一些地方仍存在食品安全管理不严格、资金使用管理不规范、供餐质量和水平不高等问题。全国农村学生营养办相关负责人表示，在供餐方式上，要求各地大力推进学校食堂供餐。学校食堂需由学校自主经营、统一管理，不得对外承包或委托经营。未建设食堂或暂时不具备食堂供餐条件的地区，应加快学校食堂建设与改造，明确实行食堂供餐的时间节点，在过渡期内可采取企业（单位）供餐②。

加强和改进营养改善计划工作　持续提升农村学生营养状况和身体素质

党中央、国务院高度重视青少年的健康成长。自农村义务教育学生营养改善计划启动实施以来，各地扎实推进营养改善计划各项工作，农村学生营养状况明显改善、身体素质明显提升。同时也要看到，一些地方还存在食品安全管理不严格、资金使用管理不规范、供餐质量和水平不高等问题。为进一步加强和改进农村义务教育学生营养改善计

① 任志斌，杨媞媞，徐培培，等．学生营养改善计划国家试点地区 2019 年家庭分担餐费情况［J］．中国学校卫生，2022，43（11）：1642-1646.

② 张聪．7 部门联合发布《农村义务教育学生营养改善计划实施办法》［J］．食品安全导刊，2022（32）：4.

划工作，持续提升农村学生营养状况和身体素质，不断促进农村教育事业发展和教育公平①。

推进营养改善计划采购精细化管理

教育部、财政部等七部门近日联合出台《农村义务教育学生营养改善计划实施办法》(以下简称《办法》)，明确供餐管理、资金使用与管理、采购管理等规定。《办法》还针对流程规范化和管理精细化的目标，重点对加强采购需求管理、及时公开采购意向、合理确定采购主体和采购方式、严格规范采购程序、规范合同管理、加强履约验收等六个方面提出具体要求②。

十年营养改善助力阻断贫困代际传递

党的二十大报告指出，“我们经过接续奋斗，实现了小康这个中华民族的千年梦想，打赢了人类历史上规模最大的脱贫攻坚战，历史性地解决了绝对贫困问题，为全球减贫事业作出了重大贡献。”

在消除绝对贫困的过程中，针对农村义务教育阶段的学生进行的营养干预和改善工作，让脱贫事业在具体领域事半功倍，助力阻断贫困代际传递。10 年来，农村义务教育阶段学生的营养改善计划实施成效显著③。

十年健康监测　见证营养改善

2012 年 5 月，原卫生部办公厅和教育部办公厅联合发布了《农村义务教育学生营养改善计划营养健康状况监测评估工作方案（试行）》，正式启动农村义务教育学生营养改善计划（以下简称“营养改善计划”）试点地区学生营养健康状况的监测评估工作。10 年来，在各级卫生健康和教育部门的大力支持下，中国疾病预防控制中心营养与健康所同各级疾控中心通力合作，开展了较为全面、系统、科学的营养健康监测评估。近日，全国农村义务教育学生营养改善计划领导小组办公室会同中国疾病预防控制健康状况监测情况进行了对比分析，并对营养改善计划实施效果等开展了综合评价④。

2012 年以来农村学生营养健康状况监测情况公布

近日，全国农村义务教育学生营养改善计划领导小组办公室会同中国疾病预防控制中

① 张卫．加强和改进营养改善计划工作　持续提升农村学生营养状况和身体素质［J］．中国食品，2022（22）：10-17.

② 乐佳超．推进营养改善计划采购精细化管理［N］．中国政府采购报，2022-11-15（1）.

③ 李海楠．十年营养改善助力阻断贫困代际传递［N］．中国经济时报，2022-10-18（3）.

④ 十年健康监测　见证营养改善［N］．中国食品安全报，2022-10-15（C03）.

心营养与健康所，对2012年以来的农村学生营养健康状况监测情况进行对比分析，并对营养改善计划实施效果等开展综合评价。监测结果显示，营养改善计划实施以来，农村学生营养状况得到明显改善，平均身高、体重逐步上升，生长迟缓或贫血的儿童逐步减少。农村学校食堂供餐率不断提高，软硬件设施逐步完善，在一定程度上为促进均衡膳食奠定了良好基础①。

营养改善计划惠及农村学生3.5亿人次

“过去，有的学生上学要走三四公里的山路，吃午饭很不方便。农村义务教育学生营养改善计划实施以来，在学校吃得越来越好，学生们个子更高了、身体更壮了！”宁夏回族自治区固原市西吉县马建乡大坪小学校长李鸣高兴地说。

记者从教育部获悉：截至2021年底，农村义务教育学生营养改善计划（以下简称“营养改善计划”）已惠及学生3.5亿人次。党的十八大以来，教育部会同财政部、国家发展改革委、国家卫生健康委、国家市场监管总局等有关部门深入推进营养改善计划各项工作，试点地区学生营养健康状况明显改善，身体素质明显提升②。

营养改善计划的人力资本提升效应研究——基于全国人口普查微观数据

通过财政专项转移支付缩小地区间教育差距是实现共同富裕和高质量发展的重要举措。本文基于2010年人口普查和2015年1%人口抽样调查微观数据，运用双重差分法评估了2011年实施的“农村义务教育学生营养改善计划”对试点地区儿童教育表现的影响。研究发现，营养改善计划具有明显“增智”效应，显著提升受益儿童获取高中教育可能性约7.5个百分点，并提高受益儿童高中及以下受教育年限。异质性分析显示，男孩、家庭经济状况和教育背景较差的儿童从营养干预政策中获益更多，同时在低收入、财政教育支出较高和国家试点地区政策效果更加明显。机制分析表明，营养干预通过改善受益儿童的健康、认知能力和非认知能力，提高其父母对孩子的教育期望和未来发展信心来促进儿童教育进步。在实证基础上，本文给出了实施分级专项补助、加强项目管理监督以及与社会公益、市场经济手段相结合等政策建议，为后续完善和推广营养干预计划提供政策参考③。

营养经济学应用进展讨论与展望

［目的］对营养经济学相关文献进行梳理分析，旨在总结当今营养经济学研究主要内

---

① 2012年以来农村学生营养健康状况监测情况公布［J］. 中国科技教育，2022（10）：65.

② 吴月．营养改善计划惠及农村学生3.5亿人次［N］. 人民日报，2022-10-09（1）.

③ 蔡伟贤，沈小源，陈淋铃．营养改善计划的人力资本提升效应研究——基于全国人口普查微观数据［J］. 数量经济技术经济研究，2022，39（10）：150-169.

容，并提出发展方向。［方法］运用文献检索方法，总结分析近年来营养经济学的研究进展。［结果］当前营养经济学的研究涵盖了居民食物消费与影响因素分析、营养问题分析、项目与政策效果评估、食物系统转型等研究方向，但仍存在研究方法缺乏一致性、研究内容缺乏系统性等问题。［结论］加强学科方法融合创新，立足中国食物系统转型与发展情况，运用系统性思维开展政策效果评估和基于价值链角度研究营养问题的解决机制路径十分必要①。

中国中小学生营养与健康改善十年回顾与展望

儿童是国家的未来，在国家政策的有力推进和社会各方面的积极努力下，近 10 年来，我国中小学生的营养与健康状况逐步改善，城乡差距显著缩小，针对该人群营养保障的薄弱环节不断加强。未来要加强和推进各项政策落实，从合理膳食保障、充足身体活动促进、全社会共同努力等多个方面入手，建立家庭—学校—社区相互衔接与合作的模式，全面促进我国中小学生营养与健康成长②。

推进营养改善工作，全面控制重点人群营养不良

营养是人类健康和全面发展的基础。2014 年联合国粮农组织和世界卫生组织共同主办的第二届国际营养大会明确了各种形式的营养不良问题，包括营养不足、微量营养素缺乏症、超重和肥胖症。提出营养不良不仅会对人们身体发育和认知发展造成负面影响，损害免疫系统，增加对传染性和非传染性疾病的易感性，限制人类实现潜能，降低生产力，以至威胁健康和福祉，而且还会给个人、家庭、社区和国家带来负面社会经济后果，造成沉重负担③。

中国妇幼人群营养改善十年回顾与展望

妇幼人群（孕妇、哺乳期妇女、婴幼儿和学龄前儿童）的营养关系人类的希望和民族的未来。10 年来，我国妇幼人群营养不良（营养不足和微量营养素缺乏）明显改善，城乡差距进一步缩小，体现了社会公平性进一步提升。同时超重肥胖率快速上升，部分微量营养素缺乏高发，改善效果不稳固。为实现健康中国 2030 的目标，应加大力度促进母乳喂养，防控妇幼人群超重肥胖，改善妇幼人群膳食行为，保证营养干预政策可持续性，加强贫血预防的科学研究④。

---

① 聂莹，黄家章．营养经济学应用进展讨论与展望［J］．中国食物与营养，2022，28（9）：5-10.

② 张倩．中国中小学生营养与健康改善十年回顾与展望［J］．卫生研究，2022，51（5）：696-699.

③ 赖建强，赵文华．推进营养改善工作，全面控制重点人群营养不良［J］．卫生研究，2022，51（5）：691.

④ 杨振宇．中国妇幼人群营养改善十年回顾与展望［J］．卫生研究，2022，51（5）：699-702.

甘肃省“学生饮用奶计划”推广情况及建议

自农村义务教育学生营养改善计划全面实施以来，甘肃省各级政府积极推行“学生饮用奶计划”，极大地改善了全省中小学生整体营养状况，但在计划推广过程中仍然存在许多不容忽视的困难和问题。本文针对甘肃省学生饮用奶计划推广现状，提出了相关建议，旨在推进奶业健康可持续发展①。

农村义务教育营养改善计划实施效果调查报告——以通江县火炬初级中学为例

农村义务教育营养改善计划作为教育扶贫的专项举措，为实现教育公平、消除绝对贫困做出了巨大贡献。2020 年逢脱贫攻坚关键节点，但自 2020 年初以来，该计划的实施效果和未来走向却面临巨大考验。为此，项目以四川巴中通江县火炬初级中学 328 名初中生为主要研究对象，采用观察法、问卷调查法和访谈法开展调查，分析特殊时期这项计划在当地的实施效果并提出改进建议，以小观大对该计划整体发展做出预测与分析，致力我国教育扶贫长效发展②。

农村义务教育学生营养改善计划十年及未来建议

2011 年启动的“农村义务教育学生营养改善计划”是新世纪以来覆盖面最广、影响程度最深的社会政策之一。计划实施 10 年来，有效改善了农村学生营养健康状况，对于整体上提升中国人力资本水平、改善社会收入分配状况发挥了积极作用③。

---

① 文璟，唐煜，李康伟，等．甘肃省“学生饮用奶计划”推广情况及建议［J］．甘肃畜牧兽医，2022，52（9）：14-17.

② 赵俊贤，陈子涵，胡舒婷等．农村义务教育营养改善计划实施效果调查报告——以通江县火炬初级中学为例［J］．科学咨询（科技·管理），2022（9）：43-46.

③ 单大圣．农村义务教育学生营养改善计划十年及未来建议［J］．中国民族教育，2022（9）：4-7.

第六部分

年度大事记

2022 年 8 月 6 日，《中国食品安全报》刊文“河北省大名 7.5 万名农村中小学生按日保质享受一蛋一奶”①。

2022 年 8 月 31 日，广西靖西市教育局召开推广全市中小学生及幼儿园“学生饮用奶”工作布置会②。

2022 年 9 月 20 日，秦皇岛新闻网刊文“为孩子的健康注入有营养的‘白色血液’——‘学生饮用奶计划’让孩子定时定点喝上优质奶”③。

2022 年 9 月 30 日，河北省人民政府办公厅印发《关于印发河北省食品安全事故应急预案的通知》④。

2022 年 10 月 8 日，江苏省宿迁市教育局、宿迁市市场监督管理局印发《宿迁市推进国家“学生饮用奶计划”工作方案》⑤。

2022 年 10 月 9 日，市场监管总局发布《食品相关产品质量安全监督管理暂行办法》⑥。

2022 年 10 月 9 日，《人民日报》刊文“营养改善计划惠及农村学生 3.5 亿人次”⑦。

2022 年 10 月 12 日，中共曲靖市委农村工作领导小组办公室印发《曲靖市加快奶牛产业高质量发展三年行动方案（2023—2025 年）》⑧。

2022 年 10 月 13 日，践行“健康中国”战略“学生饮用奶计划”工作座谈会在天长

---

① 中国食品安全报．大名县 7.5 万名农村学生按日保质享受“一蛋一奶”［EB/OL］.（2022-08-06）［2023-10-18］. http：//paper. cfsn. cn/content/2022-08/06/content_123747. htm.

② 广西百色靖西市人民政府．靖西：推广“学生饮用奶计划”助力中国少年强［EB/OL］.（2022-08-31）［2023-10-19］. http：//www. jingxi. gov. cn/xxgk/fdzdgkmr/jcxxgk/zwdt/zwyw/t13015728. shtml.

③ 秦皇岛新闻网．为孩子的健康注入有营养的“白色血液”——“学生饮用奶计划”让孩子定时定点喝上优质奶［EB/OL］.（2022-09-20）［2023-10-18］. https：//rmh. pdnews. cn/Pc/ArtInfoApi/article？id=31344138.

④ 河北省人民政府．河北省人民政府办公厅关于印发河北省食品安全事故应急预案的通知［EB/OL］.（2022-09-30）［2023-10-18］. http：//www. hebei. gov. cn/shoujiapp/15087087/15087139/15425777/index. html.

⑤ 宿迁市教育局．宿迁市教育局宿迁市市场监督管理局关于印发《宿迁市推进国家“学生饮用奶计划”工作方案》的通知［EB/OL］.（2022-10-08）［2023-10-18］. http：//www. suqian. gov. cn/zcwjk/xqbmzc/202210/2c085651a3914e989b515a49af97cd31. shtml？eqid=ab2f0e6e00016bb1000000066437a81e.

⑥ 市场监管总局．市场监管总局发布《食品相关产品质量安全监督管理暂行办法》［EB/OL］.（2022-10-09）［2023-10-18］. https：//www. cnca. gov. cn/xwjj/scjgyw/art/2022/art_096f933fca7a4d73a38719d67947b0b9. html.

⑦ 人民日报．营养改善计划惠及农村学生 3.5 亿人次［EB/OL］.（2022-10-09）［2023-10-13］. http：//paper. people. com. cn/rmrb/html/2022-10/09/nw. D110000renmrb_20221009_2-01. htm.

⑧ 云南省农业农村厅．中共云南省委农村工作领导小组办公室关于印发《云南省加快奶牛产业高质量发展三年行动方案（2023—2025 年）》的通知［EB/OL］.（2022-10-12）［2023-10-18］. https：//nync. yn. gov. cn/html/2022/zuixinwenjian_1012/391703. html.

召开①。

2022 年 10 月 17 日，《淄博日报》刊文“沂源：免费午餐营养‘升级’可口可心”②。

2022 年 10 月 18 日，中国教育网刊文“农村学生平均身高逐年增长”③。

2022 年 10 月 18 日，中国教育网刊文“防控近视须培养良好饮食习惯”④。

2022 年 10 月 25 日，四川省市场监督管理局、四川省教育厅发布《关于落实食品安全主体责任配备食品安全总监和食品安全员的通知》⑤。

2022 年 11 月 1 日，人民网刊文“贵州省锦屏县：‘5+X’助力学生营养改善计划再提质”⑥。

2022 年 11 月 2 日，河南省人民政府表示国家“学生饮用奶计划”为青少年营养健康护航⑦。

2022 年 11 月 7 日，教育部、国家发展改革委、财政部、农业农村部、国家卫生健康委、国家市场监管总局、国家疾控局，制定并印发了《农村义务教育学生营养改善计划实施办法》⑧。

2022 年 11 月 7 日，《农民日报》刊文“少儿乳品消费，如何补上健康营养短板?”⑨

2022 年 11 月 7 日，《中国教育报》刊文“确保儿童有机会在校获取健康膳食”⑩。

2022 年 11 月 29 日，《中国教育报》刊文“以均衡营养科学锻炼护佑学生健康”⑪。

2022 年 12 月 14 日，《广东日报》刊文“广东省奶业协会会长颜远义：‘学生饮用奶

---

① 楚天全媒体．践行“健康中国”战略“学生饮用奶计划”工作座谈会在天长召开［EB/OL］.（2022-10-18）［2023-10-18］. https：//baijiahao. baidu. com/s？ id = 1746987331877788164&wfr = spider&for = pc.

② 淄博日报．沂源：免费午餐营养“升级”可口可心［EB/OL］.（2022-10-17）［2023-10-18］. http：//paper. zbnews. net/zbrb/pc/content/202210/17/content_63636. html.

③ 中国教育网．农村学生平均身高逐年增长［EB/OL］.（2022-10-18）［2023-10-13］. http：//paper. jyb. cn/zgjyb/html/2022-10/18/content_615177. htm？ div = -1.

④ 中国教育网．防控近视须培养良好饮食习惯［EB/OL］.（2022-10-18）［2023-10-13］. http：//paper. jyb. cn/zgjyb/html/2022-10/18/content_615193. htm？ div = -1.

⑤ 川食安．四川省压实学校和学生集中用餐配送单位食品安全主体责任［EB/OL］.（2022-10-25）［2023-10-18］. https：//www. sohu. com/a/595211617_120480327.

⑥ 人民网．锦屏：“5+X”助力学生营养改善计划再提质［EB/OL］.（2022-11-01）［2023-10-19］. http：//gz. people. com. cn/n2/2022/1101/c383899-40177514. html.

⑦ 河南省人民政府．国家“学生饮用奶计划”为青少年营养健康护航［EB/OL］.（2022-11-02）［2023-10-13］. https：//www. henan. gov. cn/2022/11-02/2632945. html.

⑧ 教育部．教育部等七部门关于印发《农村义务教育学生营养改善计划实施办法》的通知［EB/OL］.（2022-11-07）［2023-10-18］. http：//www. moe. gov. cn/srcsite/A05/s7052/202211/t20221111_984150. html.

⑨ 农民日报．少儿乳品消费，如何补上健康营养短板？［EB/OL］.（2022-11-07）［2023-10-16］. https：//szb. farmer. com. cn/2022/20221107/20221107_006/20221107_006_4. htm.

⑩ 中国教育报．确保儿童有机会在校获取健康膳食［EB/OL］.（2022-11-10）［2023-10-16］. http：//m. jyb. cn/rmtzgjyb/202211/t20221110_2110968435_wap. html.

⑪ 中国教育报．以均衡营养科学锻炼护佑学生健康［EB/OL］.（2022-11-29）［2023-10-18］. http：//paper. jyb. cn/zgjyb/html/2022-11/29/content_617121. htm？ div = -1.

计划’为青少年健康护航”①。

2022 年 12 月 16 日，广东省肇庆市“国家学生饮用奶计划”启动会召开②。

2022 年 12 月 24—25 日，2022 第二届中国学生营养教育论坛在京举行。论坛以“营养教育赋能儿童发展”为主题，旨在以营养教育为出发点，继续凝聚共识，落实行动，助力中国儿童健康成长③。

2023 年 1 月 9 日，广东省人大代表林淑菁建言：落实推进“学生饮用奶计划”④。

2023 年 1 月 17 日，教育部等十三部门近日联合印发《关于健全学校家庭社会协同育人机制的意见》⑤。

2023 年 1 月 18 日，国家卫生健康委办公厅印发《儿童青少年生长迟缓食养指南（2023 年版）》⑥。

2023 年 1 月 28 日，河南省人大代表建言：加强国家“学生饮用奶计划”安全管理优选知名品牌⑦。

2023 年 1 月 28 日，湖北省人大代表建言：加强国家“学生奶计划”安全管理选用一线品牌⑧。

2023 年 1 月 28 日，光明网刊文“推广‘学生饮用奶计划’，要坚持以自愿原则扩大覆盖面”⑨。

2023 年 2 月 2 日，《扬子晚报》刊文“2023 版儿童青少年生长迟缓食养指南发布 9

---

① 广州日报．广东省奶业协会会长颜远义：“学生饮用奶计划”为青少年健康护航［EB/OL］．（2022-12-14）［2023-10-18］．https：//www.gzdaily.cn/amucsite/web/index.html#/detail/1954986.

② 今日湖北．践行健康中国战略肇庆市国家学生饮用奶计划启动会在温氏乳业召开［EB/OL］．（2022-12-16）［2023-10-18］．http：//www.hubeitoday.com.cn/post/5/155867.

③ 新华网．提升儿童营养健康素养第二届中国学生营养教育论坛举行［EB/OL］．（2022-12-26）［2023-10-16］．http：//www.xinhuanet.com.cn/health/20221226/12ac7f11cd3c4dbb9d4c9e55c7355824/c.html.

④ 广州日报．人大代表林淑菁：建议落实推进“学生饮用奶计划”［EB/OL］．（2023-01-09）［2023-9-28］．https：//baijiahao.baidu.com/s?id=1754532956334240686&wfr=spider&for=pc.

⑤ 教育部．教育部等十三部门关于健全学校家庭社会协同育人机制的意见［EB/OL］．（2023-01-17）［2023-10-18］．http：//www.moe.gov.cn/srcsite/A06/s3325/202301/t20230119_1039746.html.

⑥ 国家卫生健康委．国家卫生健康委办公厅关于印发成人高脂血症食养指南（2023 年版）等 4 项食养指南的通知［EB/OL］．（2023-01-18）［2023-10-18］．http：//www.nhc.gov.cn/sps/s7887k/202301/0e55a01df50c47d9a4a43db026e3afc3.shtml.

⑦ 河南日报．河南省人大代表积极建言献策：加强国家“学生饮用奶计划”安全管理优选知名品牌［EB/OL］．（2023-01-28）［2023-9-28］．https：//baijiahao.baidu.com/s?id=1756200254021853390&wfr=spider&for=pc.

⑧ 搜狐网楚天传媒．省人大代表建言：加强国家“学生奶计划”安全管理选用一线品牌［EB/OL］．（2023-01-28）［2023-9-28］．http：//news.sohu.com/a/634781677_120070546.

⑨ 光明网．推广“学生饮用奶计划”，要坚持以自愿原则扩大覆盖面［EB/OL］．（2023-01-28）［2023-10-16］．https：//guancha.gmw.cn/2023-01/28/content_36325628.htm.

款食养方，帮助孩子快快长”①。

2023 年 2 月 2 日，《人民日报》刊文“促进更多农村学生健康成长”②。

2023 年 2 月 3 日，苏州市吴中区教育局印发《关于进一步做好 2023 年学校食品安全工作的通知》③。

2023 年 2 月 7 日，美国农业部公布学校膳食新标准，新的学校膳食营养标准，首次针对麦片、酸奶、调味牛奶和早餐糕点等甜味食品的含糖量进行限制，并表示将在 2029 年之前大幅降低学生饮食中的钠含量④。

2023 年 2 月 7 日，江西井冈山市教育体育局印发《关于做好 2023 年全市农村中小学营养改善计划工作的通知》⑤。

2023 年 2 月 7 日，《河南日报》刊文“持续推行 23 年！国家‘学生饮用奶计划’为儿童青少年筑起免疫屏障”⑥。

2023 年 2 月 7 日，中国教育网刊文“暖心实事惠教育民生”⑦。

2023 年 2 月 7 日，《中国教育报》刊文“青岛：护航开学校园餐做好学生‘食’事”⑧。

2023 年 2 月 13 日，市场监管总局办公厅、教育部办公厅、国家卫生健康委办公厅、公安部办公厅发布《关于做好 2023 年春季学校食品安全工作的通知》⑨。

2023 年 2 月 14 日，天津市组织开展 2023 年春季校园食品安全专项监督检查⑩。

2023 年 2 月 16 日，《海南特区报》刊文“海南省海口将于 4 月实现主城区中小学校

---

① 扬子晚报 . 2023 版儿童青少年生长迟缓食养指南发布 9 款食养方，帮助孩子快快长［EB/OL］.（2023－02－02）［2023－10－16］. https：//baijiahao. baidu. com/s? id = 1756685236706539658&wfr = spider&for = pc.

② 人民日报 . 促进更多农村学生健康成长［EB/OL］.（2023-02-02）［2023-10-16］. http：//paper. people. com. cn/rmrb/html/2022-11/30/nw. D110000renmrb_20221130_3-05. htm.

③ 吴中区教育局 . 苏州市吴中区关于进一步做好 2023 年学校食品安全工作的通知［EB/OL］.（2023－02－03）［2023－10－18］. http：//www. szwz. gov. cn/szwz/c108662/202302/d159c067dde34 7f69e785461755ad5f1. shtml.

④ 生命时报 . 美国农业部公布学校膳食新标准！营养专家划出 4 个饮食重点［EB/OL］.（2023-02-07）［2023-10-12］. https：//www. lifetimes. cn/article/4BbM93HE7S3.

⑤ 井冈山市教育体育局 . 关于做好 2023 年全市农村中小学营养改善计划工作的通知［EB/OL］.（2023-02-07）［2023-10-18］. http：//www. jgs. gov. cn/xxgk-show-10231937. html.

⑥ 河南日报客户端 . 持续推行 23 年！国家“学生饮用奶计划”为儿童青少年筑起免疫屏障［EB/OL］.（2023-02-07）［2023-10-16］. https：//baijiahao. baidu. com/s? id = 1757101266882866451&wfr = spider&for = pc.

⑦ 中国教育报 . 暖心实事惠教育民生［EB/OL］.（2023－02－07）［2023－10－16］. http：//paper. jyb. cn/zgjyb/html/2023 02/07/content_619734. htm? div－－1

⑧ 中国教育报 . 青岛：护航开学校园餐做好学生“食”事［EB/OL］.（2023-02-07）［2023-10-18］. http：//www. jyb. cn/rmtzcg/xwy/wzxw/202302/t20230207_2110998143. html.

⑨ 市场监管总局 . 市场监管总局办公厅 教育部办公厅 国家卫生健康委办公厅 公安部办公厅关于做好 2023 年春季学校食品安全工作的通知［EB/OL］.（2023-02-13）［2023-10-18］. https：//www. samr. gov. cn/zw/zfxxgk/fdzdgknr/spjys/art/2023/art_4d571fd246c14b8781b5c6e585608ef4. html.

⑩ 天津市市场监管委 . 我市组织开展 2023 年春季校园食品安全专项监督检查［EB/OL］.（2023-02-14）［2023-10-18］. https：//www. tj. gov. cn/sy/zwdt/bmdt/202302/t20230214_6104722. html.

内午餐午休全覆盖”①。

2023 年 2 月 21 日，《中国教育报》刊文“青岛莱西：4 211名高三学生喝上免费奶”②。

2023 年 3 月 5 日，在第十四届全国人民代表大会第一次会议上时任国务院总理李克强做政府工作报告，强调切实保障和改善民生，加快社会事业发展。促进教育公平和质量提升③。

2023 年 3 月 11 日，政协委员王蜀黔提出“加强中小学健康教育护航青少年身心健康”④。

2023 年 3 月 13 日，全国人大代表史玉东提出“加强儿童青少年营养保障”⑤。

2023 年 3 月 21 日，联合国世界粮食计划署发布《2022 年全球学校供餐状况》⑥。

2023 年 3 月 21 日，健康中国行动推进委员会办公室印发《健康中国行动 2023 年工作要点》⑦。

2023 年 3 月 21 日，《中国教育报》刊文“湖北：国家‘学生饮用奶计划’惠及万千学子”⑧。

2023 年 3 月 21 日，湖北省随州市市场监管局与随县教育局开展学校食品及学生饮用奶安全操作培训⑨。

2023 年 3 月 22 日，中国学生营养与健康促进会印发《关于开展 2023 年“5・20”中国学生营养日活动的通知》⑩。

2023 年 3 月 23 日，教育部发布 2022 年全国教育事业发展基本情况，情况显示学前教

---

① 海南特区报．海口推行主城区义务教育学校校内午餐午休服务 4 月底前全覆盖［EB/OL］．（2023-02-16）［2023-10-19］．https：//www.hntqb.com/html/2023-02/16/content_3037_7330764.htm.

② 中国教育报．青岛莱西：4 211 名高三学生喝上免费奶［EB/OL］．（2023-02-21）［2023-10-18］．http：//www.jyb.cn/rmtzcg/xwy/wzxw/202302/t20230221_2111002555.html.

③ 李克强．政府工作报告——2023 年 3 月 5 日在第十四届全国人民代表大会第一次会议上［EB/OL］．（2023-03-05）［2023-9-28］．https：//www.gov.cn/zhuanti/2023lhzfgzbg/index.htm.

④ 民革中央．政协委员王蜀黔：加强中小学健康教育护航青少年身心健康［EB/OL］．（2023-03-11）［2023-9-28］．http：//www.minge.gov.cn/n1/2023/0311/c415707-32641654.html.

⑤ 中国食品报．史玉东代表：加强儿童青少年营养保障［EB/OL］．（2023-03-13）［2023-9-28］．http：//www.cnfood.cn/article? id=1635098584503390209.

⑥ 中国日报．半数校园儿童获得学校供餐，但全球粮食危机仍威胁脆弱群体［EB/OL］．（2023-03-21）［2023-10-12］．http：//cn.chinadaily.com.cn/a/202303/21/WS6419830fa3102ada8b2349a4.html.

⑦ 健康中国行动推进委员会．健康中国行动推进委员会办公室关于印发健康中国行动 2023 年工作要点的通知［EB/OL］．（2023-03-21）［2023-10-18］．http：//www.nhc.gov.cn/guihuaxxs/s7788/202303/1a6c05141f9547768ba1f7792c0313d0.shtml.

⑧ 中国教育报．湖北：国家“学生饮用奶计划”惠及万千学子［EB/OL］．（2023-03-21）［2023-10-18］．http：//www.jyb.cn/rmtzgjyb/202303/t20230321_2111017120.html.

⑨ 随州市人民政府．随州市市场监管局与随县教育局开展学校食品及学生饮用奶安全操作培训［EB/OL］．（2023-03-21）［2023-10-18］．http：//www.suizhou.gov.cn/xwdt/bmdt/202303/t20230321_1087658.shtml.

⑩ 中国学生营养与健康促进会．关于开展 2023 年“5・20”中国学生营养日活动的通知［EB/OL］．（2023-03-22）［2023-10-13］．http：//www.casnhp.org.cn/news/153.html.

育普惠资源进一步增加，义务教育办学条件进一步改善①。

2023年3月23日，亚洲开发银行呼吁扩大亚洲学校营养餐计划，亚洲开发银行指出，把公共资金用于学生餐食是一项合理的投资，不仅对学生健康有直接的益处，还有助于提升教育成效，助力当地农业发展②。

2023年3月24日，河南省教育厅办公室印发《河南省国家“学生饮用奶计划”校内安全操作指引（试行）的通知》③。

2023年3月28日，贵阳市教育局印发《贵阳市学校集体用餐管理指导意见》④。

2023年4月10日，《农民日报》刊文“我国超十亿人尚未养成喝奶习惯”⑤。

2023年4月11日，云南省农村义务教育学生营养改善计划专题培训在昆明举行⑥。

2023年4月18日，湖北省校园连锁配送企业协会重点工作推进会召开⑦。

2023年4月19日，中国发展研究基金会发布《中国儿童发展报告2023：促进农村儿童的高质量发展》⑧。

2023年4月25日，北京市教委、市卫健委联合印发《北京市中小学选聘卫生健康副校长工作实施方案》⑨。

2023年4月25日，广东省江门市政府召开国家“学生饮用奶计划”座谈会⑩。

2023年4月26日，辽宁省农业农村厅印发《关于采用措施保持奶业持续健康发展的

---

① 教育部．教育部发布2022年全国教育事业发展基本情况［EB/OL］．（2023-03-23）［2023-10-12］．http：//www.moe.gov.cn/fbh/live/2023/55167/sfcl/202303/t20230323_1052203.html.

② 中国教育报．亚洲开发银行呼吁扩大亚洲学校营养餐计划［EB/OL］．（2023-03-23）［2023-10-16］．http：//paper.jyb.cn/zgjyb/html/2023-03/23/content_621619.htm？div=-1.

③ 河南省教育厅．河南省教育厅办公室关于印发《河南省国家“学生饮用奶计划”校内安全操作指引（试行）》的通知［EB/OL］．（2023-03-24）［2023-10-18］．https：//www.anyang.gov.cn/2023/03-24/2381520.html.

④ 贵阳市教育局．贵阳市教育局关于印发《贵阳市学校集体用餐管理指导意见》的通知［EB/OL］．（2023-03-28）［2023-10-18］．https：//www.guiyang.gov.cn/zwgk/zdlyxxgkx/jy_5617891/tywsysjy_5617897/202303/t20230331_78827246.htm.

⑤ 农民日报．我国超十亿人尚未养成喝奶习惯［EB/OL］．（2023-04-10）［2023-10-16］．https：//szb.farmer.com.cn/2023/20230410/20230410_006/20230410_006_6.htm.

⑥ 云南省教育厅．云南省农村义务教育学生营养改善计划专题培训举行［EB/OL］．（2023-04-12）［2023-10-19］．https：//jyt.yn.gov.cn/article/2147447263.

⑦ 楚天都市报极目新闻．湖北省校园连锁配送企业协会重点工作推进会召开［EB/OL］．（2023-04-18）［2023-10-18］．http：//www.ctdsb.net/c1676_202304/1724156.html.

⑧ 中国发展研究基金会．《中国儿童发展报告2023》在京发布［EB/OL］．（2023-04-19）［2023-10-18］．https：//www.cdrf.org.cn/jjhdt/6614.htm.

⑨ 北京市教育委员会．北京市教育委员会北京市卫生健康委员会关于印发《北京市中小学选聘卫生健康副校长工作实施方案》的通知［EB/OL］．（2023-04-25）［2023-10-18］．https：//jw.beijing.gov.cn/xxgk/zfxxgkml/zfgkzcwj/202304/t20230425_3079092.html.

⑩ 信息时报．江门市政府召开国家“学生饮用奶计划”座谈会［EB/OL］．（2023-04-27）［2023-10-18］．https：//www.xxsb.com/content/2023-04/27/content_209567.html.

通知》①。

2023 年 5 月 8 日，《秦皇岛日报》刊文“河北秦皇岛推进教育民生工程”，秦皇岛市针对农村小学生的“营养餐”民生工程全面推开，昌黎、卢龙、抚宁三个县（区）都采取课间加餐模式，每天为学生提供一盒学生饮用牛奶、一个鸡蛋。②。

2023 年 5 月 15 日，《齐鲁晚报》刊文“全民营养周关注科学食养，一杯学生饮用奶共筑健康梦想”③。

2023 年 5 月 15 日，宣城市市场监管局开展学生饮用奶专项检查④。

2023 年 5 月 16 日，中国儿童青少年营养与健康指导指南 2023 发布⑤。

2023 年 5 月 19 日，2023 全民营养周暨“5・20”中国学生营养日主场活动在赣州举行⑥。

2023 年 5 月 22 日，《大河报》刊文“河南省推进国家‘学生饮用奶计划’成效显著”⑦。

2023 年 5 月 25 日，沧州运河区疾控开展“5・20 中国学生营养日”宣传，主题为“科学食养助力儿童健康成长”⑧。

2023 年 5 月 31 日，央视网刊文“习近平在北京育英学校考察时强调争当德智体美劳全面发展的新时代好儿童”⑨。

2023 年 6 月 2 日，中国网刊文“世界牛奶日丨“乳”有神助!”⑩。

2023 年 6 月 6 日，世界粮食计划署全球学校供餐计划司司长在改善全球儿童健康福

---

① 辽宁省农业农村厅．辽宁省农业农村厅关于采用措施保持奶业持续健康发展的通知［EB/OL］.（2023-04-26）［2023-10-18］. http：//www. ned. org. cn/index. php？ c=show&id=69.

② 秦皇岛日报．推进教育民生工程［EB/OL］.（2023-05-08）［2023-10-16］. http：//www. qhdnews. com/home/details？ code=&pcode=&id=81714.

③ 齐鲁晚报-齐鲁壹点．全民营养周关注科学食养，一杯学生饮用奶共筑健康梦想［EB/OL］.（2023-05-15）［2023-10-16］. https：//www. ql1d. com/general/21317948. html.

④ 宣城市市场监督管理局．市市场监管局扎实开展学生饮用奶专项检查［EB/OL］.（2023-05-15）［2023-10-18］. https：//amr. xuancheng. gov. cn/News/show/1469365. html.

⑤ 中国教育新闻网．中国儿童青少年营养与健康指导指南 2023 发布［EB/OL］.（2023-05-16）［2023-10-13］. http：//www. jyb. cn/rmtzcg/xwy/wzxw/202305/t20230516_2111041844. html.

⑥ 江西省人民政府．2023 全民营养周暨“5・20”中国学生营养日主场活动在赣州举行［EB/OL］.（2023-05-19）［2023-10-13］. http：//www. jiangxi. gov. cn/art/2023/5/19/art_16144_4465984. html.

⑦ 大河报．河南省推进国家“学生饮用奶计划”成效显著［EB/OL］.（2023-05-22）［2023-10-18］. http：//www. dahebao. cn/detail. html？ newsid=1882465.

⑧ 沧州市疾控．科学食养助力儿童健康成长—沧州运河区疾控开展“5・20 中国学生营养日”宣传［EB/OL］.（2023-05-25）［2023-10-17］. https：//www. hebeicdc. cn/sxjkgz/45457. jhtml.

⑨ 央视网．习近平在北京育英学校考察时强调争当德智体美劳全面发展的新时代好儿童［EB/OL］.（2023-05-31）［2023-10-16］. https：//news. cctv. com/2023/05/31/ARTILhvnQsfdjuuUOwtrt72p230531. shtml.

⑩ 中国网．世界牛奶日丨“乳”有神助!［EB/OL］.（2023-06-02）［2023-10-12］. http：//guoqing. china. com. cn/2023-06/02/content_86108212. htm.

祉中提到全世界有 4. 18 亿儿童正受益于学校供餐①。

2023 年 6 月 13 日，中共中央办公厅、国务院办公厅印发《关于构建优质均衡的基本公共教育服务体系的意见》②。

2023 年 6 月 13 日，教育部办公厅印发《关于公布首批全国健康学校建设单位名单的通知》③。

2023 年 6 月 14 日，《经济日报》刊文“发挥乳制品营养改善作用”④。

2023 年 6 月 25 日，宁夏回族自治区农业农村厅印发《加强“三大体系”建设推进牛奶产业高质量发展实施方案（2023—2027 年）》⑤。

2023 年 6 月 25 日，乌鲁木齐市市场监督管理局发布《乌鲁木齐市哺育工程纯牛奶和学生饮用奶专项抽检信息通告》⑥。

2023 年 7 月 4 日，河北省开展“师生健康中国健康”主题健康教育公益活动⑦。

2023 年 7 月 7 日，《中国食品报》刊文“江西九江护航校园食品安全”⑧。

2023 年 7 月 19—21 日，在第十四届中国奶业大会、2023 中国奶业 D20 峰会暨 2023 中国奶业展览会上，《中国奶业质量报告（2023）》正式发布⑨。

2023 年 7 月 20 日，中国奶业协会发布《中国乳制品消费扩容提质指导意见》⑩。

2023 年 7 月 23 日，由中国学生营养与健康促进会、呼和浩特市人民政府共同主办的

---

① 联合国粮食计划署．专访世界粮食计划署全球学校供餐计划司司长 | 改善全球儿童健康福祉 [EB/OL]．(2023 - 06 - 06) [2023 - 10 - 12]．https：//mp. weixin. qq. com/s? src = 11&timestamp = 1698288595&ver = 4857&signature = lAHbksgJyU * FZcmgePLVEvA5SH - Jj1chYs7nOxKx9h * RenZlrqunea-zbUyJVpzBzydiOpuUfL6c5-SVdkY * E3cqZKZQtFg0vOlKwtvyLpLK26ZMR7GnDBe7q7R-uuN5M&new = 1.

② 国务院．中共中央办公厅　国务院办公厅印发《关于构建优质均衡的基本公共教育服务体系的意见》[EB/OL]．(2023-06-13) [2023-10-18]．https：//www. gov. cn/govweb/zhengce/202306/content_6886110. htm.

③ 教育部．教育部办公厅关于公布首批全国健康学校建设单位名单的通知 [EB/OL]．(2023-06-13) [2023 - 10 - 18]．http：//www. moe. gov. cn/srcsite/A17/moe _ 943/moe _ 946/202306/t20230621 _ 1065227. html.

④ 经济日报．发挥乳制品营养改善作用 [EB/OL]．(2023-06-14) [2023-10-18]．http：//paper. ce. cn/pc/content/202306/14/content_275731. html.

⑤ 宁夏回族自治区农业农村厅．关于印发《加强“三大体系”建设推进牛奶产业高质量发展实施方案（2023—2027 年）》的通知 [EB/OL]．(2023-06-25) [2023-10-18]．http：//nynct. nx. gov. cn/zwgk/zfxxgkml/nmttz/202307/t20230731_4199906. html.

⑥ 乌鲁木齐市市场监督管理局．乌鲁木齐市哺育工程纯牛奶和学生饮用奶专项抽检信息通告 [EB/OL]．(2023-06-25) [2023-10-18]．http：//www. urumqi. gov. cn/fjbm/gsj/zcdj/535731. htm.

⑦ 中工网．河北省开展“师生健康中国健康”主题健康教育公益活动 [EB/OL]．(2023-07-05) [2023-10-17]．https：//www. workercn. cn/c/2023-07-05/7898246. shtml.

⑧ 中国食品报．江西九江护航校园食品安全 [EB/OL]．(2023-07-07) [2023-10-18]．http：//www. cnfood. cn/article? id = 1676955857672310786.

⑨ 消费日报网．我国民族奶业竞争力持续增强 [EB/OL]．(2023 - 07 - 24) [2023 - 10 - 12]．http：//dzb. xfrb. com. cn/Html/2023-07-24/54836. html.

⑩ 中国奶业协会．加快实现奶业全面振兴奶业高质量发展“一揽子”措施正式发布 [EB/OL]．(2023-07-20) [2023-10-18]．https：//mp. weixin. qq. com/s/z-7I5IGm24IIXXsVRkh4mg.

“2022 中国学生营养与健康发展大会”在内蒙古自治区呼和浩特市召开①。

2023 年 8 月 1 日，市场监管总局、教育部、民政部、国家卫生健康委、国管局联合发布《集中用餐单位食品安全问题专项治理行动工作方案》②。

2023 年 8 月 15 日，安徽省蚌埠市五河县政府专题部署中小学学生饮用奶、营养餐及校服规范服务工作会③。

2023 年 8 月 17 日，河南省驻马店市推广国家“学生饮用奶计划”工作现场会召开④。

2023 年 8 月 19 日，由呼和浩特市人民政府、中国学生营养与健康促进会共同主办的“2023 中国学生营养与健康发展大会”在内蒙古自治区呼和浩特市举办⑤。

2023 年 8 月 30 日，齐鲁壹点刊文“第 23 年！国家‘学生饮用奶计划’在全国各地有序推进”⑥。

2023 年 8 月 30 日，河北新闻网刊文“石家庄鹿泉区实施推广国家‘学生饮用奶计划’工作启动会在君乐宝召开”⑦。

2023 年 8 月 25 日，河南省商丘市部署推广国家“学生饮用奶计划”工作⑧。

2023 年 8 月 25 日，贵州省省人民政府办公厅印发《关于进一步提升农村义务教育学生营养改善计划实施水平的通知》⑨。

2023 年 8 月 28 日，国家卫生健康委印发《关于组织开展 2023 年全民健康生活方式宣传月活动的通知》⑩。

---

① 中国政务．2022 中国学生营养与健康发展大会在呼和浩特市成功召开［EB/OL］.（2023-07-27）［2023-10-18］. http：//zw. china. com. cn/2022-07/27/content_78343438. html.

② 市场监管总局．关于印发《集中用餐单位食品安全问题专项治理行动工作方案》的通知［EB/OL］.（2023-08-01）［2023-10-18］. https：//www. samr. gov. cn/zw/zfxxgk/fdzdgknr/spxds/art/2023/art_92a6be67df3d4a349607cd665071ec1b. html.

③ 五河县人民政府．县政府专题部署中小学学生饮用奶、营养餐及校服规范服务工作会［EB/OL］.（2023-08-18）［2023-10-18］. https：//www. wuhe. gov. cn/xwzx/bdyw/81255818. html.

④ 河南省人民政府．驻马店市推广国家“学生饮用奶计划”工作现场会在正阳县召开［EB/OL］.（2023-08-17）［2023-10-18］. https：//www. henan. gov. cn/2023/08-17/2798183. html.

⑤ 中国食品安全报．2023 中国学生营养与健康发展大会举行［EB/OL］.（2023-08-19）［2023-10-13］. http：//paper. cfsn. cn/content/2023-08/19/content_143621. htm.

⑥ 齐鲁壹点．第 23 年！国家“学生饮用奶计划”在全国各地有序推进［EB/OL］.（2023-08-30）［2023-10-13］. https：//www. ql1d. com/general/22062896. html.

⑦ 河北新闻网．石家庄鹿泉区实施推广国家“学生饮用奶计划”工作启动会在君乐宝召开［EB/OL］.（2023-08-30）［2023-10-18］. https：//m. hebnews. cn/gongyi/content_9061687. htm.

⑧ 商丘市人民政府．我市部署推广国家“学生饮用奶计划”工作［EB/OL］.（2023-08-25）［2023-10-18］. https：//www. shangqiu. gov. cn/xw/sqyw/content_199686.

⑨ 贵州省人民政府．省人民政府办公厅关于进一步提升农村义务教育学生营养改善计划实施水平的通知［EB/OL］.（2023-08-25）［2023-10-18］. https：//www. guizhou. gov. cn/zwgk/zcfg/szfwj/qfbf/202308/t20230825_82035317. html.

⑩ 国家卫生健康委．国家卫生健康委办公厅关于组织开展 2023 年全民健康生活方式宣传月活动的通知［EB/OL］.（2023-08-28）［2023-10-18］. http：//www. nhc. gov. cn/ylyjs/pqt/202308/497600323d3a4cd8b67e6e252c81cd47. shtml.

2023 年 9 月 5 日，安徽省六安市教育局（六安市体育局）印发《关于进一步做好国家“学生饮用奶计划”的通知》①。

2023 年 9 月 13 日，市场监管总局办公厅、教育部办公厅、公安部办公厅、国家卫生健康委办公厅发布《关于切实加强 2023 年秋季学校食品安全工作的通知》②。

① 六安市教育局．六安市教育局（六安市体育局）关于进一步做好国家“学生饮用奶计划”的通知［EB/OL］．(2023-09-05)［2023-10-18］．https：//jyj.luan.gov.cn/jygl/jyms/zcjd/5243676.html.

② 市场监管总局．市场监管总局办公厅　教育部办公厅　公安部办公厅　国家卫生健康委办公厅关于切实加强 2023 年秋季学校食品安全工作的通知［EB/OL］．(2023-09-13)［2023-10-18］．https：//www.samr.gov.cn/spjys/tzgg/art/2023/art_ffc015cebf6449deb17c9fcdb184aa07.html.